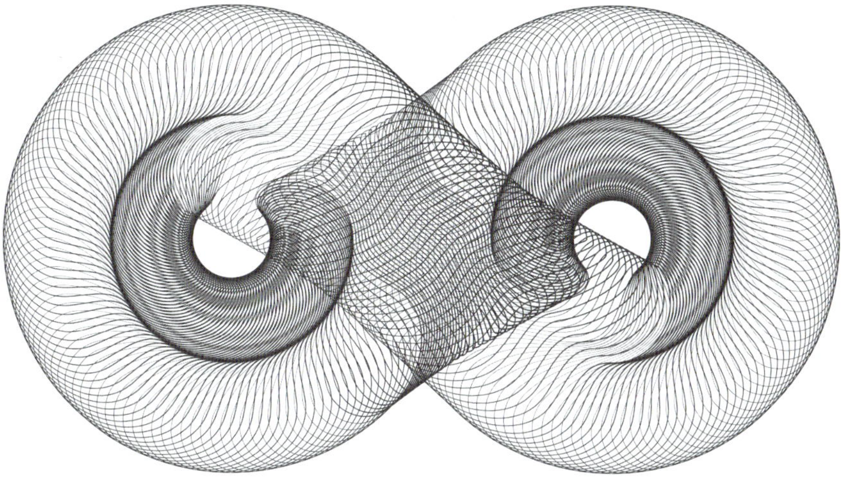

제2판

OPERATIONS 생산관리 MANAGEMENT

정지복

학현사

머리말

사례를 중심으로 이해하는 생산관리

우리나라는 제조업의 생산성을 바탕으로 한 수출중심의 정책을 통해 경제성장을 이룩하여 1996년 OECD에 가입하였고 현재는 국민소득 3만 불 시대 진입을 앞두고 있다. 그러나 중국을 비롯한 신흥국가의 제조업 경쟁력이 지속적으로 상승하고 있고 2008년 선진국의 글로벌 금융위기를 극복하는 과정에서 철강, 조선 그리고 석유화학 업종 등의 공급과잉으로 인해 국내 대표기업들의 수익성은 급락하고 있으며 이러한 위기가 스마트폰을 비롯한 전기 · 전자 업종으로 확대될 수 있다는 위기감이 높아가고 있다. 그리고 미국 · 독일 · 일본 등 선진국들은 글로벌 금융위기 이후 제조업의 중요성을 인식하고 경쟁력 회복을 위한 각종 진흥 정책을 펼치고 있다. 우리나라는 대기업 중심의 경제성장에 대한 한계를 극복하고 중소 · 중견기업의 경쟁력 강화와 일자리 창출을 통해 정체된 경제성장과 취업률을 극복하기 위하여 '창조경제'라는 경제정책 운영방향을 제시하고 있다.

따라서 치열한 글로벌 경쟁 속에서 지속적으로 성장해나가기 위해서 양적 성장과 추격형(fast follower) 성장을 벗어나 질적 성장과 선도형(first mover) 성장으로 전환이 시급하고 이를 위해 제조업과 산업 · 문화 · 과학기술이 융합된 창의적 제조인재 양성이 필요하다.

생산관리는 마케팅, 인사조직, 재무, MIS, 회계 분야와 같이 경영학의 핵심과목 중의 하나이며 경영학을 부전공 또는 복수전공 하는 학생들이 이수해야 하는 필수과목 중의 하나이다. 생산관리는 제조기업뿐만 아니라 서비스기업의 전체적인 운영시스템을 이해하고 핵심적인 의사결정(수요예측, 재고관리, 일정계획, 품질관리, 공급사슬관리 등)의 이슈와 솔루션을 파악하기 위하여 반드시 이수해야 하는 과목이다.

그러나 많은 학생들이 생산관리를 어려운 과목으로 생각하고 선택을 주저하는 이유는 생산관리에 등장하는 수학적 모형이 복잡하여 이해하기 어렵고 계산과정이 많다고 생각하는 데 있다. IT기기의 발달에 따라 반복계산에 익숙하지 않은 학생들은 직접적인 계산과정에 부담을 느끼고 있으며 특히 생산관리과목 이전에 선수과목으로 '경영과학', '확률통계론' 과목을 수강하지 않은 학생들 입장에서는 '선형계획법 모형'과 '대기행렬모형' 내용을 따라가기 어려운 것이 사실이다.

본서는 총 12장으로 구성되어 있으며 저자의 기업체 컨설팅 경험을 바탕으로 단순한 이론뿐만 아니라 기업체 현장의 문제를 이해하고 향후 기업체에 취업하여 실무적인 도움을 줄 수 있도록 저술하고자 노력하였다. 각 장마다 실제 기업현장에서 발생하는 현황을 이해할 수 있는 도입사례와 기사내용을 포함하여 학생들이 보다 쉽게 생산관리의 개념과 현장감을 파악하도록 하였다. 작업관리, 선형계획법, 대기행렬모형과 같이 선수과목을 이수하지 않은 학생들의 수준을 고려하는 한편 현대에 와서 그 의미가 다소 약해지고 학생들의 관심이 적은 주제는 과감히 생략하는 대신에 점차 중요성이 높아가는 구매관리와 공급사슬관리 내용을 보완하였다.

마지막으로 본서가 출간되기까지 동기를 부여하고 노력하신 학현사의 박세원 대표님과 직원분들께 감사를 드립니다.

2021년 여름

저자

차례

제1장 생산관리와 기술혁신

제2장 제품 및 서비스 설계

제3장 생산공정과 설비배치

제6장 재고관리

제7장 구매관리 및 자재소요계획

OPERATIONS MANAGEMENT

CHAPTER

1

생산관리와 기술혁신

도입사례

스마트 제조의 성공 요인은 IT(정보기술)와 OT(운영기술)의 융합이다. IoT를 포함한 정보통신기술이 제조 현장에 적용되면서 제조공장의 모든 사물이 지능을 갖기 시작했다. IT는 공급, 운송, 에너지 등 여러 산업 분야에 파급 효과를 만들어서 우리가 하지 못하던 새로운 것들을 하게 만드는 변혁의 주인공이다. 예를 들어, 스마트폰이 우리 생활의 많은 모습을 바꾸어 놓았듯이 이제는 IoT라는 이름으로 정보통신기술이 제조현장에 적용되면서 모든 사물이 지능을 갖기 시작했다. 바로 스마트 제조의 시작이다. 스마트 제조가 되면, 무엇이 스마트해지는지, 그것을 위해 어떤 기술들이 접목되어야 하며, 스마트 제조의 핵심 성공 요인은 무엇인지를 알아볼 필요가 있다. 사람들은 점차 삶의 질 향상을 요구하게 되고 고품질의 음식과 자동차 등을 필요로 하게 된다. 이러한 수요 욕구는 좀 더 확장된 생산 능력을 요구하게 된다. 그리고 인터넷을 통해 전 세계가 마치 하나의 국가처럼 형성되고 경쟁하게 된다. 이러한 사회적인 변화와 더불어 기술적인 변화는 어떤 것들이 있을까. 첫째, 사물인터넷, 커넥티비티 등 연결할 수 있는 인프라로 공장 기기들이 더욱 스마트해졌다. 둘째, IT와 OT의 융합이다. 핸드폰과 같은 정보통신기술이 우리 일상생활을 바꾼 것처럼 IT가 제조 현장의 모습을 바꾸고 있다. 셋째, 확장형 컴퓨팅 옵션이다. 대형 서버부터 20만원대 컴퓨터까지 다양한 형태의 컴퓨팅 솔루션들을 경제적으로 접목할 수 있는 환경이 제공되고 있다. 넷째, 데이터 가용성이다. 글로벌 제조 현장에서 발생되는 정보 데이터의 개수는 셀 수 없을 정도이다. 무한정의 데이터들이 생성되고 있는데, 이를 저장해서 정보화할 수 있다. 원격에 있는 정보는 클라우드라는 시스템을 통해 전 세계 각지의 데이터를 취합하고 분석해서 정보화하는 것이 가능해졌다. 그러면 공장이 스마트해지기 위해서는 어떻게 해야 하는가. 공장 구성의 맨 하단 부분을 좀 더 세부적으로 들여다보면, 공기 압력, 유량 속도 등을 체크해 주는 센서와 그것들을 작동시켜주는 모터, 실린더, 컨베이어 등 액추에이터로 구성돼 있는데, 이것이 스마트해져야 한다. 예전에는 센서나 액추에이터의 고장 유무 상태를 알 수 없었으나, 이제는 IoT로 지능을 갖게 되면서 스스로 판단할 수 있게 됐다. 이런 것들이 제조 현장을 바꾼다. 또한, 작업자들은 모바일 앱을 이용해 팀원들 간 통신할 수 있다. 따라서 현장에 갔더니 어떤 요인으로 기기가 고장이 나 있는지, 컨트롤러에 에러가 나 있는지를 작업자 그룹에 전달하면 그 사람들이 갖고 있는 경험들을 알려주게 되고 필요하다면 매뉴얼도 바로 뜰 수 있게 제공한다. 또한, 지식 데이터베이스에 연결해서 똑같은 문제가 있었던 사례를 찾아 바로 해결 방안도 얻을 수 있다. 컨트롤러 옆에 핸드폰을 갖다 대면 이 장비가 어떻게 운용되고 있는지 장비의 상태나 패턴을 핸드폰을 통해 한눈에 확인할 수 있다. 그렇다면 스마트 제조의 핵심 성공 요인은 무엇인가. 바로 IT와 OT의 융합이다. 그동안 스마트 제조를 진행하면서 가장 실패 요인이었던 애로사항을 보면, IT 담당자는 제조운영기술을, OT 담당자는 정보기술을 잘 모른다는 점이다. 그래서 정보통신기술을 제조업에 적용시키기 위한 4차 산업혁명의 핵심 과제는 IT와 OT의 융합이다.

출처: 헬로넷, 2017. 1. 17.

1 | 생산시스템과 생산성

1) 초우량기업의 가치규율

오늘날 기업환경은 만들면 팔리는 대량생산(mass production)체제를 벗어나 팔리는 물건을 신속하게 생산해야 하는 시대로 전환되었다. 점차 소비자 요구사항이 다양화됨에 따라 생산방식은 표준화된 소품종 대량생산체제에서 다품종 소량생산체제로 변화하고 있다. 이러한 기업환경의 변화에 따라 치열한 경쟁환경에서 생존을 넘어 지속적 성장을 지향하는 초우량기업은 기존 수량 중심의 효율성(efficiency)과 생산성(productivity)뿐만 아니라 새로운 가치 중심의 효과성(effectiveness)과 창조성(creativity)을 요구하고 있다.

표 1-1 기업환경의 변화

수량(Volume) 중심	가치(Value) 중심
싼 것(Cheaper)	원하는 것(Wants)
표준형(Standard)	다양성(Variety)
효율성(Efficiency)	효과성(Effectiveness)
생산성(Productivity)	창조성(Creativity)

예를 들어 포드자동차는 초창기 컨베이어벨트 시스템을 이용해 단순한 디자인의 T 모델 자동차를 대량생산함으로써 당시 고가의 사치품으로 인식되던 자동차 가격을 낮추고 이를 통해 자동차의 대중화에 기여할 수 있었다. 1908년 발표 당시 가격은 대당 850달러였지만 1925년에는 250달러까지 가격을 내렸다. 그러나 현대에서는 다양한 소비자의 취향과 개성을 반영하기 위해 수많은 자동차 모델을 개발하여 경쟁하는 시대로 바뀌었다.

그림 1-1 포드자동차의 컨베이어벨트 시스템

한편, 시장을 선도하는 초우량기업들은 고객에게 명확한 가치를 제공하기 위한 가치규율(value discipline)을 가지고 있는데 트레시와 위세마(Treacy & Wisema)는 표 1-2 에서 보는 바와 같이 3가지 유형의 가치규율을 제시하고 있다.

① **원가경쟁력**(operational excellence) : 효율적인 운영을 통해 고객에게 저렴한 비용으로 제품이나 서비스를 제공

② **제품차별력**(product leadership) : 지속적인 신제품 개발을 통해 최고 수준의 혁신적 제품이나 서비스를 제공

③ **고객밀착력**(customer intimacy) : 고객의 니즈를 명확히 이해하고 이를 통해 최상의 서비스와 솔루션을 제공

표 1-2 초우량기업의 가치규율

가치규율	핵심	사례기업
원가경쟁력	최저 비용	월마트, 델 컴퓨터
제품차별력	최고의 품질	인텔, 나이키
고객밀착력	최상의 서비스	노드스트롬 백화점, 맥킨지 컨설팅

출처: 황안숙, 혁신경영 사례집, 학현사, 2005.

stuck in the middle
원가경쟁력, 제품차별력, 고객밀착력 측면에서 확실하게 선도적인 포지션을 취하지 못하고 중간 정도 애매한 상태에 위치한 상황을 의미.

2) 생산시스템

생산시스템은 그림 1-2 에서 보는 바와 같이 자재, 노동력, 자본, 에너지, 정보 등의 투입요소를 적절한 변환과정을 통하여 제품 또는 서비스를 산출하는 구조를 가지고 있다. 최종 제품과 서비스는 소비자의 피드백(feedback)과정을 통하여 투입요소를 조정하게 된다. 동일한 투입요소를 사용하더라도 산출물의 원가와 품질은 생산시스템의 변환과정이 얼마나 효율적 · 효과적으로 관리되는가에 따라 차별화된다. 따라서 생산관리는 생산시스템 변환과정의 생산성을 높이기 위해 필요한 수요예측, 설비배치, 생산계획, 재고관리, 품질관리 등의 의사결정을 위한 운영기법을 다루고 있다.

효과성: 목표 대비 달성 비율
효율성: 투입 대비 산출의 비율

그림 1-2 생산시스템

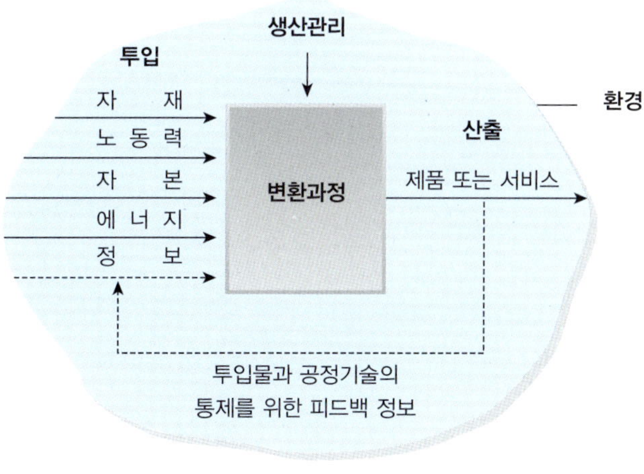

표 1-3 생산시스템 사례 및 의사결정

생산시스템	투 입 물	산 출 물	운영측면의 의사결정
제조 공장	원자재, 장비, 설비, 노동력, 에너지 등	완제품	수요예측, 재고관리, 생산계획
은행	직원, 컴퓨터 네트워크, ATM기기, 장소 등	금융서비스	적정인력 및 업무량 산출
병원	의사, 간호사, 직원, 건물, 의료장비 등	의료서비스 및 치료환자	스케줄링, 적정인력 산출
항공사	비행기, 조종사, 승무원, 정비사 등	여객 및 화물 수송	스케줄링, 적정인력 산출, 설비관리
레스토랑	요리사, 종업원, 음식, 장소 등	식사, 고객의 즐거움 및 만족감	재고관리, 설비배치, 적정인력 산출
대학	교수, 직원, 캠퍼스, 강의, 연구 등	교육 받은 학생, 연구실적물, 공공서비스	품질관리, 설비배치

출처: 김성철, 디지털시대의 생산관리, 시그마프레스, 2003.

생산의 요소 7M
사람(man), 자재(material), 설비(machine), 방법(method), 자금(money), 관리(management), 시장(market)

3) 생산관리와 생산성

생산(production)은 제품(goods) 또는 서비스(service)를 만드는 것을 의미하며 생산관리(OM: operations management)는 제품 또는 서비스가 만들어지는 과정에 가치(value)를 부여하는 일련의 활동을 의미한다. 생산관리자는 조직에서 제품 또는 서비스의 생산을 담당하며, 생산기능과 관련된 의사결정을 담당하는 사람으로는 공장장, 생산계획자, 품질관리자, 현장감독자, 공정관리자를 들 수 있다. 생산관리 활동은 수요예측, 생산계획, 원자재 준비, 조달, 제조, 검사, 입고, 출하, 납품 등 복잡하고 그 범위가 넓고, 생산관리 활동의 목표인 품질, 원가, 납품을 달성하기 위해 다양한 문제들을 해결해야 하는데, 생산관리는 이러한 생산체계를 효율적 · 효과적으로 계획, 실행, 통제하는 데 수반되는 관리활동이라고 정의할 수 있다. 한편, 생산성(productivity)은 투입량 대비 산출량 비율로 정의할 수 있으며 생산성이 높은 조직이 보다 우수한 경쟁력을 확보할 수 있다.

그림 1-3 생산관리 활동

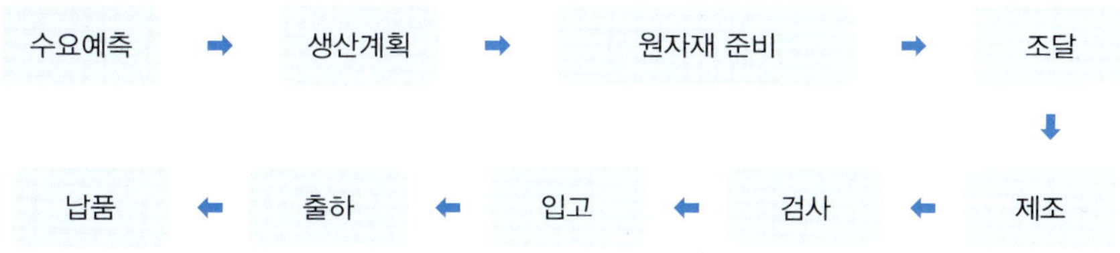

그림 1-3 에서와 같이 생산관리 활동은 수요예측에서 출발하여, 생산계획 수립, 원자재 준비, 조달, 제조, 검사, 입고, 출하, 납품 등의 일련의 활동으로 이루어진다.

$$생산성(productivity) = 산출량/투입량$$

A회사에서 동일한 기계 5대를 2시간 동안 가동하여 100개의 제품을 생산하고 있다면 이 경우 기계 1대의 생산성은 100/(5×2) = 10개/시간, 즉 시간당 10개라 할 수 있다.

스타벅스의 생산성 향상 사례

1. 프로세스의 개선

$25 이하의 거래금액에 대하여 서명과정 생략 → 거래건당 8초 단축

2. 도구의 개선

큰 사이즈(Venti)의 아이스 음료를 주문할 경우 얼음을 담는 동작이 2회 필요하므로 주문한 음료의 크기에 따라 얼음을 담는 도구(scoop)의 크기 변화 → 음료당 14초 단축

3. 설비의 개선

원두를 가는 동시에 끓이는 에스프레소 머신 개발 → 잔당 12초 단축

이러한 노력을 통하여 연간 4.5%의 생산성 향상 결과를 가져옴.

출처: Heizer and Render, Operations Management, 10th ed., Global Edition, Pearson, 2011.

회전초밥 체인점 생산성 향상

일본 오사카의 구라스시는 300개의 체인점을 보유한 회전초밥 체인점이다. 신선한 초밥을 제공하기 위하여 만든 지 30분이 초과한 초밥은 무조건 폐기하는 정책을 도입하였으나 초밥의 폐기율이 40~50%에 이르는 문제에 직면하였다. 이를 해결하기 위하여 구라스시는 초밥 접시에 바코드(barcode)를 부착하여 고객이 초밥을 먹는 순서와 시간을 분석하고 초밥을 적시에 공급하도록 함으로써 초밥의 폐기율을 5% 이하로 낮추었다.

이 사례는 기존의 경험과 직감에 의존했던 서비스 방식을 과학적으로 분석하여 생산성을 향상한 사례로 볼 수 있다.

출처: 한국경제, 2010. 11. 4.

무인 편의점 시대

아마존 고(Amazon Go)는 미국 최대 전자상거래 기업 아마존이 운영하는 세계 최초의 무인 슈퍼마켓으로, 계산대와 계산원이 없다. 이 매장에는 인공지능(AI), 머신러닝, 컴퓨터 비전 등 첨단기술이 활용됐다. 아마존 회원 가입을 하고 스마트폰에 애플리케이션(앱)을 다운로드한 QR코드를 출입문에 대면 매장을 이용할 수 있다. 사고 싶은 상품을 선택하면 천장에 달린 수많은 카메라와 센서들이 소비자가 어떤 상품을 선택했는지 자동 감지하고 앱에 연결된 신용카드로 비용을 청구한다. 쇼핑을 하다가 골랐던 물건을 다시 진열대에 가져다 놓으면 계산에서 제외되며 반품이나 환불도 앱을 통해 가능하다. 다만 인공지능이 판독하는 데 제한이 있어 매장으로 들어갈 수 있는 인원수는 50~60명 이하로 제한하고 있다.

한편, 무인 매장을 운영하면 소비자는 길게 줄을 서 계산을 기다리지 않아도 되기 때문에 편리하고 유통업체는 이익률을 올릴 수 있다. 반면 계산원 등 많은 유통업 종사자들이 일자리를 위협받을 수 있다.

출처: 네이버 지식백과

2 | 생산관리의 목표

제조업체의 공장장이나 레스토랑의 매니저처럼 운영관리자들이 궁극적으로 추구하는 것은 생산성 향상이다. 왜냐하면 경쟁이 치열한 상황에서 생산성이 낮은 조직은 시장에서 궁극적으로 살아남을 수 없기 때문이다. 생산성 향상이라는 목표를 달성하기 위해서 구체적으로 실천해야 할 생산관리의 4가지 목표는 일반적으로 원가절감, 품질향상, 시간단축, 유연성 증대로 볼 수 있다. 이 4가지 목표는 독립적으로 분리된 것이 아니라 많은 부분이 서로 연관되어 있다. 예를 들어 원가 절감을 위해 저가의 원자재를 사용하면 품질의 문제를 가져올 수 있으며 품질의 문제로 불량이 많이 발생하면 자연스럽게 원가는 상승할 수밖에 없고 또한 납기약속에 차질을 가져올 것이다.

1) 원가절감(Cost)

생산품 한 단위에 필요한 투입요소의 평균가치가 원가이며, 제조업체의 경우 상품 한 단위에 투입된 원자재와 노동력, 공장 운영비용 등이 원가를 구성한다. 일반적으로 총매출액에 대한 제조원가나 판매원가의 비율을 비교하여 '경쟁업체에 비해 원가가 높다 혹은 낮다'라고 평가하는 경우가 많다. 원가의 비율이 낮은 기업은 상대적인 경쟁력을 확보하고 있으며 보다 많은 가치를 창출한다고 볼 수 있다. 원가절감을 위해서는 인건비나 원자재 가격이 저렴한 지역으로 생산시설을 옮기는 전략을 생각해볼 수 있으며 시설을 대규모로 운영하거나 정보시스템을 잘 활용할 필요가 있다. 또한 디자인을 단순화하거나 품질관리를 철저히 하는 것도 원가절감에 도움이 된다.

2) 품질향상(Quality)

원가절감과 함께 품질향상은 생산관리자에게 매우 중요한 과제이다. 불량품은 사용자에게 피해를 줄 뿐만 아니라 판매한 기업에게도 신뢰도 하락으로 인한 매출감소와 브랜드 이미지 하락 등의 치명적인 손해를 가져올 수 있다. 또한 불량품 증가는 기업의 제조원가 상승, 납기지연 그리고 유연성 하락으로 이어지기 때문에 품질에 대한 중요성은 더욱 높아가고 있다.

과거의 품질관리가 통계적 품질관리(statistical quality control)에 따른 표본조사를 이용해서 불량품을 잘 찾아내는 검사 중심인 반면에 현대에 와서는 불량품의 예방을 중요시하며 회사의 전체 구성원이 참여하는 종합적품질경영(TQM : total quality management), 제품이나 서비스의 편차를 최소화하는 6시그마 운동으로 발전하여 왔다.

표 1-4 생산관리 목표와 경쟁우선순위

생산관리 목표	경쟁우선순위
원가	저원가 생산(low cost operation)
품질	고성능 설계(high performance design) 일관된 품질(consistent quality)
시간	빠른 납기(fast delivery) 적시 납기(on-time delivery) 개발 속도(development speed)
유연성	고객화(customization) 수량 유연성(volume flexibility)

출처: 강종렬 외, 생산운영관리의 기초, 시그마프레스, 2004.

현대자동차 노사 품질혁신 공동선언

현대자동차 노사가 고객 중심의 품질혁신을 위해 뜻을 모았다. 현대자동차 경영진과 노동조합은 고용안정위 품질세미나에서 '품질혁신을 위한 노사 공동선언'을 발표하고 "고객이 만족하는 완벽한 품질 확보와 시장 수요에 따른 생산 극대화로 코로나19 위기를 극복하겠다"고 밝혔다.

노사가 품질 강화를 위해 공동선언을 한 것은 보다 엄격한 품질기준을 적용하고 노사가 최고 품질을 확보하는 데 총력을 기울여야 고객들의 높아진 눈높이에 맞춰 고객 만족을 실현할 수 있다는 데 공감해서다.

노사 공동선언문에는 △고객만족을 위한 완벽품질 목표 달성 노력 △'고객이 곧 기업생존과 고용안정'이라는 공감대 속에 다양한 품질개선 활동 전개 △국가 기간산업으로서 경제 파급효과를 공동 인식하고 시장 수요와 연동한 완벽한 품질의 차량을 최대 생산 △코로나19 위기극복 노력에 적극적으로 앞장서며 내수지역경제 활성화에 기여한다는 노사의 의지를 담았다.

출처: 서울파이낸스, 2020. 6. 24.

3) 시간약속(Delivery)

최근에는 시간과의 경쟁(competing against time) 혹은 시간 위주의 경쟁(time-based competition)이라는 표현까지 나올 만큼 '시간단축'과 '납기약속'이 경쟁력 확보의 중요한 요소로 인식되고 있다. 제품의 수명주기가 빨라짐에 따라 신제품 개발기간의 단축 효과는 다음과 같다. 첫째, 신제품을 빨리 선보인 기업은 판매기간이 늘어나서 결과적으로 더 많은 매출을 올릴 수 있고 이익도 많아진다. 또한 초기에 시장을 선점할 수 있고 제품의 쇠퇴기에도 후발업체보다 더 오래도록 남는 것이 일반적인 현상이다. 또한 신상품 개발이나 광고비에 투입된 비용을 회수하는 데도 유리하다. 둘째, 신제품을 먼저 선보인 기업은 기술이나 유행을 선도하는 앞선 기업으로 인식되어 기업 이미지를 높일 수 있다. 셋째, 유행에 민감한 제품의 경우 고객이나 시장의 트렌드를 가장 최근까지 반영할 수 있는 장점이 있다. 의류업체 Zara의 경우 경쟁회사들이 6개월 전에 유행을 예측하여 디자인을 결정하는 데 반하여 Zara는 2개월 전에 디자인을 결정하여 시장에 출시함으로써 최신 유행을 적극적으로 반영할 수 있는 장점을 가지고 있다. 체이스 맨하튼 은행은 현금지급기의 처리시간을 42초에서 24초로 단축하였고 GEICO라는 미국의 보험회사는 보험가입시간이 단지 15분이라는 점을 적극적으로 홍보하고 있다. 최근 배달문화가 급속히 성장하고 있는 우리나라의 경우 시간약속의 중요성이 더욱 높아지고 있다고 할 수 있다.

4) 유연성(Flexibility)

소품종 대량생산을 통한 원가절감을 최우선 목표로 삼던 시기와 달리 고객의 트렌드나 인기 모델이 자주 변하는 상황에서는 외부환경의 변화에 신속하게 대응할 수 있도록 생산관리의 유연성을 높일 필요가 있다. 유연성을 높이기 위해 꼭 비싼 첨단시설을 도입해야 할 필요는 없으며 상황에 적합한 방법을 택할 수 있다. 예를 들어 돌발적인 수요 증가에 대비해서 협력업체를 확보해 둔다든지 반대의 경우를 대비해 정규직원보다 임시직을 많이 활용하는 것이 그 예가 될 수 있다.

3 | 생산전략

1) 경영전략의 유형

경영전략이란 '어떤 특정 기업이 장기적 목적과 목표를 정하고 이것을 실현하기 위해 각종 행위들을 수행하고 자원을 배분하는 것'으로 정의할 수 있다. 경영전략은 기업의 기본적인 목표를 달성하기 위한 종합적인 활동계획으로 일상적인 업무나 기능별 활동과는 구별되는 미래지향적인 성격을 가지고 있다. 경영전략의 핵심은 고객을 위한 탁월한 가치창조에 있으며 경쟁우위는 자사가 제공하는 고객에 대한 가치가 경쟁사보다 뛰어날 때 발생한다.

① **기업 전략** : 기업 차원에서 선택할 수 있는 경영전략은 사업단위를 독립기업으로 운영하는 것보다 다각화된 사업들을 통합하여 운영하면 사업단위 간에 시너지효과를 얻을 수 있다는 것을 전제로 한다. 관련 산업으로 다각화하는 경우, 일반적으로 기존 사업이 개발해 보유하고 있는 기술이나 경험을 신규 사업에 이전하는 것은 물론 비용을 절감하는 방안으로 시설이나 기자재의 공유가 가능하기 때문이다.

② **사업부 전략** : 하버드(Harvard) 대학의 포터(M. Porter) 교수는 개별사업의 경쟁 우위를 '경쟁시장에서 산업평균수익률보다 지속적으로 높은 수익률을 올릴 수 있게 하는 힘'으로 정의하고 이러한 경쟁우위를 확보하기 위해 기업이 실행하는 전략은 3가지 본원적 전략에서 파생된다고 보았다. 3가지 본원적 전략은 원가우위 전략, 차별화 전략, 집중화 전략을 의미하여 기업이 구사하는 전략은 이 3가지 전략의 결합 형태로 수립된다.

③ **기능별 전략** : 마케팅, 생산, 인사, 재무, 연구개발 부서에서의 기능별 목표와 경쟁력 향상을 위한 전략이다.

3가지 본원적 전략
원가 우위, 차별화, 집중화

가) 원가우위 전략(cost leadership strategy)

생산이나 마케팅에서 극도의 효율성을 강조함으로써 원가우위를 확보하고자 하는 전략으로 기업은 시설이용률을 최대화하고, 규모의 경제를 실현하고, 기술혁신을 추구하고, 경험 많은 작업자를 고용함으로써 원가를 최소화하는 전략으로 유통업체 다이소, 이케아(IKEA), 중국산 공산품, 저가항공사 등을 예로 들 수 있다.

그러나 생산원가를 줄이기 위해 품질이나 서비스의 질을 낮추는 것을 의미하지는 않는다. 한편 경쟁업체가 새로운 기술이나 값싼 노동력을 이용하여 더욱 저렴한 가격으로 경쟁함으로써 경쟁우위를 빼앗아 갈 가능성이 있으며 경쟁업체가 동일한 설비도입을 통하여 쉽게 모방할 가능성을 배제할 수 없으며 가격경쟁이 치열해지는 상황에서 기업의 대응은 사업의 특성, 시장 상황 등에 따라 다양한 전략이 구사될 수 있다. 가격경쟁에서 성공적으로 대응한 기업들의 다양한 전략을 유형화해보면 표 1-5 와 같다.

표 1-5 가격경쟁의 대응전략과 성공사례

전략 유형	성공사례
차별화 추구 전략	뱅앤울프슨, 3M, 질레트
원가 혁신을 통한 맞대응 전략	라이언항공(유럽), Aldi(독일)
품질과 원가 혁신의 균형 추구 전략	사우스웨스트항공
경쟁의 축을 바꾸는 전략	스와치시계, 닌텐도
제품이 아니라 솔루션을 제공하는 전략	IBM, Orica(호주)

출처: 최병현, Weekly Focus, LG 경제연구원, 2013. 4. 24.

자신이 하는 業의 개념을 파악하라

회사가 추구하는 업(業)의 개념과 회사가 가진 강 · 약점이 무엇인지를 확실하게 파악해야 한다. 그래야만 그 업이 나아갈 방향을 맞게 그리고 그 업에 맞는 회사의 강점만을 살려서 제대로 연구하고 투자도 할 수 있기 때문이다.

– 이건희, "생각 좀 하며 세상을 보자", 동아일보사, 1997, p. 264.

코카콜라의 경쟁상대는 탄산음료들이 아니라 모든 음료수이다. 모든 음료수와 경쟁했을 때, 우리의 시장점유율은 40퍼센트가 아니라 3퍼센트밖에 되지 않는다.

–로베르토 고이쥬에타, 코카콜라

'싸게 더 싸게' 성공전략은 저가정책

아기 엄마 엘린 스티오나(33) 씨는 한 달에 5번 이케아 엘름훌트 매장을 찾는다. 스티오나 씨 가족은 별장을 짓고 있다. 그는 지난 9일(현지시각) 이케아 매장에서 주방 타일 색과 어울리는 렌지 후드를 고르고 있다. 스티오나 씨는 "혼수 가구 절반 이상을 이케아에서 장만했다"고 말했다.

스웨덴 가정 대부분은 이케아 제품을 갖고 있다. 쓰레기통부터 침대까지 이케아 제품이 스웨덴 가정마다 자리한다. 스웨덴인에게 이케아는 그만큼 친근하다. 비단 스웨덴인뿐만 아니다. 독일, 덴마크, 네덜란드, 미국, 중국, 일본 등 이케아 매장은 전 세계 345개(지난해 말 기준)에 이른다. 2010년 316개에서 지난 3년간 30여 개 늘었다. 한해 약 7억7,500만 명이 전 세계 이케아 매장을 찾는다. 한국에서도 올해 광명점을 연다. 2020년까지 매장 5개를 낼 계획이다.

전 세계 소비자가 이케아에 열광하는 이유는 '가격'이다. 이케아 제품이 많이 팔리면 팔릴수록 가격은 낮아진다. 책장 '빌리'는 이케아 매장에서 가장 많이 팔린 가구다. 1978년 출시된 이래 3,200만 개 이상 팔렸다. 판매량이 늘수록 가격은 떨어졌다.

이바르 장식장은 1974년 뮌헨 이케아 매장에서 82유로에 판매됐다. 이 제품의 가격은 2004년 69유로 50센트로 떨어졌다. 30년이 지났는데 가격이 오히려 15% 가량 내렸다. 30년간 물가상승률을 감안하면 가격 인하폭은 엄청나다.

이케아는 저가전략에 기초해 제품을 기획한다. 새 제품을 만들기 전에 가격표부터 디자인한다. 사라 페이저 이케아 스웨덴 인하우스 디자이너는 "디자인하기 전에 가격표부터 받는다. 작업 내내 가격 얘기를 지겹도록 듣는다"고 말했다.

이케아는 원가절감과 품질향상을 위해 온갖 방안을 동원한다. 우선 가구를 가능한 작고 납작하게 포장하는 '플랫팩 시스템(Flat pack)'을 채택해 원가를 많이 절감했다. 압축 포장할수록 부피가 작아지므로 운송량을 줄일 수 있다. 플랫팩 시스템 덕에 이케아는 운송량을 6분의 1로 줄일 수 있었다.

이케아는 중국(22%), 폴란드(18%), 이탈리아(8%), 스웨덴(6%), 독일(4%) 등에서 원자재를 납품받는다. 납품업체와 긴밀히 협력해 원가절감과 품질향상을 꾀한다. 이케아는 슈퍼마켓 쇼핑카트 제작업체에게 철제 다리가 달린 탁자를 제작 의뢰한다. 철제 서랍장은 옛 소련군 캐비닛 납품업체에게 제작을 맡겼다. 금속 빨래 바구니는 통조림 제조사에 의뢰했다. 공장 자동화율은 85%까지 끌어올렸다. 10년 전엔 40%에 불과했다. 이 덕분에 인건비를 크게 줄였다. 스웨덴 인건비는 터키의 4~5배에 이른다. 가격을 낮추기 위해 통원목보다 중밀도섬유판(MDF)을 구입하지만 품질이 높은 제품을 쓴다. 닐스박달 스웨드우드 생산관리 담당자는"MDF는 비싸도 좋은 제품을 써야 하므로 독일업체에 맡긴다. MDF 품질이 나쁘면 완성품에 불량이 발생하므로 MDF만큼은 세심하게 고른다"고 말했다.

출처: 조선비즈, 2014. 6. 16.

국내 저가항공 "거품 쏙 빼자"… 원가 절감 노력 -선착순 탑승제·기종 단일화·용수 탑재량 조절-

'먼저 타는 사람이 임자?' 최근 저비용항공사(LCC) 진에어를 타고 제주도를 다녀온 한 여성은 탑승권을 받아들고는 고개를 갸우뚱했다. 좌석번호가 따로 정해져 있지 않고 앞에서부터 좌석이 A,B,C 구역으로 삼등분돼 있었기 때문이다. 카운터 관계자는 탑승하는 순서에 따라 구역 내 원하는 자리에 앉으면 된다고 설명했다. 승객들은 좋은 자리에 앉기 위해 일찍부터 줄을 서서 대기했고, 덕분에 탑승하는 시간도 오래 걸리지 않았다.

국내 LCC들이 저마다 '차별화된 전략'으로 원가 절감에 나서고 있다. 승객에게 값싼 운임을 제공해야 하는 만큼 최대한 '거품'을 뺄 수 있는 여러 방안을 추진하고 있다.

진에어는 국내 최초로 '선착순 탑승제'를 도입해 실시하고 있다. 카운터에서 일일이 좌석을 지정할 필요가 없어 직원들의 업무를 간소화하고 탑승 수속 시간을 줄였다. 아울러 항공사가 공항에 내는 카운터 임대비용도 절감했다. 진에어 관계자는 "선착순으로 좌석을 주다보니 승객 순환이 빠르다"며 "결항과 지연 등의 문제가 거의 없어 정시율도 매우 높은 편"이라고 설명했다.

진에어는 또 국내선에 자체 예약 · 발권 시스템을 도입해 외부 시스템 사용료를 없앴다. 직원수도 최대한 줄여 인건비를 아끼고 있다. 6월 말 기준으로 진에어 비행기 1대당 직원수는 50여 명이다.

에어부산은 인터넷으로 직접 항공권을 판매해 비용을 절감하고 있다. 별도의 대리점이나 여행사를 거치지 않아 판매수수료를 낼 필요가 없고 이를 관리하는 인력도 따로 필요하지 않다. 이 밖에 신문을 재활용해 군살 비용을 과감히 줄였다.

제주항공은 기내 화장실용 용수 탑재량을 조절하고 있다. 제주항공이 운항하는 B737-800 항공기의 용수 탑재 가능량은 약 227리터지만 구간별로 탑재량을 차등화했다. 국내선에는 4분의1 수준인 편당 40리터의 용수만 탑재하고, 일본 노선의 경우 절반 가량인 70리터의 용수만 싣는다. 이를 통해 하루 수십만 원을 절약할 수 있다는 게 제주항공 측 설명이다.

기종도 단일화했다. 똑같은 기종을 운용하면 인력과 유지비용을 절감하는 동시에 정비가 용이해 운항 안정성도 향상된다. 제주항공은 취항 후 B737기와 Q400기 등 두 기종을 동시에 운항하다 지난 2010년 Q400 기종을 모두 매각했다.

LCC업계 한 관계자는 "가격 경쟁력을 갖추는 게 무엇보다 중요한 만큼 서비스의 질은 크게 떨어뜨리지 않으면서 원가를 대폭 낮추는 방안을 적극 추진하고 있다"며 "이를 바탕으로 항공 시장 내 입지를 더욱 강화해 나가겠다"고 말했다.

출처: 이데일리, 2013. 8. 20.

"가전제품 닦아 드려요"…주부 '페인 포인트' 집어낸 LG전자

LG전자가 차별화된 가전 서비스를 잇달아 선보이며 '팬덤' 강화에 박차를 가하고 있다. 가전제품 위생에 대한 소비자 관심이 높아지고 있는 트렌드를 반영해 세척서비스를 도입하고, 고객이 문제 해결을 위해 여러 곳에 연락해야 하는 번거로움을 줄이기 위해 사내 고객 시스템을 통합하는 등 고객의 '페인 포인트(Pain Point · 불편함을 느끼는 지점)'를 해소하는 데 주력하고 있다. 고객이 세척서비스를 신청하면 전문 엔지니어가 가전제품의 성능과 상태를 점검하고 세척부터 살균까지 한 번에 처리한다. 현재 세척서비스 대상 제품은 냉장고, 세탁기, 에어컨이다. LG전자는 서비스 대상을 공기청정기, 스타일러, 광파오븐 등으로 확대할 계획이다. 유료 서비스인 만큼 고압세척기, 스팀살균기, 자외선살균기 등 전문 장비가 동원되며 제품 수리를 받거나 소모품을 교체하면 2개월간 품질 보증도 제공된다. 제품을 분해하지 않고 세척서비스를 받길 원하는 고객은 세척 과정을 간소화한 서비스를 제공받을 수도 있다.

출처: 매일경제, 2021. 3. 18.

> 소비자는 무조건 제품의 가격이 저렴한 가게만 찾지는 않는다. 다른 곳에서 물건을 더 싸게 팔더라도 서비스가 좋고 편리하게 이용할 수 있는 곳을 더욱 선호한다. 그 이유는 고객의 시간을 아껴주기 때문이다.
>
> 출처: 정혁준, 욕망을 자극하라, RHK, 2015, p. 306.

나) 차별화 전략(differentiation strategy)

자사의 제품이나 서비스를 경쟁제품에 비해 아주 독특하다고 인식시키는 전략으로 제품 차별화, 시장 차별화, 서비스 차별화 등이 있다. 차별화의 특성으로는 고품질, 월등한 고객서비스, 제품출하속도, 혁신적인 디자인, 기술적 성능, 선풍적인 브랜드 이미지 등이 있으며 애플의 아이팟, 아이폰 등을 예로 들 수 있다.

다) 집중화 전략(focusing strategy)

특정지역이나 시장의 한 부분에 제한된 고객들에게 독특한 제품과 서비스를 제공하는 전략을 의미한다. 시장의 세분화는 지리적, 고객형태, 제품라인의 분야별로 이루어진다. 원가우위 전략이나 차별화 전략이 산업 전체를 대상으로 함에 반하여 집중화 전략은 세분화된 특정시장에 대해 원가우위 전략이나 차별화 전략을 사용하는 것으로 특정목표만을 집중함으로써 효과적이고 능률적으로 대응하는 전략이며, 실버요양병원, 암(척추) 전문병원, 중고서적 전문서점, 중고품 물물교환 사이트 등을 예로 들 수 있다.

독일 유통업체 중 하나인 ALDI는 제한된 종류의 상품을 판매하는 유통업체이다. 40,000 종류의 상품을 판매하는 일반 슈퍼마켓과 달리 ALDI는 일반 가정에서 많이 사용하는 700종류의 상품만을 전문적으로 판매한다. 비닐 백도 제공하지 않고 프로모션을 위해 특별한 매장 진열도 하지 않는 대신에 월마트에 비해 20% 저렴한 가격으로 판매한다. 월마트가 상품 종류당 1백 5십만 달러의 매출을 올리는 반면에 ALDI는 3천 9백만 달러의 매출을 올리고 있다.

출처 : 송상화 옮김, 토요타 SCM, 푸른물고기, 2010, pp. 354-355.

4 | 기술혁신

기술혁신은 새로운 생산기술의 획기적인 발전, 새로운 상품의 도입, 새로운 자원의 개척 및 새로운 경영조직의 도입 등으로 일어나는 경제사회구조의 변혁을 의미한다. 기술혁신이라는 용어는 슘페터(J.A. Schumpeter)가 처음으로 사용한 'Neuerung(innovation)'의 역어로서, 그는 기술혁신을 장기적인 경제발전의 중요한 변수로 생각하였다.

성실과 근면만으로는 더 이상 생존할 수 없으며, 혁신하는 사람과 혁신하는 기업만이 살아남을 수 있다.
출처: 김병완, 이건희 27법칙, 미다스북스, 2014, p.105.

1) 기술혁신의 3대 법칙

① **무어의 법칙** : 인텔 창업자인 무어가 주장한 법칙으로 컴퓨터 처리속도와 메모리 용량은 18개월마다 2배 증가한다. 이로 인해 음성, 데이터, 영상 등 대용량 멀티미디어 콘텐츠의 생성, 저장 그리고 사용이 가능해진다.

② **길더의 법칙** : 광섬유 대역폭이 12개월마다 3배로 증가한다. 이로 인해 광통신을 통해 대용량 멀티미디어 콘텐츠의 유통이 가능하고 클라우드 컴퓨팅, 스마트 워크 등이 가능해진다.

③ **메칼프의 법칙** : 3Com 설립자인 밥 메칼프가 주장한 법칙으로 네트워크의 가치는 사용자 수의 제곱에 비례하지만 비용 증가율은 일정하다. 많은 사용자가 네트워크에 참여할수록 네트워크 가치는 증가하므로 SNS 등의 네트워크 비즈니스 모델이 등장하게 된다. 전화기의 경우 자신의 전화기가 쓸모 있는지 여부는 다른 전화기가 얼마나 많이 있는가, 그 전화기들이 얼마나 쉽게 서로 연결되는가에 달려 있다. 소수만 사용하는 전화기는 쓸모가 없지만 대다수가 전화기를 통하여 광대한 네트워크를 형성하면 엄청난 가치를 가지게 된다.

> **황의 법칙**
> 2002년 국제반도체회로학술회의에서 당시 삼성전자 반도체총괄 겸 메모리사업부 황창규 사장이 '메모리 신성장론'을 발표하였다. 그 내용은 반도체의 집적도가 2배로 증가하는 시간이 18개월에서 1년으로 단축되었으며 무어의 법칙을 뛰어넘고 있다는 것이었다.

2) 기술혁신의 원천

혁신은 새로운 기술이나 아이디어, 미충족된 고객 및 시장수요의 이해에서 출발한다. 피터 드러커 교수는 다음 7가지 원천에서 혁신이 발생하며 새로운 과학적 지식뿐만 아니라 다양한 원천으로부터 혁신은 가능하다고 분석하였다.

① **예상하지 못한 우연적 성공**
② **기대와 현실 간의 불일치**
③ **기존 프로세스의 문제점**
④ **산업구조와 수요의 변화**
⑤ **인구통계학적 변화**
⑥ **사회인식의 변화**
⑦ **새로운 지식의 변화**

3) 생산기술의 발전

① OEM(original equipment manufacturing: 주문자상표부착생산)[1] : 판매회사가 제조업체에 의뢰하여 반제품 또는 완제품을 납품받아 판매하면서 판매회사가 요구하는 상표로 제품을 출고하도록 하는 제조 및 생산방식이다. 어떤 제품이 상표에 나타난 회사와는 별도로 생산 · 납품한 원천 생산자가 있다는 의미로서 상표를 중요시하는 판매회사와 생산에 전념할 수 있는 제조회사의 역할 분담이 장점이다.

② ODM(original design manufacturing: 제조업자설계생산) : 판매회사가 제조업체에 제품의 생산을 위탁하면 제조업체는 이 제품을 개발 · 생산하여 판매회사에게 납품하고, 판매회사는 이 제품을 유통 · 판매하는 형태를 말한다. 판매회사가 만들어준 설계도에 따라 생산하는 단순 하청생산 방식인 OEM과 달리 판매회사의 요구에 따라 제조업체가 주도적으로 제품을 생산하게 된다. 주로 기술력을 보유한 제조업체에서 제품을 개발하면 판매망을 보유한 판매회사에서 납품을 받아 유통에 집중하는 시스템으로 이루어진다. 제조업체에서 자체적으로 기술을 개발하기 때문에 부가가치가 높고, 해외로의 판매가 이루어질 경우 개발 로열티를 받는 등 고부가가치를 지닌 생산체제로 인정받고 있다.

③ OBM(original brand manufacturing: 고유브랜드생산) : 자체고유브랜드 제품을 직접 생산하는 방식으로 외부로의 기술유출 가능성을 최소화하고 납기조정이 유리하다는 장점이 있다.

1) 제약 및 바이오업계에서는 CMO(Contract Manufacturing Organization)이라는 용어를 사용하며 대표적인 국내 CMO 기업으로는 삼성바이오로직스 등을 들 수 있다.

'브랜드 없다고 무시하지 마라.'

주문자상표부착생산(OEM)방식 · 제조업자설계생산(ODM)방식 제조업체가 전성기를 맞고 있다. 유명 브랜드는 없지만 탄탄한 생산능력으로 글로벌 유명업체에 납품 물량을 늘리며 수익이 나날이 늘어나고 있기 때문이다.

한세실업은 나이키 · 폴로 랄프로렌 · 유니클로 · H&M 등 글로벌 유명 의류업체에 납품하며 2012년부터 '매출 1조 원' 클럽에 들었다.

의류 OEM과 우모(오리털 · 거위털) 사업을 하고 있는 태평양물산도 올해 들어 102.5% 급등했다. 매출 70%가량을 차지하는 OEM 부문이 비효율 시스템 개선, 생산성 증대 등으로 실적 개선세가 뚜렷하다.

2012년부터 재조명받은 화장품 ODM 전문업체 한국콜마와 코스맥스의 주가도 상승세이다. 한국콜마는 올해 들어 71.6% 올랐고, 코스맥스도 지주회사 코스맥스비티아이와 인적분할 이후 재상장된 지난 4월 7일 이후 44%나 상승했다. 두 회사 모두 중국 생산법인 매출 성장세가 주목받고 있다. 중국 내 화장품 시장은 지난 3년간 연평균 20% 이상 성장해 우리나라의 4배인 45조 원에 달하는 것으로 추정되고 있다.

하지만 중국의 1인당 화장품 소비액은 세계 평균의 절반에도 못 미치고 있어 향후 시장 성장이 지속되리란 전망이다.

출처: 매일경제, 2014. 6. 23.

4) 기술의 S곡선

일반적으로 신기술이 구기술을 대체하는 현상은 2개의 S곡선으로 나타난다.

그림 1-4 에서 보듯이 기술개발의 성과는 기술개발 초기에는 매우 낮다가 일정기간이 지나면 급격히 증가하는 경향을 보인다. 이후 일정수준이 지나면 기술적 한계에 도달하여 점진적 개선만이 가능해지는 S곡선의 형태를 보인다. 한편, 신기술은 불연속적으로 등장하여 기존기술을 대체하게 되는데, 예를 들어 필름형 카메라가 디지털 카메라에 추월을 당하는 경우나 음악재생기 워크맨이 CD player, Mp3 player, 스마트폰으로 진화하는 경우를 들 수 있다.

그림 1-4 기술의 S곡선

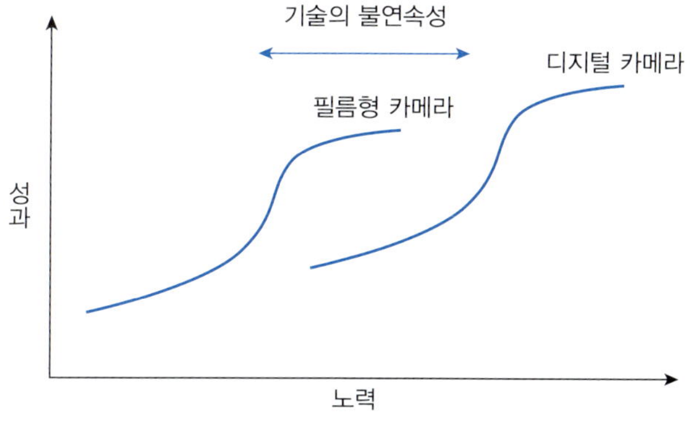

출처: 이태호 역, 이노베이션, 백산출판사, 1990.

5) 혁신의 역동성

어터백(Utterback) 교수는 시간의 변화에 따른 산업 내 혁신의 역동성을 제품, 공정, 조직, 시장, 경쟁 부분에서 다음과 같이 설명하고 있다.

그림 1-5 에서와 같이 기술의 발전단계를 유동기, 과도기, 경화기로 구분하면, 유동기에는 실험적인 제품이 등장하지만 제품의 완성도가 떨어지고 불안정하여 제품의 변경 비율이 매우 높다. 따라서 제품디자인과 규격의 잦은 변경으로 인해 공정혁신보다는 제품혁신에 집중할 수밖에 없다. 과도기는 신제품에 대한 시장이 성장하고 지배

그림 1-5 혁신의 역동성

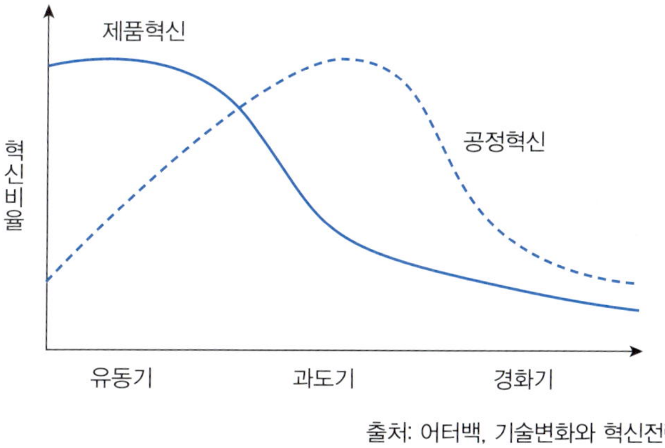

출처: 어터백, 기술변화와 혁신전략, 경문사, 1994.

적 제품이 출현하는 단계이며 소비자의 요구사항이 명확해지고 전용설비에 의한 대량 생산이 가능해짐에 따라 공정혁신이 본격적으로 시작된다. 경화기에는 높은 효율성을 바탕으로 한 대량생산이 이루어지는 반면 경쟁 제품 간의 차별성이 뚜렷하지 않다. 그리고 제품이나 공정의 작은 변경도 많은 비용을 유발하게 되어 새로운 혁신을 추구하기보다는 현 상태의 유지관리에 초점을 맞추게 된다.

표 1-6 은 혁신의 진행에 따른 제품, 공정, 조직, 시장 그리고 경쟁관계의 변화를 설명하고 있다. 생산공정은 대량생산체제로 발전함에 따라 숙련공과 범용 설비에 의한 공정에서 미숙련공과 전문설비에 의한 공정으로 발전한다. 조직은 창업분위기의 가족적이고 인간적인 조직에서 공식적인 과업과 절차 그리고 급진적 혁신을 선호하지 않는 위계적인 조직으로 변하게 된다. 시장은 다양한 제품과 피드백이 빠른 불안정시장에서 일용품과 비차별적인 제품시장으로 발전하고 독특한 제품을 생산하는 다수의 중소기업에서 유사한 제품을 가진 기업들의 과점 상태로 경쟁관계가 변하게 된다.

표 1-6 혁신의 역동성

제품	높은 다양성에서 지배제품으로 그리고 표준화된 제품을 바탕으로 점진적 혁신으로
공정	생산공정이 숙련공과 범용 설비에 의한 상태에서 미숙련공도 다룰 수 있는 전문화된 설비에 의존하는 상태로
조직	창업가의 가족적이고 인간적인 조직에서 공식적인 과업과 절차 그리고 급진적 혁신을 선호하지 않는 위계적인 조직으로
시장	다양한 제품과 피드백이 빠른 불안정시장에서 일용품과 비차별적인 제품시장으로
경쟁	독특한 제품을 생산하는 다수의 중소기업에서 유사한 제품을 가진 기업들의 과점 상태로

출처: 어터백, 기술변화와 혁신전략, 경문사, 1994.

"우리는 불타는 배에 타고 있습니다. 차고 어두운 바다로 뛰어내려야 합니다."

'불타는 배'는 그동안 노키아 제품을 지탱해오던 '심비안' 운영체제(OS)였고, '차고 어두운 바다'는 애플과 안드로이드가 주도하기 시작한 스마트폰 시장을 가리킨 말이다. 스테판 엘롭 전 CEO는 당시 시장이 변화함에 따라 다소 극단적인 언어로 기업의 체질개선을 주문한 셈이다.

– 2011년 노키아에 새로 취임한 스테판 엘롭 전 CEO

5 | 생산관리의 발전

1) 테일러의 과학적 관리

미국의 테일러(F.W. Taylor)에 의하여 처음으로 제창되어 테일러 시스템(taylor system)이라고도 한다. 작업과정의 능률을 최고로 높이기 위하여 시간연구(time study)와 동작연구(motion study)를 기초로 작업의 표준량을 정하고, 이에 따라 차별적 성과급을 지급하는 등, 여러 가지 합리적인 작업방법을 연구하였다. 과거에 작업자의 관습과 경험에 의존하던 작업관리를 경영자의 과학적 관리로 전환시켜 노동생산성을 높이고자 하였다. 예를 들어 삽의 무게가 21파운드일 때 작업효율이 가장 좋다는 것과 옮기는 내용물에 따라 삽의 모양을 다르게 사용하는 것이 효율적이다. 시간연구는 작업 소요시간을 측정하여 표준시간을 설정함으로써 작업자의 작업표준량을 산출할 수 있고 이를 통하여 작업자의 성과를 평가하는 자료로 사용할 수 있다. 동작연구는 작업자의 동작, 작업순서, 작업물의 이동, 작업환경 등을 분석하여 작업효율을 향상시키고자 하는 방법이다.

그림 1-6 테일러의 과학적 작업관리

2) 포드의 컨베이어 시스템

포드는 1914년 자신이 소유하고 있던 자동차공장에 컨베이어 시스템(conveyor system)을 도입하여 대량생산을 통한 원가를 절감할 수 있었다. 포드의 컨베이어 시스템은 모든 작업을 단순작업으로 분해하여 분해된 작업의 소요시간을 거의 동일하게 하여 일정한 속도로 이동하는 컨베이어로 전체 공정을 연결하여 작업을 수행한다. 포드자동차는 컨베이어 시스템을 도입함으로써 대량생산이 가능하였고 생산원가를 절감하였다. 포드의 컨베이어 시스템은 자동차 조립시간을 1/10로 줄이고, 가격은 1/3로 줄일 만큼 혁신적인 경영기법이었다. 포드의 철학은 3S로 표현될 수 있는데 3S는 디자인의 단순화(simplification), 부품의 표준화(standardization) 그리고 작업공구의 전문화(specialization)를 의미한다.

> "사람들이 원하는 색이 무슨 색이든, 검은색만이 있다."
>
> – 헨리 포드의 대량생산 사고의 상징적 태도–

3) 경영과학의 활용

1915년 해리스(Harris)는 재고관리를 위한 수학적 모형을 개발하였고 1930년대 다쥐(Dodge), 로믹(Romig), 슈워트(Shewart)는 품질관리를 위한 통계적 샘플링 방법을 개발하였다. 1940년대 이후 경영과학(operations research) 이론이 정립되고 응용분야가 활발히 증가하여 수요예측, 재고관리, 프로젝트관리, 일정계획 등의 운영관리 분야에 활용되었다.

4) 컴퓨터통합생산시스템

컴퓨터통합생산시스템(CIM: computer integrated manufacturing)은 주문, 설계, 개발, 생산 등의 정보시스템이 통합적으로 운영되어 고객의 다양한 주문사항을 유연하게 수용하고 컴퓨터시스템을 활용하여 신속한 설계와 생산이 이루어지는 시스템을 의미한다.

컴퓨터를 이용한 제품설계(CAD: computer aided design)와 공정설계(CAPP: computer aided process planning) 그리고 생산시스템(CAM: computer aided manufacturing) 등으로 구성된다.

5) 공급사슬관리

공급사슬(supply chain)이란 원료제조업자가 원료를 제공하면 부품업자가 부품을 제조하여 제품 생산업자에게 공급하고, 생산업자는 생산한 제품을 도매업자에게 인도하며, 도매업자는 소매업자에게, 소매업자는 최종 소비자에게 판매하는 일련의 과정을 의미한다.

공급사슬관리(SCM: supply chain management)는 자재의 조달에서 제조, 판매, 고객까지의 물류 및 정보의 흐름을 종합관리하고 전체적인 관점에서 생산과 공급을 최적화하는 것을 의미한다. 제조업체는 비용을 절감하고 재고 수준을 감축하기 위하여 노력한다. 그런데 이러한 노력은 고객서비스 수준을 악화시키기 마련이다. 따라서 고객서비스 수준을 향상시키기 위해서 제조기업은 공급업체에게 높은 압력을 가하게 되고 이로 인하여 공급업체는 더 많은 재고를 보유하게 된다.

일반적으로 공급사슬상에서 한 기업의 재고 감소는 다른 기업의 더 많은 재고 보유를 초래하는 것이 보통이다. 결국 공급사슬상의 한 기업의 부분 최적화는 전체 공급사슬의 과대 재고를 가져오게 되어 민첩한 시장변화에 대한 적응력이 떨어지고 기업

그림 1-7 공급사슬관리

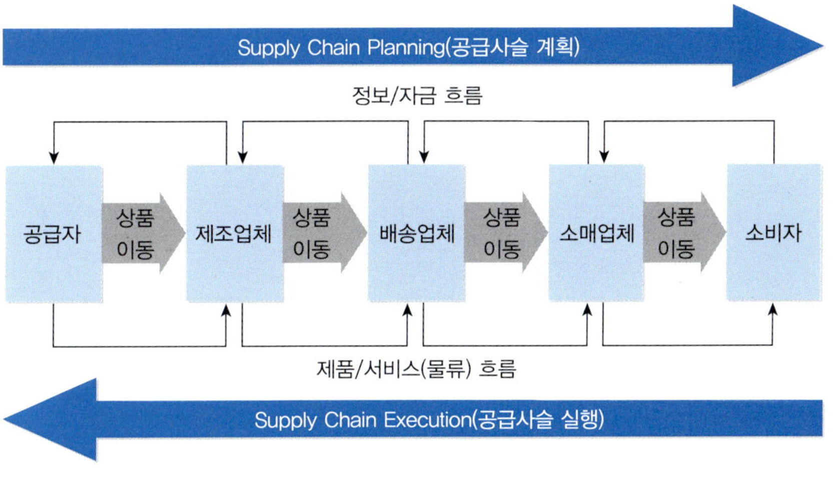

경쟁력도 낮아질 수 있다. 따라서 공급사슬상의 전체 최적화를 추구하기 위하여 고객서비스 수준을 향상시키면서도 재고를 감축할 수 있는 전략의 필요성이 대두되면서 SCM의 개념이 등장하게 되었다.

6) 스마트 팩토리

설계 · 개발, 제조 및 유통 · 물류 등 생산과정에 디지털 자동화 솔루션이 결합된 정보통신기술(ICT)을 적용하여 생산성, 품질, 고객만족도를 향상시키는 지능형 생산공장을 의미한다. 인더스트리 4.0(Industry 4.0)이 가져오는 생산공장의 혁신적인 변화로, 공장 내 설비와 기계에 사물인터넷(IoT)를 설치하여 공정 데이터를 실시간으로 수집하고, 이를 분석해 목적된 바에 따라 스스로 제어할 수 있는 공장을 말한다. 최근 가볍고 유연한 생산체계가 요구됨에 따라, 제조업 혁신 방안으로서 대두되고 있다.

그림 1-8 스마트 팩토리

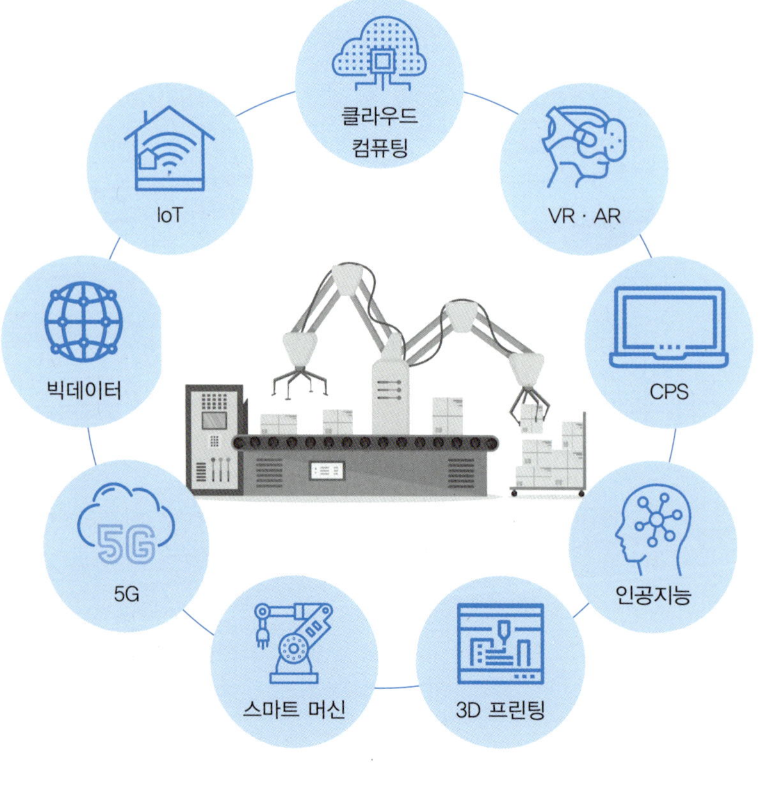

기업이 AI로 성과 얻는 10가지 방법

1. 고객 피드백 시스템 개선

최우수 제조업체들은 고객의 피드백을 더 잘 얻기 위해 AI를 이용하고 있으며 주문형 제품 맞춤화 전략도 향상시키고 있다. 고객 대응 시간을 개선하면서 고객 센터 데이터를 모아 분석하는 작업이 최근 AI 플랫폼에서 이뤄지고 있다.

2. 수요 예측 개선 및 비용 절감

맥킨지에 따르면 AI가 예측 오류를 50% 줄이고 제품 가용성 향상으로 매출 손실을 65% 줄임으로써 수요예측을 개선하고 있으며 전체 재고를 20~50%까지 감소시킬 수 있다.

3. CEO의 변화 관리

인터뷰에 응한 모든 CEO와 CHRO의 63% 이상이 신기술이 전반적으로 기업 운영에 긍정적인 영향을 미친다고 말했다.

4. 차세대 물류 기술

AI는 고급 자원 스케줄링 시스템으로 가장 의미 있는 이득을 보는 차세대 물류 기술의 기반이다. AI는 오늘날 제조업체가 직면하고 있는 복잡한 제약 사항과 비용, 납품 문제를 해결하는 데 크게 기여하며 실제 가장 큰 성과를 내고 있다.

5. 고객 서비스를 위한 대화형 AI

AI는 매출규모 5억 달러에서 10억 달러 기업에서 일하는 마케터들이 가장 많이 채택하고 있으며, 고객 서비스를 위한 대화형 AI가 가장 우세한 것으로 보고 있다.

6. 반도체 제조 공정 효율화

반도체 제조사는 스마트 기기를 AI와 결합해 수율을 30% 이상 향상시키는 동시에 팹(실리콘 웨이퍼 제조 공장) 가동을 최적화하고 생산 공정 전체를 효율화하고 있다. 공급망 예측 오류를 50% 줄일 수 있었다.

7. AI 기반 고객 성향 모델

성향 모델은 해당 고객이 구매, 상향 판매, 교차 판매로 이어지는 묶어 팔기, 가격 제안, 이메일 홍보, 콜 투 액션(랜딩페이지 구매버튼 클릭)에 대해 행동할 확률을 예상하는 예측 분석을 기초로 한다.

8. 블록체인과 IoT 결합 공급망 성능 향상

AI는 IoT 지원 센서를 이용해 포착한 배송 추적 데이터에서 패턴을 찾아 물류 비용을 절감한다. 블록체인을 사용해 공급망을 통해 실시간으로 데이터를 공유할 때 개선된 분석 통찰력과 결합하면 연간 600만 달러의 비용 절감 효과를 얻을 수 있다는 것을 발견했다.

9. 전자, 하이테크 제조업에서 품질 불량 비용 절감

AI 기반 응용프로그램을 이용해 일관성 없는 공급업체 품질 수준과 납품 방식을 감지하고 이를 이행함으로써 전기전자, 하이테크, 조립 제조 전반에 걸친 품질 불량 비용을 절감하고 있다. 제조업체는 AI를 이용해 누가 가장 좋은 납품업체인지, 어떤 생산센터가 가장 정확하게 오류를 발견하는지 빠르게 파악할 수 있다.

10. AI 결합 공장 운영 최적화

히타치에서는 각 기계의 부하 수준이 전체 생산 일정에 어떤 영향을 미치는지 실시간으로 파악하면서 각 생산 실행을 보다 효과적으로 관리하고 있다.

출처: Ai타임즈, 2020. 6. 8.

1장

연습문제

1 대량 고객화(mass customization)의 의미를 설명하시오.

2 효율성과 유연성의 trade-off 관계를 설명하시오.

3 기술의 S곡선을 설명하시오.

4 기술혁신의 3대 법칙을 설명하시오.

5 포드자동차가 개발한 T형 자동차의 장점과 단점을 설명하시오.

6 테일러의 과학적 관리법이 가진 장점과 단점을 설명하시오.

7 주변의 제품과 서비스 중에서 원가, 품질, 시간, 유연성 측면에서 만족(또는 불만족)했던 경험과 그 이유에 대하여 설명하시오.

8 혁신적인 제품과 서비스 사례를 열거하고 그 제품과 서비스에 적용된 혁신의 원리를 설명하시오.

9 1980년대 펄프, 종이, 고무 등을 만드는 평범한 제조업체 노키아가 세계적인 휴대폰 제조업체로 성장한 비결은 무엇인가? 그리고 스마트폰의 등장 이후 쇠락의 길을 걷게 된 이유는 무엇인가?

10 주변의 제품과 서비스에 대해 각각의 수명주기를 파악하고 발전전망을 논하시오.

11 지난 10년간 국내 대기업의 흥망성쇠를 살펴보고 성공과 실패 원인에 대하여 논하시오.

12 3D 프린터의 등장이 미래 비즈니스에 미치는 영향에 대하여 논하시오.

13 스타벅스의 생산성 향상 사례를 통해 얻은 시간 가치를 경제적으로 추정하여 보시오.

14 구라스시의 생산성 향상 사례를 카페테리아 식당에서 어떻게 응용할 수 있는지 논하시오.

OPERATIONS MANAGEMENT

CHAPTER

2

제품 및 서비스 설계

01 신제품 개발절차 **02** 창의적 아이디어 **03** 서비스 설계 **04** 동시공학(CE)

05 모듈러 설계(Modular Design) **06** 가치분석/가치공학 **07** 품질기능전개(QFD) **08** 제품수명주기(PLC)

도입사례

탈규모 시대의 제조업, '플랫폼 비즈니스'로 도약한다.

산업경제 시대에는 '규모의 경제(economies of scale)'가 사업을 발전시키는 이상적인 성장 엔진으로 활용돼 왔다. 20세기 초반에 거대한 기술적 부흥을 맞으면서 대량 생산이 가능하게 되고 대중 시장에 대한 접근성이 높아지면서 규모의 경제가 사업의 성공을 좌우했다. 전기를 동력으로 사용하고 자동화가 가능해지면서 기업들은 제품을 대량으로 생산할 수 있는 거대한 공장을 지을 수 있었다. 라디오와 TV로 수많은 시청자들에게 다가갈 수 있게 된 기업들은 대중매체를 통해 매스 마케팅을 전개했다.

규모는 엄청난 경쟁 역량의 원천이었다. 규모로 평균 비용을 낮출 수 있을 뿐 아니라 경쟁자가 진입할 수 없는 거대한 장벽도 쌓을 수 있었다. 규모의 힘으로 매출이 높을수록 평균 비용은 낮아진다. 이는 판매량을 더욱 증가시키고 판매량이 늘어나면 가격을 더 내릴 수 있다. 이런 피드백의 선순환으로 독점화가 가능하다. 가치사슬 모델을 기반으로 한 전통 기업은 내부 프로세스를 통제하고 효율성을 끌어올리며 시장 지배력을 확보하였다. 모든 기업이 업종을 망라하고 규모 확대에 집중했다.

하지만 새로운 기술적 발전으로 인해 탈규모의 경제(economies of unscale)로 성장의 축이 이동하고 있다. IT 발전으로 자산을 빌려 쓸 수 있게 되고 AI, 빅데이터 기술 발달로 개개인의 니즈에 맞춘 대량 맞춤화(mass customization)시장이 더 세분화되면서 탈규모의 경제로 무게 중심이 옮겨지고 있다. 그동안 틀어쥐고 있던 자산이 가진 규모의 힘이 더 이상 경쟁력을 발휘할 수 없고 오히려 걸림돌이 될 우려가 커지고 있다. 대신 생산과 소비 시장의 참여자를 많이 확보하고 이들 간의 상호작용을 촉진하여 네트워크 효과를 극대화시키는 것이 가치창출의 동력이 되고 있다.

플랫폼 비즈니스의 주요 자산은 생산자와 소비자로 엮인 네트워크이다. 경쟁 기업보다 참여자를 더 많이 플랫폼으로 끌어들인 기업이 제공하는 가치가 더 높아진다. 네트워크 규모가 클수록 공급과 수요의 연결이 더 잘 이루어지고 이로 인해 보다 많은 가치가 발생하여 더 많은 참여자를 유인하는 선순환 고리를 만들기 때문이다. 플랫폼 기업은 네트워크의 크기를 키워 시장 지배력을 확보한다. 고객가치창출 원천이 '규모의 경제'에서 '네트워크 효과'로 변화하고 있다.

플랫폼 생태계 구성요소

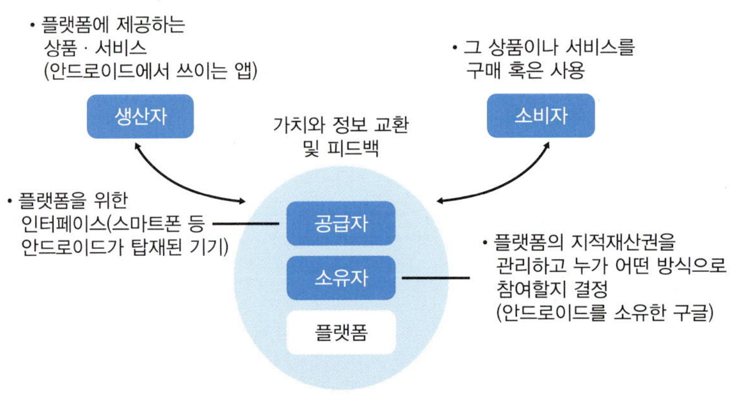

출처: 황혜정, LG경제연구소, 2018. 12. 21.

1 | 신제품 개발절차

1) 아이디어 도출

모든 신제품의 개발은 창의적인 신제품 아이디어로부터 출발한다. 창의적인 신제품 아이디어의 원천은 사용자 니즈(needs)의 변화인식, 새로운 첨단기술의 개발과 활용이다. 또한 시장조사와 브레인스토밍(brain storming)방법, 종업원 제안제도, 경쟁상품의 분석 등을 통하여 창의적인 신제품 아이디어를 도출할 수 있다.

2) 타당성 조사

타당성 조사(feasibility study)는 신제품의 성공가능성을 알아보는 것으로 타당성은 기술성, 시장성, 수익성 등으로 구분하여 검토할 수 있다. 기술성은 현재 기업의 자원과 기술능력으로 제품을 구현할 수 있는지를 검토하는 것이며 시장성은 신제품을 구입할 의사를 가진 소비자들이 충분한지 그리고 이들을 통해 얼마만큼의 매출액과 시장점유율을 확보할 수 있을지 검토하는 것이며 수익성은 신제품 출시를 통해 얼마만큼의 수익을 올릴 수 있는지 검토하는 것을 의미하며 보다 정교한 평가방법으로는 손익분기점분석(break-even analysis)이나 투자수익률(ROI: return on investment)과 같은 재무분석 기법을 이용할 수 있다.

3) 예비설계

예비설계는 선정된 신제품 아이디어의 개념을 최초의 설계형태로 구체화하는 과정이다.

4) 모형시험

예비설계 결과를 검증하고 분석하기 위하여 여러 개의 모형(prototype)을 만든다. 즉, 제품을 생산하기 전에 제대로 제품을 디자인하기 위해서 시제품을 이용하고 있다. 시험과정에서 문제점을 발견하면 모형을 재설계하는 과정을 반복한다.

5) 최종설계

최종설계 단계에서는 제품의 설계도와 명세도가 개발되므로 모형시험에서 문제점이 발견되면 원천적으로 재설계를 해야 한다. 생산하려는 제품이 적절성을 갖추기 위해서는 영업적 · 기술적 · 경제적 측면이 함께 고려되어야 한다. 즉, 고객의 욕구를 충족시킬 수 있는 제품기능과 외관을 고루 갖추되 경제적 생산이 가능해야 하므로 기능설계 → 형태설계 → 생산설계의 과정을 거쳐서 비로소 최종설계가 완성된다.

비스타에서 이리듐까지…10년간 IT 실패사례

마이크로소프트(MS)의 개인용컴퓨터(PC) 운영체계 소프트웨어 '비스타'와 이제는 잊혀진 위성전화 서비스 '이리듐' 사이에는 여러 가지 공통점이 있다. MS나 모토로라 같은 유명 대기업이 개발을 시도했고 많은 사람들로부터 새로운 시대를 열 혁신적인 서비스나 제품이 될 것이라는 기대를 모았지만 막상 뚜껑을 열어보니 시장에 이렇다 할 영향을 주지 못했거나 심지어 역사의 뒤안길로 사라져버렸다는 점이다.

'비스타'는 이전 제품 '윈도 XP'보다 향상된 보안 기능을 제공할 것이라는 기대를 한몸에 모았으나 막상 출시되자 'XP'와 두드러진 보안 성능 향상을 보이지 못한다는 평가를 얻었고 오히려 상당수의 PC에서 동작을 느리게 만든다는 지적을 받았다.

모토로라가 주도한 '이리듐'은 지구 궤도에 66대의 위성을 배치해 위성전화 서비스를 제공하겠다는 야심찬 계획이었으나 위성 발사 같은 설비투자에만 50억 달러라는 엄청난 투자가 필요했다. 게다가 이동 중 차량이나 건물 안에서 전화가 안 되는데도 통화료는 분당 5달러에 달했고, 결정적으로 휴대전화가 일반화되면서 '이리듐'은 1999년 파산하며 경영대학원의 연구 대상이 되고 말았다.

출처: 연합뉴스, 2009. 5. 18.

그림 2-1 신제품 개발절차

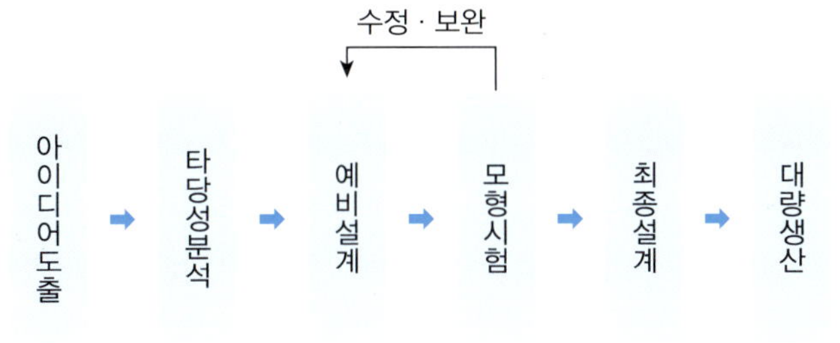

2 | 창의적 아이디어

표 2-1 을 통해 우리 주변의 발명품에 대한 발명동기를 찾아볼 수 있다. 창의적 아이디어가 필요한 이유는 아이디어가 수많은 문제를 해결할 수 있는 원동력이기 때문이다. 또한, 창의적이고 혁신적인 문제해결 능력은 원하는 목표를 달성할 뿐만 아니라 문제해결을 위해 투입한 비용을 훨씬 뛰어넘는 가치(value)를 창출하는 효과를 가져온다. 창의적이고 혁신적인 문제해결은 이미 발생한 문제를 해결하는 것과 앞으로 발생할 가능성이 높은 잠재적인 문제를 사전에 파악하고 예방 조치를 취하는 것으로 나누어 볼 수 있다.

표 2-1 창의적 발명품

발명품	국가	발명동기
롤러 스케이트	미국	아이들이 가지고 노는 바퀴 달린 말
코카콜라 병	미국	(여자 친구)의 주름 치마와 예쁜 각선미
합판	독일	얇게 자른 나무판을 반대로 포개어 접착제로 붙임
철조망	미국	장미 넝쿨이 있는 곳으로는 양들이 넘어가지 않음
스카치 테이프	독일	풀이 없는 면과 풀이 발린 면이 서로 잘 떨어지면서 투명함
X-ray	독일	음극선 실험 중 뼈가 정확히 찍히는 빛 발견

발명품	국가	발명동기
매직 테이프–찍찍이	스위스	토끼 사냥, 도둑놈 풀(우엉열매)이 잔뜩 달라 붙음
통조림	영국	추운날, 유리병의 음식을 데워 먹음–우연히 깡통에 반찬을 데워 먹다
컷터 칼	일본	상점 주인이 우표를 한 개씩 잘라 주는 것을 봄–칼날에 흠집을 내면 똑똑 부러짐
스테인리스강	영국	녹이 슬지 않음, 쓰레기 더미 속에서 반짝거리는 쇳조각 발견
배드민턴 코크(공)	영국	새의 깃털(비쌈)–값싼 플라스틱 공
전자레인지	미국	진공관 실험 도중 주머니 속의 초콜릿이 녹는 현상을 발견

출처: 두산백과

한편, 하버드 경영대학원의 제럴드 잘트먼 교수는 창의적 사고의 10가지 원칙을 표 2-2 와 같이 제시하고 있다.

표 2-2 창의적 사고 10가지 원칙

1. 만족하지 말고 끊임없이 새로움을 추구하라
2. 이례적인 현상에 주목하라
3. 우연히 획득한 데이터를 자유롭게 활용하라
4. 결론을 시작으로 간주하라
5. 기존의 것을 구식으로 취급하라
6. 새로운 아이디어 하나에 집착하지 마라
7. 냉정한 열정을 가져라
8. 자신만의 신념을 가져라
9. 근원적인 질문을 하라
10. 성급한 거부는 삼가라

출처: 이동현, MBA 명강의, 리더스북, 2008.

네슬레는 이른바 크라우드소싱(crowd sourcing)을 통해 고객의 선호도를 SNS로 수집하여 제품의 개발 단계에서부터 반영한다. 여러 가지 맛의 제품을 무분별하게 생산하여 비용을 높이기보다는 페이스북 등에서 고객이 선호하는 맛을 선택하는 투표를 실시하고 개발 제품의 수를 한정함으로써 수요가 적은 제품의 생산과정 비용을 절감한 것이다.

출처: 함유근 외, 빅데이타 경영을 바꾸다, 삼성경제연구소, 2012.

1) 트리즈 이론

트리즈(Triz : theory of inventive problem solving)란 러시아의 기술자이자 과학자인 겐리히 알트슐러가 발견한 것으로 수백만 건의 특허들을 분석하여 각 특허가 해결한 문제가 1,500가지 기본 문제에 모두 포함된다는 것이다. 그 1,500가지 문제 또한 40가지의 일반적 해결법을 적용하면 세상 대부분의 문제를 해결할 수 있다는 것을 발견하여 40가지의 원칙을 창조적 문제해결 이론인 트리즈로 정리하였다. 트리즈 이론의 핵심은 '모순'이라는 개념에서 출발한다. 어떤 문제의 해결책이 쉽게 나오지 않는 것은 문제에 모순이 존재하기 때문이다. 트리즈는 모순을 문제해결의 핵심 포인트로 생각한다. 문제를 철저히 분석하여 모순을 도출하고 난 후 그 모순을 해결하게 되면 문제가 해결된다는 이론이다. 예를 들어 나무를 벨 때 도끼가 무거우면 잘 파이지만 힘이 들어 오래 못한다. 도끼가 가벼우면 오랫동안 여러 차례 칠 수 있지만 잘 파이지 않는 모순을 발견하게 된다. 이때, "가벼우면서 무거운 도끼는 없을까?"라는 질문에서 출발하여 도끼날은 무겁게 해서 힘이 실리게 하고 도끼자루는 속을 비워 가볍게 하는 제품 아이디어를 찾을 수 있다.

트리즈 사례: 다리미는 뜨거워야 하는데 옷을 태우지 않으려면 너무 뜨겁지 않아야 한다. 이를 해결하기 위해 미국의 생활가전 업체인 올리소(Oliso)는 다림질을 할 때에만 열이 전달되는 오토리프트 다리미를 만들었다. 이 올리소 다리미는 시카고 가정용품박람회 등을 휩쓸며 타임지 2006년 최고의 발명품으로 선정되기도 했다.

2) SCAMPER

SCAMPER는 '체크리스트 법'에 속하는 것으로 기존의 제품을 개선하여 신제품을 발명해 내는 데 유용하게 활용되는 질문기법이다. 미국의 광고회사 사장이었던 '오스본'이 1950년도에 개발하고 '봅 애벌'이 재구성한 것으로 아이디어를 찾기 위해 사용하는 단계별 체크리스트를 말한다. SCAMPER란 7가지 질문에 있는 핵심 단어들의 첫 철자를 따서 기억하기에 편리하도록 만든 약자이다. 각 철자를 보면 아이디어를 자극할 수 있는 질문을 떠올릴 수 있다. 약자를 좀 더 구체적으로 표현하면 S(substitute, 대체하기), C(combine, 결합하기), A(adapt, 응용하기), M(modify – magnify – minify, 수정 · 확대 · 축소하기), P(put to other use, 새로운 용도), E(eliminate – elaborate – enhance, 제거 · 정교 · 향상하기), R(rearrange – reverse, 재배열하기)의 약자들이다. 부분별로 제기할 수 있는 질문들의 유형은 다음과 같다.

① S(substitute? 대체시키면?)

▶ 이 제품을 어린이(남자, 여자, 노인들, 젊은이들, 노동자)가 사용하려면 어떻게 해야 할까?

▶ 다른 성분으로 대체시킬 수는 없는가?

▶ 재료를 다른 것으로 바꾸면 어떻게 될까?

▶ 생산의 과정을 다르게 변화시키려면 어떻게 할까?

▶ 만약, 장소를 바꾸면 어떻게 될까?

▶ 이 제품과 대체할 수 있는 것은 어떤 것들이 있을까?

예시 기존 플라스틱 소재 물병을 스테인리스 또는 환경호르몬인 비스페놀을 방출하지 않는 BPA free 소재로 대체

냄비의 소재를 실리콘으로 바꿈으로써 내열성과 내한성을 높이고 위생을 강화

② C(combine? 결합하면?)

▶ A의 기능과 B기능을 결합하면 어떻게 될까?

▶ A와 B를 재구성한다면 어떻게 해야 할까?

예시 수저와 포크를 하나로 결합한 제품 또는 비타민은 물과 함께 먹으니까 물에 녹아 있는 비타민 음료 제품

기존 정수 기능에다가 냉수, 온수, 얼음제조, 커피메이커 기능을 추가한 정수기
튀김 기능과 오븐 기능을 결합한 에어 프라이어
먼지 청소와 물걸레 청소가 동시에 가능한 물걸레 청소기

③ A(adapt? 응용하면?)

▶ 이 아이디어를 응용하면 어디에 활용할 수 있을까?
▶ 이 제품에서 활용할 수 있는 새로운 아이디어는 무엇일까?
▶ 이 제품의 기능과 비슷한 것에는 어떤 것들이 있을까?
▶ 이 제품의 아이디어가 기존 제품의 아이디어와 비슷한 점은 무엇이며, 그것을 개선하려면 어떻게 해야 할까?

예시 음료수 병을 아령처럼 운동도구로 사용한다든지 음료수 병을 야간에 조명으로 사용하는 제품
건조기 기능을 이용한 음식물 처리기
선풍기 원리를 활용한 공기청정기

④ M(modify – magnify – minify? 수정 · 확대 · 축소하면?)

▶ 이 모양을 좀 더 확대시키면 어떻게 될까?
▶ 이 제품의 모양을 좀 더 작게 축소시키면 어디에 활용할 수 있을까?
▶ 이 모양을 움직이기(이동하기, 들어올리기, 고정시키기 등) 쉽게 변형시키면 어떻게 될까?
▶ 이 제품의 색깔(소리, 향기, 형태 등)을 바꾸면 어떻게 될까?
▶ 이 아이디어를 활용할 빈도를 높이려면 어떻게 해야 할까?
▶ 이 제품의 성능을 더 강하게(약하게, 가볍게, 간소화하게, 무겁게) 하면 어떻게 될까?
▶ 이야기의 구성을 어떻게 수정하면 재미있는 이야기가 될까?

예시 기존 제품의 크기를 확대하거나 축소하여 다양한 크기의 제품을 공급
자동차 크기를 축소한 어린이용 자동차

⑤ P(put to other use? 새로운 용도는?)

▶ 이 제품을 다른 용도로 사용한다면 어떤 용도들이 있을까?
▶ 기존 제품의 기능 중 일부를 수정하여 사용한다면 어떤 용도로 사용할 수 있을까?

▶ 이 제품의 모양, 무게 또는 형태로 보아 사용할 수 있는 다른 용도는 어떤 것이 있을까?

예시 접착력이 오래 지속되지 않는 특징을 이용한 3M의 Post-It
사시와 눈경련 치료제로 개발되었으나 근육마비로 인한 주름개선에 활용되는 보톡스
처음에는 소화제로 개발되었으나 소비자 선호에 따라 음료수로 판매된 코카콜라

⑥ E(eliminate? 제거하면? elaborate 정교하게, enhance? 향상시키면)

▶ 이 제품에서 기능을 없애 버리면 어떻게 될까?

▶ 이 제품에서 부품 수를 줄이면 어떤 모양의 제품이 될까?

▶ 이 제품에서 없어도 되는 기능들은 어떤 것들일까?

▶ 다른 부서 또는 기업과 협력을 하면?

▶ 일부 기능을 향상시키면?

예시 생수병에 패션디자이너의 작품을 접목하여 고급스러움을 강조한 제품
카메라 필름을 사용하지 않는 디지털 카메라
선풍기의 날개를 없앤 '날개 없는 선풍기'

⑦ R(rearrange - reverse? 재배열하면?)

▶ A와 B의 인물 역할을 바꾸면 어떤 현상이 일어날까?

▶ 이 조명 기구의 배치를(위에서 아래로→아래서 위로) 바꿀 수 있을까?

▶ 이 제품을 좀 더 편리하게 사용하려면 A와 B의 위치를 어떻게 바꾸어야 할까?

▶ 일을 좀 더 효율적으로 하려면 스케줄을 어떻게 해야 할까?

▶ 근무조건을 향상시키기 위하여 출퇴근 시간을 어떻게 조정해야 할까?

▶ 이 이야기에서 원인과 결과가 바뀌면 어떻게 전개되어야 할까?

▶ 일의 효율성을 위하여 가구나 기기를 어떻게 배치해야 할까?

▶ 노동자의 입장에서 생산라인을 다시 조정하면 어떻게 해야 할까?

▶ 이 제품의 구성 요소를 상호 교환하면 어떤 제품이 될까?

예시 가방의 지퍼를 여러 군데 위치하도록 하여 손쉽게 물건을 꺼낼 수 있도록 한 제품

제품의 바코드를 여러 곳에 위치하도록 하여 손쉽게 바코드를 인식
출퇴근 시간의 재량권을 부여한 자율 출퇴근제

3) 서브트랙션(subtraction)

미국 콜럼비아대학 제이콥 골든버그 교수는 서브트랙션 방법론을 그림 2-2 에서 제시하고 있다. 이 방법은 찐빵에서 팥소를 빼 혁신에 이르는 방법으로 기존제품이나 서비스의 핵심요소를 제거할 경우의 잠재적 혜택과 가치를 분석하여 새로운 제품과 서비스의 필요성과 실현가능성을 검토하는 과정을 통하여 새로운 아이디어를 도출할 수 있도록 방법론을 제시하고 있다. 예를 들어 선풍기의 핵심 구성요소는 날개라고 생각할 수 있는데 날개가 없는 선풍기를 상상하고 선풍기에 날개가 없을 경우의 장점과 날개 없는 선풍기를 만들 수 있을지 검토하여 만약 제품화를 실현한다면 '날개 없는 선풍기'를 시장에 선보일 수 있다.

그림 2-2 서브트랙션 적용절차

제품이나 서비스의 구성요소에 대한 리스트를 만든다.

⬇

제거할 핵심 구성요소(찐빵의 팥소라고 할 수 있다)를 선택하고 이를 제거했을 경우를 상상한다.

⬇

결과를 비주얼로 표현해본다.

⬇

잠재적으로 어떠한 혜택과 가치가 있는지 질문하고 새로운 제품과 서비스를 창조할 잠재력이 있는지 검토한다.

⬇

새로운 혜택과 가치가 있다고 판단된다면 실현 가능성이 있는지 검토한다.

3 | 서비스설계

1) 서비스 특성

서비스란 단어는 라틴어 "servitium"(=slavery)에서 어원을 찾을 수 있는데 이발이나 미용과 같은 하찮은 일을 의미하는 용어에서 출발하였다. 그러나 현재에 와서는 "어떤 한 경제주체의 상태 및 환경이 다른 주체에 의해 변화하는 것", "결과물이 유형적 제품이나 구조가 아닌 모든 경제적 활동", "고객의 문제들을 해결하는 솔루션을 제공하는 일련의 활동", "공동 생산자로서 고객을 위하여 수행되는 비가시적, 소멸성을 가지는 것", "한 경제주체가 다른 경제주체의 이익을 위해 특화된 역량을 적용하는 것"으로 그 의미와 중요도가 확장되어 사용되고 있다.

표 2-3 은 제품과 서비스 속성의 차이점을 설명하고 있다. 제품은 일정한 유형을 가지고 있으며 재고로 보관이 가능하다. 반면 서비스는 무형이며 재고로 보관이 불가능한 경우가 많고 생산과 소비가 동시에 이루어지는 경우가 많으며 서비스 제공과정에 고객이 직접 참여하고 품질에 대한 판단기준이 일관되지 않은 특징을 가지고 있다. 이러한 속성의 차이점으로 인해 서비스 설계 과정은 제품설계 및 운영관리 기법과 차이점을 가질 수밖에 없으며 서비스 설계 시에는 물리적 요소뿐만 아니라 심리적 요소 그리고 감각적 요소를 종합적으로 고려해야 한다.

표 2-3 제품과 서비스 속성의 차이점

제품	서비스
유형성(tangibility) 일관된 제품정의 생산과 소비의 분리(separability) 재고보관 가능 고객의 참여정도가 낮음	무형성(intangibility) 동시성/비분리성(simultaneity/inseparability) 소멸성(perishablity) 이질성(heterogeneity) 고객참여(customer participation) 소유권(ownership)

2) 서비스 분류

서비스의 유형은 매우 다양한데 상호작용(interaction)과 맞춤화(customization) 정도를 한 축으로 설정하고 종업원의 노동집중도(labor intensity)를 또 하나의 축으로 하여 서비스를 분류하면 표 2-4 와 같다. 노동집중도와 고객 상호작용 및 맞춤화 정도가 낮은 서비스 유형을 '서비스 공장'으로 분류하며 항공서비스를 대표적인 예로 들 수 있다. 노동집중도는 낮고 고객 상호작용 및 맞춤화 정도가 높은 서비스 유형을 '서비스 전문점'으로 분류하며 종합병원이나 자동차 수리서비스를 예로 들 수 있다. 노동집중도는 높고 고객 상호작용 및 맞춤화 정도가 낮은 서비스 유형을 '대량 서비스'로 분류하며 학교, 은행 등을 예로 들 수 있다. 노동집중도와 고객 상호작용 및 맞춤화 정도가 모두 높은 서비스 유형을 '전문가 서비스'로 분류하며 변호사, 개인병원 등을 예로 들 수 있다.

제품과 달리 서비스 설계 및 경영이 가지는 속성의 차이점은 다음과 같다. 첫째, 제품과 달리 서비스는 여러 단계에서 발생하고 생산과 소비가 동시에 발생하는 관계로 서비스 관련 데이터를 수집하여 구축하기 어렵다. 둘째, 서비스가 진행되는 처리 단계를 명확히 알 수 없다. 셋째, 기계를 이용한 제품생산과 달리 서비스를 제공하는 절차나 방법의 변경과 표준화가 쉽지 않다. 마지막으로 고객에 따라 맞춤 서비스를 제공해야 한다.

표 2-4 상호작용 · 맞춤화 및 노동집중도에 따른 서비스 분류

노동 집중도	상호작용 · 맞춤화의 정도	
	낮음	높음
낮음	서비스 공장 : 항공사, 물류서비스, 호텔, 관광지, 체육시설	서비스 전문점 : 종합병원, 자동차 수리
높음	대량 서비스 : 도소매, 할인점, 학교, 은행	전문가 서비스 : 개인병원, 변호사, 회계사, 건축가의 서비스

출처: 김태웅, 품질경영의 이해, 신영사, 2012.

3) 서비스 설계절차

① 서비스 청사진

서비스 청사진(service blueprint)은 서비스 시스템을 정확하게 묘사하고 서비스가 제공되는 과정에 참여하는 객체들의 기능과 역할을 명확히 이해하며 서비스 제공과정의 실수가능성을 사전에 점검하여 예방함으로써 고객만족의 향상을 추구하는 방법이다. 서비스 청사진은 주관적 서비스를 체계적으로 분석하는 데 도움을 준다. 그림 2-3 은 국내 S전자에서 수행되고 있는 전자제품 고객 A/S서비스 수리프로세스를 서비스 청사진으로 표현한 것이다.

② 비즈니스 모델 캔버스

비즈니스 모델 캔버스는 2010년 알렉산더 오스터왈더(Alexander Osterwalder)와 예스 피그누어(Yves Pigneur)가 『비즈니스 모델의 탄생(Business Model Generation)』이라는 저서를 통해 제안한 방식으로 비즈니스에 포함되어야 할 주요 사업 요소를 표 2-5 에 제시된

그림 2-3 전자제품 A/S과정의 서비스 청사진

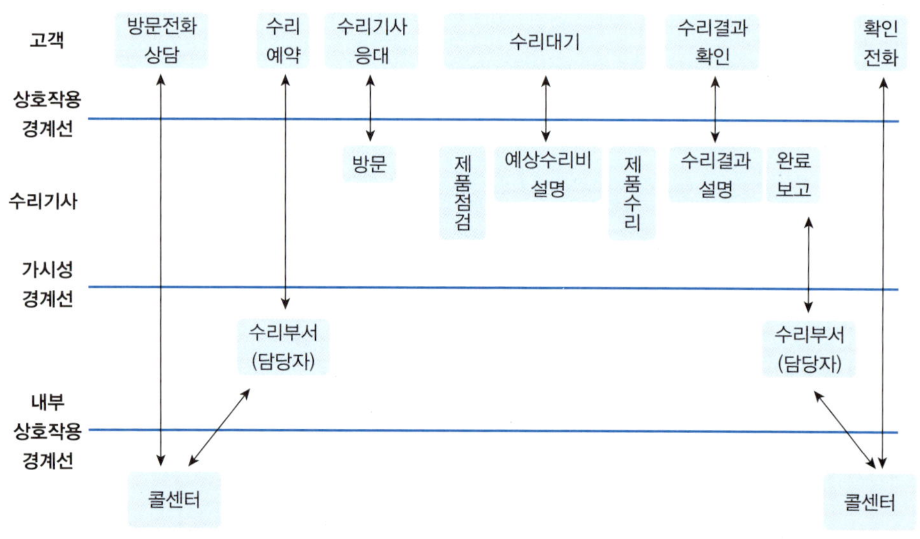

출처: 김준홍, Fuzzy Service FMEA 및 HOQ 행렬 대수를 이용한 서비스 시스템 설계, 대한산업공학회지, 2012, pp. 155-162.

9개 항목(차원)을 이용하여 작성해봄으로써 자신의 비즈니스 모델이 고객에게 어떠한 가치를 제공하고 있는지를 진단하는 도구이다.

표 2-5 비즈니스 모델 캔버스

핵심 파트너십 (Key Partnerships)	핵심활동 (Key Activities)	가치 제안 (Value Propositions)	고객관계 (Customer Relationships)	고객 세그먼트 (Customer Segments)
비즈니스를 원활하게 진행하기 위해 필요한 네트워크	비즈니스를 성공적으로 운영하기 위한 행동(활동)	고객의 문제와 니즈를 해결하는 특정한 가치	고객 세그먼트별로 효과적인 관계 확립 방식	제품이나 서비스를 제공받는 하나 이상의 목표 고객
	핵심자원 (Key Resources)		**채널 (Channels)**	
	비즈니스를 진행하기 위해 필요한 자원		가치가 고객에게 전달되기까지의 도달 방식	
비용구조 (Cost Structure)			**수익원 (Revenue Streams)**	
비즈니스 모델을 위해 발생하는 모든 비용			성공적인 가치제안으로 얻는 수익	

4 | 동시공학(CE: Concurrent Engineering)

과거의 신제품 출시과정이 그림 2-4 처럼 디자인, 검증, 시작품, 테스트, 재설계 대량생산 과정이 직렬적으로 진행된 반면에 동시공학은 그림 2-5 처럼 디자인, 성능평가, 테스트, 생산, 판매 그리고 사후관리까지의 모든 과정을 동시화(병렬)하여 생산시행착오를 줄이고 신제품 출시기간을 획기적으로 단축시키고자 하는 방법론이다. 표 2-6 에서 보는 것처럼 동시공학적 제품개발은 다기능팀과 광범위한 협업을 통하여 개발기간과 재작업 횟수를 단축시킬 수 있다.

그림 2-4 직렬적 제품개발 과정

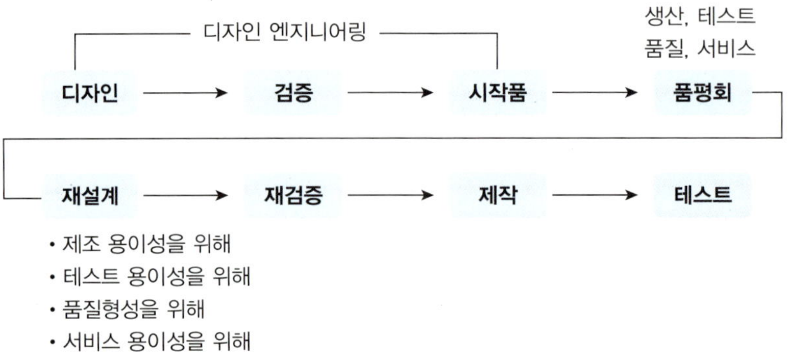

그림 2-5 동시공학적 제품개발 과정

표 2-6 직렬적 제품개발(SE)과 동시공학적 제품개발(CE)의 비교

구분	프로세스	팀 구조	기법 사용정도	의사소통 방식	개발 기간	재작업 횟수	성과
CE 프로젝트	광범위한 협업	다기능팀 중심	광범위한 사용	쌍방, 많은 빈도	9개월	1~2회	평균 이상
SE 프로젝트	낮은 수준 협업	기능팀 중심	거의 사용 하지 않음	일방, 적은 빈도	14개월	3회	평균 이하

출처: Bhnuiyan, N., Thompson, V., and Gerwin, D.(2006). "Implementing Concurrent Engineering", Research Technology Management, 49(1), pp. 38–43.

5 | 모듈러 설계(Modular Design)

모듈이란 기본 부품이나 중간 조립품으로 정의할 수 있으며 다양한 제품설계 시 모듈 단위의 설계를 통해 모듈을 공유함으로써 제조공정의 단순화와 부품의 활용도 향상이 이루어질 수 있다. 모듈러 설계는 다품종 소량생산체제에서 부품의 표준화와 공용화를 통하여 생산원가를 절감하고 관리의 효율을 높이고자 하는 개념이다. 즉, 보다 적은 부품모듈을 믹스매치(mix and match)함으로써 제품의 다양성을 높일 수 있는 장점이 있다. 그림 2-6 은 자동차회사가 모듈러 설계를 통하여 개별 부품들을 하나씩 차체에 장착하지 않고 몇 개의 부품을 먼저 조립하여 모듈을 구성한 후 모듈단위로 조립하는 사례를 보여준다.

그림 2-6 현대모비스의 모듈러 설계

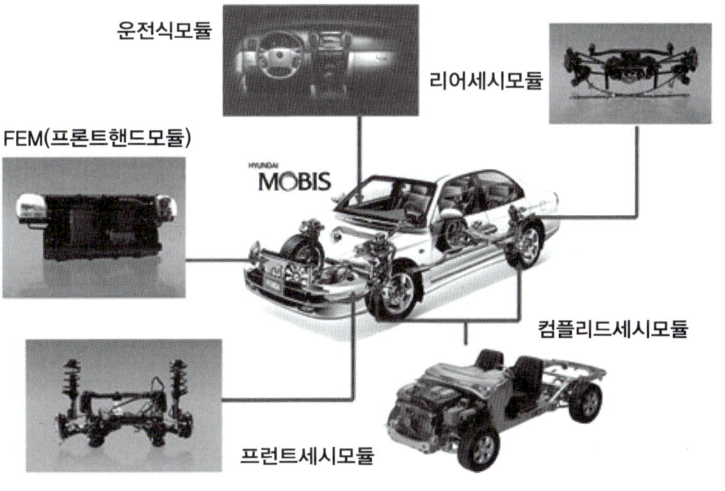

제조업의 모듈러 설계 도입

최근 제조분야의 변화 중 주목할 만한 것으로 모듈화를 들 수 있다. 프랑스의 플랜트 기업인 플루어는 모듈식 플랜트 건설을 통해 원가/납기를 획기적으로 줄이고 있으며 구글은 모토로라를 통해 핸드폰을 레고블록식으로 만들 수 있는 프로젝트를 진행하고 있다. 자동차 산업에서는 독일의 폭스바겐이 '모듈러 툴킷 전략(modular toolkit strategy)'을 통해 자동차를 레고블록식으로 만들려는 시도를 하고 있다.

출처: 김덕식, Weekly Focus, LG 경제연구원, 2013. 12. 23.

그림 2-7 은 2014년 스마트폰의 부품을 사용자들이 선택해 맞춤형으로 제작하는 조립형 스마트폰 '아라'(ARA) 프로젝트이다. 스마트폰의 프로세서, 디스플레이, 배터리, 키보드, 카메라 등을 직육면체 모듈로 설계하여 사용자는 필요한 부품만 업그레이드해서 계속 사용할 수 있다. 그러나 부품을 연결하는 전자자석의 결합과 내구성 문제점이 노출되어 실패를 인정하고 사업화를 포기하는 결과를 가져왔다.

그림 2-7 구글의 모듈러 스마트폰

6 | 가치분석/가치공학

가치분석(VA: value analysis)은 기존 제품에 대하여 원가절감과 제품가치향상을 동시에 추구하기 위해 제품개발에서부터 설계, 생산, 유통, 서비스 등 모든 경영활동의 변화를 추구하는 경영기법이며 가치공학(VE: value engineering)은 신제품 개발 시에 다양한 목표를 수용하여 그 목표를 가장 값싸고 효율적인 방법으로 달성하는 방법을 찾는 기법으로 정의할 수 있다.

가치분석과 가치공학은 원가절감과 가치개선을 목적으로 도입하는 기법으로 불필요한 원가요인을 발굴하여 제거하고 소비자가 요구하는 다양한 기능들을 효과적으로 설계에 반영하고자 하는 개념을 공통적으로 가지고 있다.

가치분석과 가치공학에서 '가치'는 원가 대비 기능으로 정의할 수 있다.

$$\text{가치(value)} = \text{기능(function)} / \text{원가(cost)}$$

따라서 가치(V)는 기능(F)이 일정할 경우에 원가(C)에 반비례하며 원가가 일정할 경우 기능과 가치는 정비례한다.

종래의 방식에서는 원가절감을 위하여 투입비용의 절감만이 가치 증대의 요건이 되었으나 가치공학에서는 ① 기능은 유지하되 투입비용을 절감, ② 기능도 향상하면서 투입비용을 절감, ③ 투입비용은 유지하면서 기능을 향상, ④ 투입비용은 일부 증가하나 기능을 크게 증가로 정리할 수 있다.

표 2-7 은 원가의 구성요소별 절감방법 사례를 보여주고 있다.

기능에는 불필요 기능과 부족기능 또는 창조기능이 있다. 가치공학은 불필요 기능을 완전 제거하고 최저의 비용으로 필요기능만을 달성하려는 활동인 동시에 필요기능으로 부족기능을 보완하고 새로운 기능을 창출하여 기능향상, 가치향상에 기여하고자 한다. 가치분석과 가치공학의 대상은 제품뿐만 아니라 절차, 공정, 서비스 등에도 적용할 수 있다. 예를 들어 부품, 조립품의 개선, 제품의 개발/설계, 공정의 개선, 작업의 개선, 설치/치공구의 개선, 조작/업무의 개선, 사무 수속의 개선, 전표/서류의 개선 등이 대상이 된다.

표 2-7 원가구성요소와 절감방법

영역	절감방법
재료비	직접 재료비, 외주가공비
인건비	조립시간의 단축
제조경비	설비 가동률 향상, 운반 및 JIG 개선
판매 및 관리비	물류, 광고 및 영업비용의 인하
고정비	품질 및 수율의 향상
변동비	재고보관, 불량의 감소

$$\text{가치} = \frac{\text{기능의 달성도(Function)}}{\text{투입비용(Cost)}} \quad \frac{\rightarrow}{\downarrow} \quad \frac{\uparrow}{\downarrow} \quad \frac{\uparrow}{\rightarrow} \quad \frac{\uparrow}{\nearrow}$$

가치분석을 실행하는 방법으로는 **그림 2-8** 과 같은 ERRC 구성표를 사용할 수 있다. ERRC는 가치창출을 위한 프레임워크를 정리한 분석도구로서 제거(eliminate), 감소(reduce), 증가(raise), 창조(create)의 질문을 하고 질문에 대한 대답과정에서 새로운 가치를 창출하게 된다.

그림 2-8 가치창출을 위한 ERRC 구성표

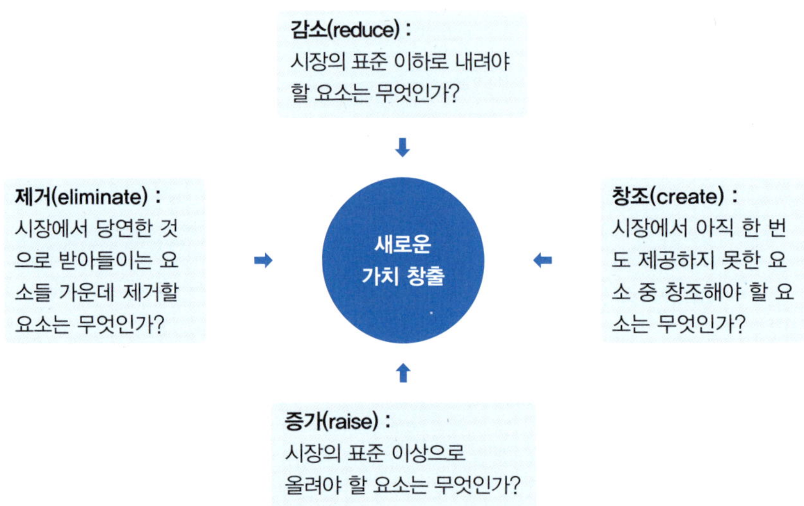

항공서비스의 거품 제거

파격적인 아시아 항공편을 내놓은 에어아시아는 아시아 최초로 '노 프릴스(No Frills)' 여객기를 취항한 항공사다. 노 프릴스는 특별 서비스나 기내식 등이 전혀 없거나 유료화한 대신 요금을 파격적으로 싸게 한 항공편으로 미국 댈러스의 사우스웨스트 항공이나 아일랜드의 수도 더블린에 본사를 둔 라이언 항공 등이 대표적이다. 에어아시아의 경우 2001년 이를 처음 아시아에 도입했다. 당시 에어아시아 최고경영자(CEO) 토니 페르난데스는 2001년 9월 부채에 허덕이던 에어아시아를 인수한 지 3개월 만에 노 프릴스 항공사로 새롭게 선보였다. 에어아시아는 이후 7,000만 링깃(1,840만 달러)의 부채를 모두 갚았고 5대뿐인 여객기 좌석이 항상 매진돼 월 평균 현금유입액이 1,800만 링깃(470만 달러)에 이르게 됐다. 1993년 영업을 시작한 이후 흑자를 낸 적이 없는 에어아시아의 성공 사례가 당시 말레이시아 항공사의 변화를 이끌어 내기도 했다.

출처: 이투데이, 2014. 6. 2.

제거(eliminate)는 매출 및 수익에 기여하지 못하거나 비용만 증가시키는 기능 및 활동을 제거하는 경우를 들 수 있으며 감소(reduce)는 완전히 제거할 수는 없지만, 목표를 달성하기 위해 제공하는 제품 및 서비스의 기준을 줄이는 경우를 들 수 있다. 증가(raise)는 감소(reduce)와 반대로 목표를 달성하기 위해 제공하는 제품 및 서비스의 기준을 높임으로써 차별화된 경쟁력을 가지도록 하는 것이다. 창조(create)는 기존 제품이나 서비스에서 제공하지 않았던 새로운 기능을 제공하도록 하는 것이다.

한편, GE와 히타치의 경우는 표 2-8 과 표 2-9 와 같은 가치분석 체크리스트를 사용하기도 한다.

표 2-8 GE의 가치분석 체크리스트

이 부품의 사용으로 가치가 높아지는가?
이 부품의 원가와 용도가 균형을 이루는가?
이 부품의 형상 전부가 필요한가?
사용목적에 알맞은 다른 것이 없는가?
보다 저원가의 작업방법으로 기능적인 부분품은 만들어질 수 없는가?
보다 유용한 표준이나 외부 공급업자의 표준이 발견되지 않는가?
사용 수량을 고려할 때 타당한 공구설비로 생산되고 있는가?
재료비 · 노무비 · 간접비 및 이윤은 적정한가?
보다 싸게 구입할 수 있는 공급업체는 없는가?
경쟁업체는 보다 싸게 구입하고 있지 않은가?

표 2-9 히타치제작소의 가치분석 체크리스트

이 부품은 제외될 수 없는가?
기능은 연합하거나 분해할 수 없는가?
기구와 형태를 바꿀 수 없는가?
대체품 또는 대용품은 없는가?
표준품이 사용되는가?
공차를 여유 있게 할 수 없는가?
생산방법을 바꿀 수 없는가?
새로운 가공법은 없는가?
공정 수를 줄일 수 없는가?
불필요한 작업은 없는가?
작업을 보다 단순화할 수 없는가?
보다 싸게 구입하는 방법은 없는가?
새로운 소재가 나오지 않았는가?
검사과정을 생략할 수 없는가?
문서 정리는 잘되고 있는가?
공급업자는 적정한가?

1993년 2월 미국 로스앤젤레스(LA) 한 호텔의 대형 행사장. 이건희 당시 삼성그룹 회장의 얼굴은 싸늘했다. 이 회장을 수행한 전자 · 전기 계열사 임원들은 고개를 푹 숙인 채 말이 없었다.

이들 앞에 펼쳐진 것은 당시만 해도 첨단기술의 집합체였던 VTR를 비롯해 TV, 세탁기, 냉장고, 에어컨 등 각종 가전제품이었다. 삼성뿐만 아니라 소니, 도시바, GE, 월풀 등 세계적 가전 메이커들의 제품 수십 개가 나란히 진열돼 있었다. 한 달 전 LA의 가전제품 매장을 둘러보다 먼지를 뒤집어쓴 채 구석에 팽개쳐져 있는 삼성 제품들을 보고 충격을 받은 이 회장이 지시해 만든 자리였다.

이 회장은 경쟁사 제품을 부품까지 샅샅이 뜯어가며 "삼성 VTR는 도시바 VTR보다 부품이 30% 많은데 가격은 오히려 30% 더 싸니 경쟁이 되겠느냐"는 식으로 몰아붙였다. 이어 "(적당히 안주하려는) '2등 정신'을 버려라"라고 엄중히 경고했다. 오늘날 삼성전자의 성공 원동력 가운데 하나로 꼽히는 '선진제품 비교 전시회'의 모태가 된 '전자부문 수출품 현지 비교평가회의'의 한 장면이다.

출처: 김병완, 이건희 27법칙, 미다스북스, 2014.

7 | 품질기능전개(QFD)

품질기능전개는 제품설계에 대한 추상적인 소비자의 요구, 필요성, 기호 등을 이에 대응되는 기술적 요구(technical requirement)로 전환하여 표현하는 과정을 의미한다. 1960년대 말 미쓰비시의 고베조선소에서 최초로 적용된 이 원리는 여러 분야의 담당자들을 한 팀으로 모아 제품 및 공정에 관한 제반 의사결정에 필요한 자료와 그 결과를 정리 · 기록하는 것을 제도화함으로써 설계과정에 참여한 여러 다른 사람들에게 이러한 정보의 효율적 전달이 가능하고 경쟁제품과 자사제품의 품질특성을 객관적으로 분석할 수 있고 중요한 품질특성들의 순위를 결정할 수 있다. 또한 서로 상충되는 품질특성을 식별하고 거시적으로는 품질개선, 설계 및 제조공정에서의 비용절감, 제품의 신뢰도 향상 등을 파악할 수 있다.

QFD(quality function deployment)는 소비자 요구와 이를 기술적인 용어로 나타낸 대용특성(substitute characteristics) 간의 관계를 나타내는 'House of Quality'를 작성하는 것으로부터 시작한다. 'House of Quality'는 소비자의 요구와 이들 항목의 상대적 중요도, 경쟁기업 제품과의 품질특성비교, 대용특성 간의 상관관계, 대용특성의 목표치(target value)와 이를 달성하는 데 따르는 기술적인 어려움(technical difficulty) 등을 체계적으로 종합한 일람표이다.

- 소비자의 요구분석
- WHAT의 상대적 중요도의 결정
- 경쟁기업 제품과의 품질특성비교
- 소비자 요구의 대용특성으로의 전환
- 각 HOW에 대한 정확한 측정치의 기록
- 각 HOW 간의 상관관계 도시
- 각 HOW의 목표치 설정과 추가자료 정리

그림 2-9 는 헤어드라이기의 품질기능 전개 과정을 보여주고 있다. 헤어드라이기에 대한 소비자의 요구사항이 '요구품질'로 제시되고 있으며 요구품질에 대응하는 기술적 특성이 '품질특성'으로 나타나 있다. 그리고 이러한 품질특성에 영향을 주는 '구성부품'으로 전개되고 있다. 예를 들어 소비자의 '빨리마름' 요구사항을 반영하기 위해서 어떠한 부품의 특성치를 바꾸어야 하는지 파악할 수 있다.

또한, 그림 2-10 처럼 '고객요구사항'이 '기술적 요구사항'으로 전환되고 다시 '기술적 요구사항'은 '시스템(부품) 요구사항'으로 전환되고 '시스템(부품) 요구사항'은 '공정 요구사항'으로 전환되는 식으로 QFD를 확장하여 사용할 수 있다.

그림 2-9 헤어드라이기의 품질기능 전개

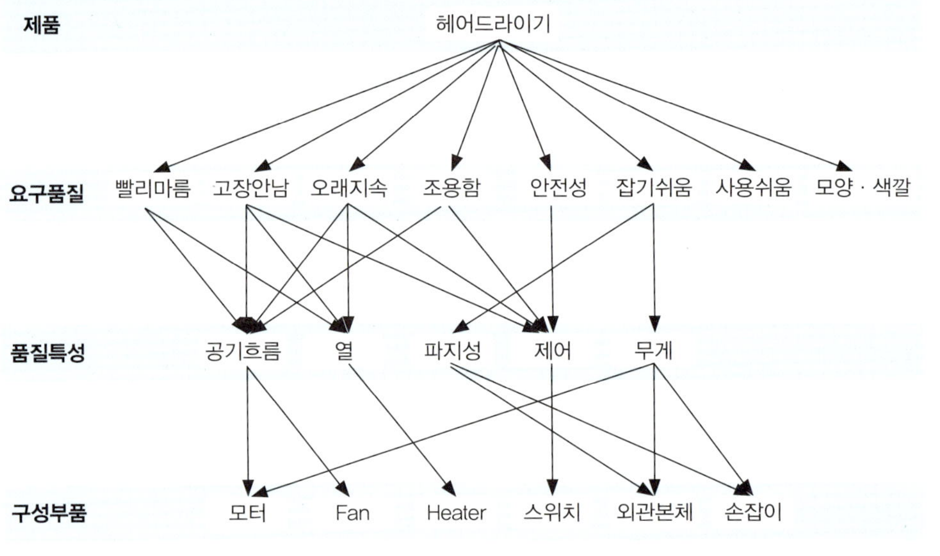

출처: (주)이레테크 교육자료집

그림 2-10 QFD의 확장원리

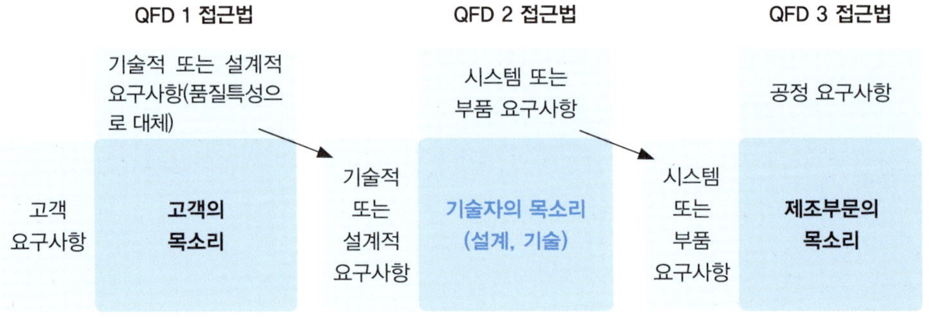

8 | 제품수명주기(PLC)

모든 제품은 고유의 제품수명주기(PLC: product life cycle)를 가지고 있으며 제품의 특징, 시장의 경쟁상태 그리고 기술 변화에 따라 성장하고 쇠퇴하는 변화과정을 거치게 된다.

도입기(introduction)는 제품이 시장에 출시되어 서서히 판매가 진행되는 단계로 기술 진보가 빠르게 진행되어 제품혁신이 빠르고 변화가능성이 높다.

성장기(growth)는 시장에서 판매량이 빠르게 증가하며 비용절감을 위한 공정의 표준화 및 전문화가 이루어진다. 성숙기(maturity)는 시장이 포화상태에 이르고 판매량 증가 속도가 정체되며 가격경쟁은 더욱 치열해진다. 쇠퇴기(decline)는 시장에서 판매량이 감소하기 시작하며 시장탈출 전략이 필요해진다.

따라서 현재 시장의 수명단계를 파악하고 각 단계의 소비자 및 제품 특성을 고려한 제품설계가 이루어져야 한다.

표 2-10 은 수명주기 단계별 기술, 고객 그리고 마케팅 전략의 변화과정을 보여주고 있다. '도입기' 기술은 새롭고 혁신적이지만 생소하여 소수의 고객만이 인지하고 있으므로 새로운 기술 체험을 중요시하고 모든 면에서 최고/최초를 추구하는 혁신적 소비자를 대상으로 고객의 환상과 욕망을 자극하는 마케팅 전략이 유효하다. '고속성장기' 기술은 급격한 기술 향상과 다양한 옵션이 제공되며 고객들은 솔루션이나 성능을 중요시하고 구입 이전에 전문적인 설명을 요구하는 경향을 보인다. '저속성장기'는 다양한 기능과 옵션이 마케팅 수단으로 사용되고 고객들은 신뢰성 높고 검증된 제품을 선호하고 맞춤형 기능과 서비스 요구를 중요시한다. 따라서 고객 대응력을 향상시키고 신뢰성 있는 유통망을 구축하는 마케팅 전략이 유효하다. '성숙기' 기술은 기술과 옵션이 표준화 단계에 이르며 새로운 기술향상에 저항하며 신기술의 등장에 따른 퇴출가능성을 고려해야 한다. 고객들은 저렴한 가격의 표준제품에 대하여 기술적 차별성을 고려하지 않고 신속한 구매를 선호한다. 3~4개의 대형업체가 전체시장을 지배하며 고객의 편리한 구입 결정을 유도하고 판매의 장애요소를 제거하는 마케팅 전략이 유효하다.

표 2-10 수명주기 단계별 기술, 고객 그리고 마케팅 전략의 변화

기술의 변화	고객의 변화	마케팅 전략
■ 도입기 ▶새롭고 혁신적이지만 생소 ▶기본적 기능 제공 ▶소수의 사람만이 인지	■ 혁신적 소비자 ▶새로운 기술 체험을 중요시 ▶모든 면에서 최고/최초 욕구	■ 탄생 ▶전체시장의 1% 공략 ▶고객의 환상과 욕망을 자극
■ 고속성장기 ▶급격한 기술 향상 ▶옵션의 다양화	■ 발전 지향적 고객 ▶솔루션이나 성능을 중요시 ▶구입 이전 전문적인 설명을 요구	■ 고속성장 ▶전체시장의 20% 공략 ▶주기적인 신제품 출시
■ 저속성장기 ▶다양한 기능 제공 ▶옵션이 마케팅 수단	■ 인간관계 중시 고객 ▶검증된 제품의 신뢰성을 중요시 ▶맞춤형 기능과 서비스 요구	■ 저속성장 ▶전체시장의 70% 공략 ▶고객 대응력 향상 ▶신뢰할 수 있는 유통망
■ 성숙기 ▶기능과 옵션이 표준화 ▶쉬운 사용법 ▶기술향상에 저항 ▶신기술로 인해 퇴출가능성	■ 표준화된 고객 ▶저렴한 가격의 표준제품을 선호 ▶고민하지 않고 신속히 구입	■ 성숙 ▶전체시장의 94% 공략 ▶3~4개 대형업체의 지배 ▶고객의 편리한 구입 결정 유도 ▶판매 장애요소 제거

출처: 제프 콕스, 마케팅 천재가 된 맥스, 위즈덤하우스, 2003.

그림 2-11 제품수명주기

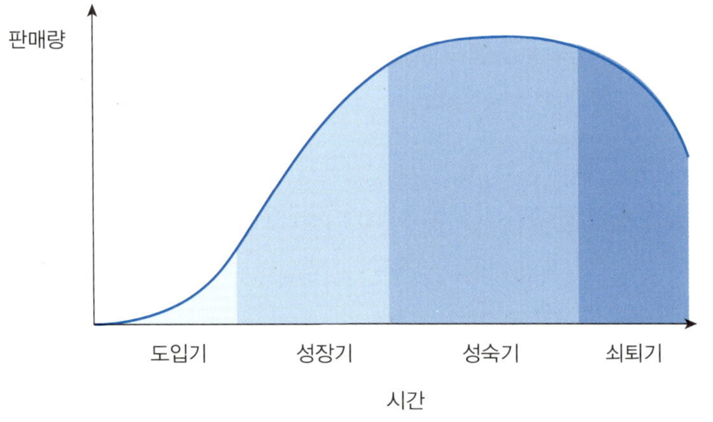

'넛지 효과'를 적용한 서비스 설계

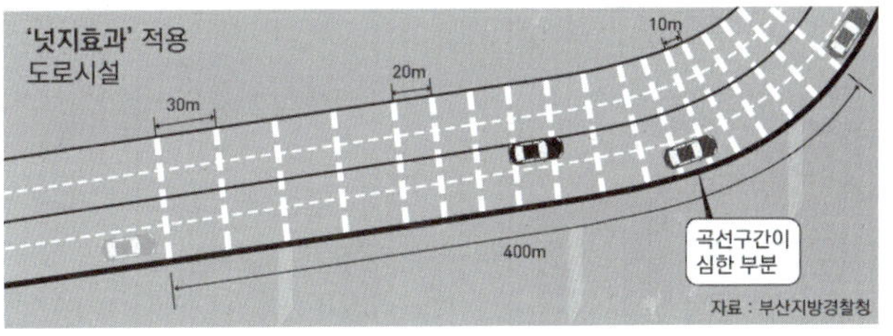

부산의 대표적 해상 고가도로인 광안대로에서 2009년 발생한 23건의 교통사고 가운데 절반이 넘는 12건이 곡선 구간에서 일어났다. 고가도로에서 교통사고가 자주 발생하는 것은 과속 단속 카메라가 없어 운전자들이 과속을 일삼기 때문이다. 과속 단속 카메라는 도로 바닥의 검지기가 바퀴의 속도를 감지해 카메라로 신호를 보내면 위반 차량을 찍는 구조다. 그러나 대형 트럭들의 운행으로 진동이 많은 고가도로 위에는 오작동 가능성 때문에 과속 카메라를 설치하지 않고 있다. 철 구조물인 다리가 흔들리면서 발생하는 자기장도 오작동의 원인이 될 수 있다.

이에 부산지방경찰청은 2010년 과속 단속 카메라를 설치할 수 없는 현실을 고려해 넛지 효과를 이용한 교통사고 방지 시설물을 부산 지역 고가도로 4곳에 시범 설치했다. 구간별로 길이 300~400미터 구간에 흰색 가로선을 긋고 곡선이 심해질수록 가로선 간격을 좁힌 것으로 운전자가 같은 속도로 달리더라도 곡선이 심한 구간일수록 속도감을 더 느끼는 착각을 유도해 속도를 줄이게 하는 방식이다. 최고 제한속도가 시속 80킬로미터인 광안대교의 경우 400미터 구간에 가로선을 그리되 곡선 구간 시작 지점에서는 가로선 간격을 30미터로 했다가 점차 20미터, 10미터로 간격을 줄였다.

도로에 빨간 굵은 선 긋기: 그런데도 광안대교 곡선부에서 2011년에 18건의 사고가 발생하자 광안대교를 관리하는 부산시 공단에서 추가 아이디어를 냈다. 2012년 8~9월 감속 운전을 유도하기 위해 차로 가운데에 빨간도로로 굵은 선을 그었다. 붉은 선을 따라 가는 심리를 이용하면 차선 변경을 줄일 수 있다는 판단을 한 것으로 실제 2012년 10~12월 사이에 해당 구간의 교통사고가 1건에 그쳤고, 2013년에도 13건에 머물렀다. 2011년에 비해 약 30퍼센트(5건) 줄어든 것이다.

출처: 강준만, 넛지사용법, 인물과사상사, 2017.

2장

연습문제

1 설계프로세스의 혁신을 위한 아래의 기법에 대하여 간략히 설명하시오.

1) 동시공학 2) 모듈러 설계 3) QFD 4) 가치분석

2 신제품 개발단계와 각 단계별 핵심요인을 설명하시오.

3 전통적 제품설계과정의 문제점을 설명하시오.

4 신제품 개발기간의 단축으로 인한 기업의 경쟁력 향상과 비즈니스 가치를 설명하시오.

5 제품과 서비스의 속성차이 및 서비스 경영의 어려운 점을 설명하시오.

6 패밀리 레스토랑의 서비스 청사진을 제시하시오.

7 주변에서 제품수명주기의 각 단계에 해당하는 제품 또는 서비스 사례를 열거하시오.

8 주변의 제품과 서비스에 대한 가치분석을 수행하시오.

9 넛지 효과를 적용한 서비스 설계 사례를 조사하시오.

10 SCAMPER 원리를 적용한 주변 생활 편의품의 개선 아이디어를 발표하시오.

11 구글(ARA)과 LG의 모듈형 스마트폰이 시장에서 성공하지 못한 이유에 대하여 논하시오.

CHAPTER

3

생산공정과 설비배치

01 생산공정의 분류 **02** 설비의 배치 **03** 제품별 설비배치의 조립라인 균형문제 **04** 공정별 배치의 흐름분석

도입사례

B2C의 진화 'C2M'이 뜬다...소비자 입맛대로 공장이 직접 제작 · 판매

C2M(Customer-to-Manufacturer)은 B2C에서 진화를 거듭 중인 유통 방식의 '최신 버전'이다. B2C는 브랜드가 기획 · 생산한 제품을 유통 회사를 통해 판매하는 것을 의미한다. B2C는 근래 D2C(Direct to Consumer)로 진화했다. 브랜드와 소비자를 직접 연결, 유통 단계를 없애 가격을 최대한 절감하는 구조다.

C2M은 여기서 한발 더 나아간다. 먼저 브랜드가 아닌 생산자, 즉 '제조 공장'이 직접 플레이어로 뛰어든다. 유통 순서도 바뀐다. 브랜드나 공장이 먼저 제품을 기획하는 것이 아니다. 유통 플랫폼이 소비자 의견을 공장에 전달하면 공장은 이를 반영해 제품을 만드는 방식이다. 기존 B2C가 '브랜드(B) → 플랫폼 → 소비자(C)'의 단계를 거친다면 C2M은 '소비자(C) → 플랫폼 → 공장(M)'으로 바뀌는 것이다.

C2M의 장점은 여럿이다. 일단, 잘 팔린다. 구매 가격, 구매 전환율, 페이지에 머문 시간, 리뷰 등 각종 데이터를 종합해 소비자 선호도가 높은 제품을 만들기 때문이다. 생산자인 공장 입장에서는 비용 부담도 덜 수 있다. 소비자 수요에 맞춰 생산하기 때문에 과잉 생산과 재고 비용, 자원 낭비를 줄일 수 있다. 적절한 가격대부터 판매가 잘되는 시기까지 예측 생산하는 덕에 공장의 효율적 운영도 가능하다.

C2M 트렌드를 이끈 것은 2015년 혜성처럼 등장한 중국 이커머스 기업 '핀둬둬'다. 출범 5년 만에 알리바바와 어깨를 나란히 할 정도로 초고속 성장을 거듭했다. 최근 성장세는 더 가파르다. 지난해 초 450억 달러 규모였던 핀둬둬 시가총액은 지난 2월 기준 1,700억 달러 규모로, 1년 만에 4배 가까이 뛰었다.

핀둬둬가 지난 2018년 선보인 '핀공장' 플랫폼은 C2M의 모범 답안으로 꼽힌다. 자사 브랜드가 없는 OEM 업체나 공장과 제휴해 소비자 수요를 반영한 핀둬둬 오리지널 제품을 생산 · 판매하기 시작한 것. 2019년 1년 동안 핀둬둬가 선보인 브랜드만 106개, 상품 누적 주문량은 지난해 기준 1억 1,500만 건에 달한다.

출처: 매일경제, 2021. 2. 25.

1 | 생산공정의 분류

생산공정은 생산시기, 생산량, 가공품 흐름, 생산방식 등에 따라 다양한 형태로 분류할 수 있다. 그러나 일부 기업의 경우 제품에 따라 주문생산과 계획생산이 존재하는 경우도 있으며 같은 제품군에서도 수량에 따라 다품종 소량생산과 소품종 대량생산 방식이 사용될 수 있다. 표 3-1 에서 보는 바와 같이 생산시기에 따라 주문생산과 계획생산으로 분류할 수 있다. 그리고 생산량에 따라서는 다품종 소량생산, 소품종 대량생산으로 분류하고 가공품의 흐름에 따라 플로우샵과 잡샵으로 분류한다. 한편 생산방식에 따라서 개별생산, 로트(배치)생산, 반복(라인)생산, 프로세스생산으로 분류하기도 한다.

표 3-1 생산공정의 분류

기준	유형
생산시기	주문생산, 계획생산
생산량	다품종 소량생산, 소품종 대량생산
가공품 흐름	플로우샵(flow shop), 잡샵(jop shop)
생산방식	개별생산, 로트(배치)생산, 반복(라인)생산, 프로세스생산

1) 생산시기에 따른 분류

주문생산(MTO: make to order)은 고객의 주문에 의해 제품의 사양과 수량이 명시된 이후에 생산이 이루어지는 반면 계획생산(MTS: make to stock)은 생산자가 고객의 선호도를 미리 예측하여 제품의 사양과 수량을 결정하고 생산이 진행된다. 계획생산은 표준화된 제품을 대량생산하므로 원가가 저렴하고 신속한 주문납품이 이루어지는 장점을 가진 반면 수요예측이 정확하지 않은 경우 재고에 대한 부담이 증가하는 단점을 가지고 있다. 주문생산은 재고에 대한 부담이 적은 대신에 범용설비를 이용하여 다양한 제품을 소량생산해야 하므로 납기관리와 통제가 중요한 요소가 된다(표 3-2 참조). 주문생산과 계획생산의 단점을 보완하기 위해 ATO(assemble to order)방식도 등장하고 있다. ATO방식은 그림 3-1 처럼 다양한 제품사양의 공통부분이 되는 반제품까지는 계획생산처럼 미리 생산하고 최종적으로 고객의 주문에 따라 요구사항이 명시되면 나머지 부분을 조립하여 고객에게 납품이 이루어지는 방식이다. PC시장에서 ATO방식의 비즈니스 모델을 도입하여 성공한 대표적인 사례로 델 컴퓨터를 들 수 있다.

표 3-2 주문생산과 계획생산의 비교

구분	주문생산(Make To Order)	계획생산(Make To Stock)
생산시점	주문 이후	주문 이전
수요예측	–	정확성이 요구됨
설비	범용설비 중심	전용설비 중심
제품 종류	많다	적다
유연성	높다	낮다
리드타임	길다	짧다
설계변경	즉시 대응 가능	오랜 시간이 소요

그림 3-1 생산시기에 따른 분류

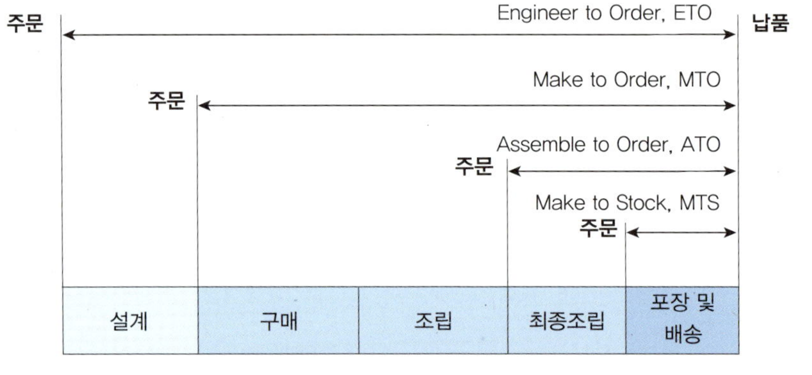

델 컴퓨터의 ATO 사업모델

미국의 Dell 컴퓨터는 고객에게 ATO로 직접 판매하는 다이렉트 비즈니스 모델을 도입하여 엄청난 매출을 올렸다. Dell 컴퓨터는 일반 소매점에 판매하지 않고 고객은 인터넷과 카탈로그를 보고 제품을 선택하여 전화나 인터넷을 통해 직접 주문한다. 공장에선 접수된 정보에 따라 컴퓨터를 조립하여 고객에게 배송한다. 납기일은 1주일 정도면 충분하다. ATO의 최대 이점은 재고를 대폭적으로 소멸시킬 수 있고 고객 개개인의 요구사항을 직접 반영할 수 있기 때문에 제품의 부가가치를 높일 수 있다는 것이다. Dell 컴퓨터의 ATO 방식은 컴퓨터 시스템의 높은 마진을 갖는 최신 부품들에 적용된다. 왜냐하면 재고로 준비한 부품의 가치가 매우 빠르게 하락되기 때문이다.

델 컴퓨터의 SCM 전략

1. Sell Direct – To Educated Customer
   – 유통단계를 단순화하여 고객에게 직접 판매한다.
2. Buy to Plan – Build to Order (No pipeline inventory)
   – 계획에 따라 원자재를 구매하고 고객이 주문한 이후에 조립한다. (파이프라인 재고를 없앤다)
3. Always have enough – Nothing left over
   – 재고는 부족하지 않으면서도 남지 않도록 한다.
4. Pass Savings on to the Customer – compete on price
   – 생산원가를 절감하고 그 성과를 고객에게 돌려준다.(가격 경쟁력을 유지한다)
5. Relentless Demand/Supply Balancing
   – 끊임없이 수요와 공급의 균형을 맞추도록 한다.

쉬어가기

삼성 비스포크 냉장고

2019년 등장한 삼성전자의 비스포크 냉장고는 인터넷 홈페이지에서 고객이 직접 조합해 주문할 수 있는 '맞춤형 가전' 시대를 열고 있다. 비스포크 냉장고는 기본적으로 수요예측을 근거로 완제품을 생산한 후 고객의 주문을 받아 판매하는 MTS(Make to Stock) 방식이 아니라, 고객의 가족 수, 식습관, 라이프 스타일, 주방 형태 등에 따라 자기 집에 맞는 색깔과 설치타입을 조합해 주문을 완료하면 냉장고 완제품을 생산하여 고객의 집에 설치해 주는 ATO(Assemble to Order) 방식으로 델 컴퓨터의 비즈니스 모델과 매우 유사하다고 볼 수 있다.

1990년대 컴팩 컴퓨터는 자사 컴퓨터를 판매하는 유통업자와의 친분을 이용하여 PC업계의 선두가 되었다. 그러나 경쟁업체 델 컴퓨터가 온라인으로 컴퓨터를 판매하면서 시장점유율을 높여갔다. 컴팩의 경영진은 소비자들이 온라인 구매를 선호하고 델의 비즈니스 모델이 경쟁력이 있음을 인지하였으나 기존 유통업자와의 관계가 소원해질 것을 우려하여 기존의 판매방식에서 벗어나지 못하는 우를 범하였다.

출처: 도널드 설, 혼돈을 넘어 위대한 기업으로, 청림출판, 2010, p. 129.

2) 가공품 흐름에 따른 분류

플로우샵(flow shop)은 제품의 가공순서에 따라 필요한 기계가 순서대로 배치되므로 제품별 배치라고도 한다. 잡샵(job shop)은 공정이 연속적으로 이어져 흘러가는 플로우샵과 대조적으로 같은 종류의 기계가 집중되어 배치되므로 공정별 배치라고도 한다.

3) 생산방식에 따른 분류

그림 3-2 는 우리 주변의 다양한 생산방식을 보여주고 있으며 그림 3-3 은 다양한 생산방식의 분류 결과이다.

개별생산(job shop)은 제품의 종류가 매우 다양한 반면에 생산수량은 소규모인 경우에 적합한 방식이다. 범용설비와 숙련된 작업자를 이용하여 고객의 다양한 요구를 수용할 수 있어서 유연성이 높은 특징을 가지고 있다. 병원의 응급수술이나 고급 스포츠카의 생산을 예로 들 수 있다.

배치생산(batch)은 개별생산에 비하여 다양성이 크지 않지만 생산수량이 많지도 않은 특징을 가지고 있다. 식당, 베이커리, 항공서비스 등을 예로 들 수 있다.

반복생산(repetitive)은 표준화된 제품을 대량생산하는 경우에 적합한 방식이다. 제품별 전용설비를 갖추며 설비의 의존도가 높기 때문에 상대적으로 작업자의 숙련도가 높을 필요는 없다. 자동차, PC, 생필품 등 대부분의 공산품이 해당된다.

프로세스생산(continuous)은 연속프로세스로 부르기도 하는데, 투입물이 중간제품의 형태를 거치지 않고 연속공정 이후에 최종제품이 만들어진다. 제품의 다양성이 높지 않고 설비와 장치에 대한 의존도가 높은 특징을 가지고 있다. 철강, 정유, 전력, 밀가루 등이 해당된다.

그림 3-2 생산방식 사례

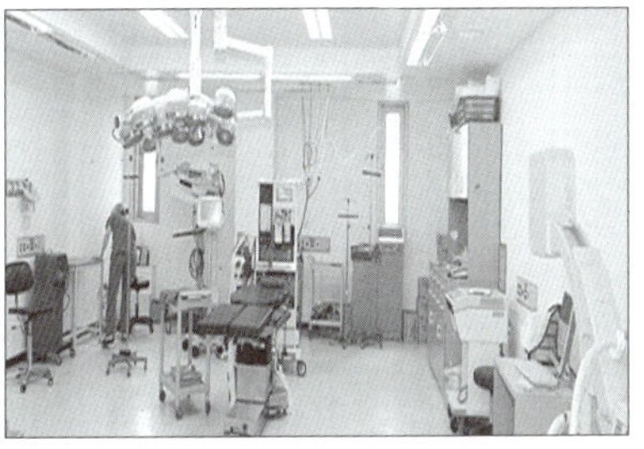

(a) 개별생산

(b) 배치생산

(c) 반복생산

(d) 프로세스생산

그림 3-3 생산방식에 따른 분류

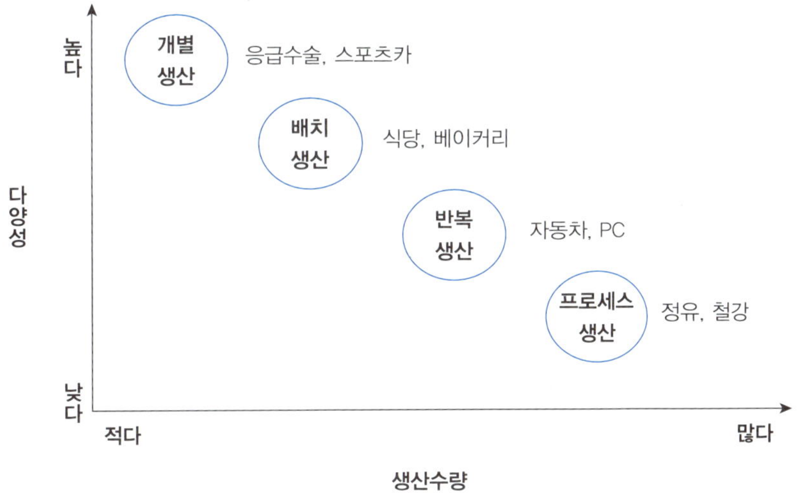

2 | 설비의 배치

1) 제품별 배치

대량의 제품을 반복적으로 생산하는 경우 제품이 만들어지는 작업순서에 따라 기계설비나 작업장을 배치하는 것이 작업물의 흐름을 극대화시킬 수 있다. 작업 흐름은 직선적이거나 미리 정해진 패턴을 따라가며, 각 작업장은 고도로 전문화된 하나의 작업만을 수행한다. 제품별 배치는 하나 또는 소수의 표준화된 제품을 연속적 또는 반복적으로 대량생산하는 연속공정이나 조립라인 공정에 적합하며 작업장 설비의 가동률이 낭비되지 않도록 충분한 작업량이 확보되어야 한다. 자동차 조립라인, 전자제품 생산라인, 카페테리아 등을 예로 들 수 있다.

2) 공정별 배치

개별생산이나 배치생산같이 제품의 종류가 다양하고 소규모 생산을 하는 경우 설비의 가동률을 충분히 확보할 수 없으므로 유사한 설비나 기능을 동일장소에 모아서 배치하고 제품이 필요한 설비나 작업장으로 이동하며 생산이 이루어지도록 설비배치를 하는 경우를 공정별 배치라고 부른다. 유사한 설비나 기능을 한 작업장이나 한 부서에 모아서 배치함으로써 각 제품은 가공요건에 따라 필요한 작업장이나 부서로 이동하므로 작업흐름이 서로 다르고 혼잡하다. 따라서 작업흐름의 통제와 일정계획이 중요한 관리목표가 되며 주문제작형 기계, 병원, 대학 등에서 공정별 배치를 볼 수 있다.

3) 셀룰러 배치

제조 셀(cell)은 비슷한 모양과 가공조건을 가진 품목생산에 필요한 기계들을 모아 놓은 것을 말한다. 제품의 종류가 다양하고 각 제품의 생산량이 다양한 경우 설비의 가동률을 높이기 위해 유사한 공정특징을 갖는 제품을 그룹으로 묶어서 독립적인 셀을 형성하는 배치방법을 셀룰러 배치라고 부른다. 셀룰러 배치는 다양한 품목을 중 · 소량으로 생산하는 기업에서 제품별 배치의 효율성과 공정별 배치의 유연성을 동시에 추구하는 배치기법이라고 할 수 있다. 셀룰러 배치의 대표적인 사례로 그룹테크놀로지(GT: group technology)를 들 수 있다. GT는 다품종 소량생산체제에서 부품의 형상 · 치수 및 공작법 등의 유사성에 따라 제품을 분류하고, 각 제품 그룹에 대하여 최적의 설비(그룹)를 배치하는 기법을 의미한다.

그림 3-4 설비배치 방법

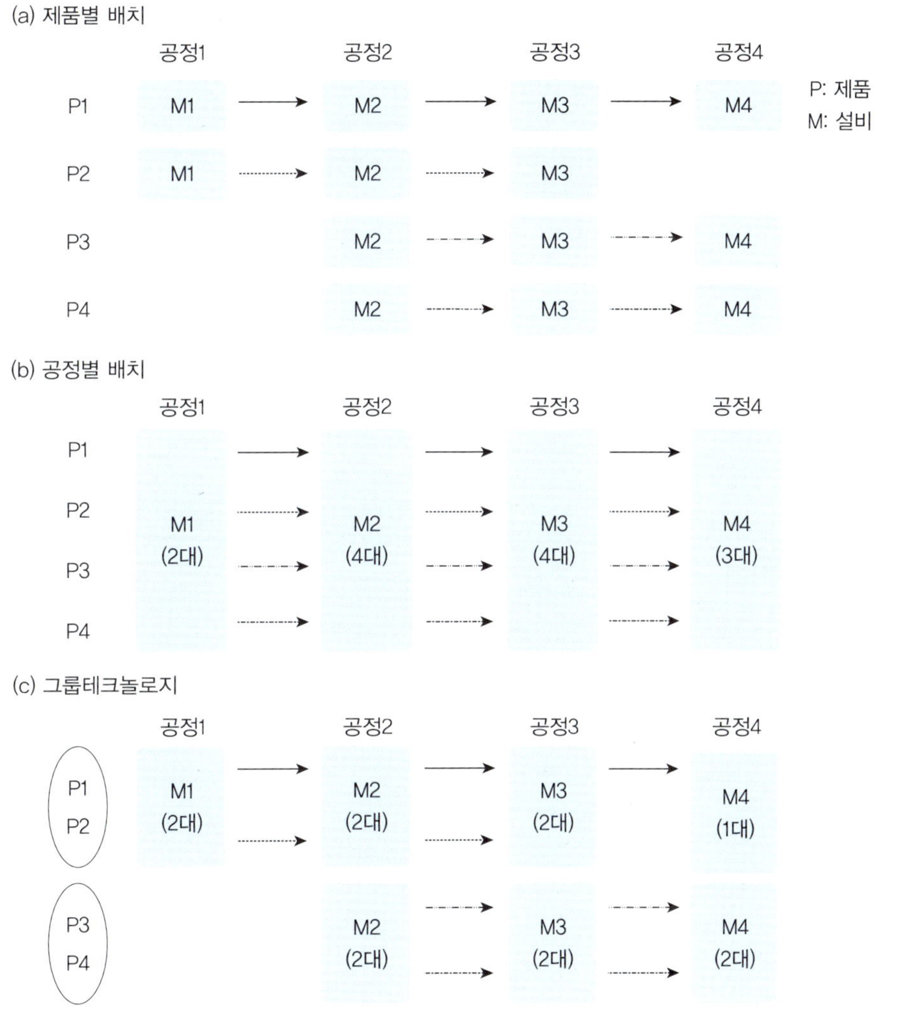

반즈앤노블과 스타벅스의 동거

미국의 대형서점 체인 반즈앤노블의 모든 체인점에는 스타벅스 매장이 있다. 책을 구입한 고객이 스타벅스 매장에서 커피를 마시면서 책을 읽는다. 두 기업의 동거는 반즈앤노블의 제안으로 이루어졌다. 스타벅스의 브랜드 이미지가 너무 좋아서 반즈앤노블은 자사의 서점 안에 스타벅스 매장을 설치한 것이다. 스타벅스의 이미지를 통해 반즈앤노블의 매장이 편안하고 오랫동안 머무르고 싶은 도서관 이미지를 만드는 데 기여할 것이라고 생각한 것이다.

출처: 명순영 외, 위기를 기회로 바꿔라, 매일경제신문사, 2003. p. 2.

4) 고정형 배치

아파트 건설, 조선업, 항공기 제작 등과 같이 제품의 무게, 부피 등의 제약으로 제품의 이동이 곤란한 경우 제품의 위치를 고정하고 각종 설비와 작업자가 위치를 이동하면서 작업을 수행한다.

표 3-3 설비배치의 장 · 단점

	장점	단점
제품별 배치	• 작업순서대로 설비가 배치되어 작업 흐름이 원활하다. • 전용설비의 사용으로 과업이 단순하여 미숙련공 활용이 가능하다. • 생산계획과 통제가 단순하다.	• 한 작업장에서 문제발생 시 전체 생산라인이 중단될 위험이 있다. • 공정의 유연성이 떨어진다. • 병목작업장에 의해 생산속도가 결정된다.
공정별 배치	• 기계와 인력의 유연성이 높다. • 범용설비의 사용으로 설비투자 부담이 적다.	• 작업흐름이 길고 복잡하다. • 다양한 기술의 숙련공이 필요하다. • 생산성이 떨어진다.
고정형 배치	• 이동비용이 발생하지 않는다. • 작업의 연속성으로 인해 재교육비용이 적게 발생한다.	• 장비의 이동시간으로 인해 장비의 이용률이 떨어진다. • 다양한 작업을 수행할 수 있는 숙련된 다기능 작업자가 요구된다.

출처: 이상범 · 류춘호, 현대생산운영관리, 명경사, 2013.

3 | 제품별 설비배치의 조립라인 균형문제

조립라인은 컨베이어를 통하여 일정한 시간간격으로 작업장 간의 이동이 발생한다. 주기시간(cycle time)은 최종완성품이 조립되어 완성되는 시간간격을 의미한다. 따라서 전체 작업장 운영시간을 주기시간으로 나누면 작업장의 일일 생산량이 결정된다. 조립라인 균형문제는 작업들 간의 선후관계를 고려하여 전체 유휴시간을 최소화하면서 작업장의 수와 작업배분을 결정하는 문제로 각 작업장의 작업시간 합은 주기시간을 넘지 않아야 하며 최대한 작업장별로 균형을 맞추는 문제를 의미한다.

이론적으로 최대주기시간은 모든 작업시간의 합이 되고 최소주기시간은 개별 작업시간의 최댓값이 된다. 한편 작업장의 균형을 평가하기 위하여 아래와 같이 효율성을 측정한다.

$$효율성 = 총과업시간/(작업장\ 수 \times 주기시간) \times 100(\%)$$

그림 3-5 와 같은 조립라인에서 작업장 수에 따른 작업의 배분결과, 주기시간, 생산량, 효율성은 표 3-4 와 같다. 이론적으로 최소주기시간은 개별작업시간의 최대값인 4분이고 이론적 최대주기시간은 모든 작업시간의 합인 10분임을 알 수 있다.

그림 3-5 작업장 구조

표 3-4 작업장 할당결과와 효율성

작업장 수	작업장 할당	주기시간	1일 생산량(8시간기준)	효율성
1	(A,B,C,D)	10분	(60×8)/10 = 48개	10/(1×10)×100 = 100%
2[1]	(A,B), (C,D)	6분	(60×8)/6 = 80개	(4+6)/(2×6)×100 = 83.3%
3	(A,B), (C), (D)	4분	(60×8)/4 = 120개	(4+2+4)/(3×4)×100 = 83.3%
4	(A), (B), (C), (D)	4분	(60×8)/4 = 120개	(1+3+2+4)/(4×4)×100 = 62.5%

만약 1일 생산량 목표를 300개로 설정하였다면 이를 달성하기 위해서는 조립라인의 주기시간은 480(분)/300(개)=1.6분으로 단축시켜야 한다. 그러나 최대작업시간이 4분이므로 현 상태로는 달성이 불가능하다. 따라서 조립라인을 동시에 3개(4/1.6=2.5) 운영하는 방안을 검토하거나 또는 최대작업시간이 1.6분 이하가 되도록 작업을 세분화하여 분할하는 방안을 검토할 수도 있다.

다음 표 3-5 는 작업장의 작업별 조립시간과 선행관계를 나타내고 있다.

표 3-5 조립시간 및 선행관계

작업	작업시간(초)	직전 선행 작업	작업	작업시간(초)	직전 선행 작업
A	50	–	F	25	D
B	20	–	G	30	E
C	20	A	H	35	B, F, G
D	45	C			
E	20	C	합계	245	

작업의 선행관계를 원과 화살표를 이용하여 표현하면 그림 3-6 과 같다.

1) 작업의 선행관계를 고려할 때 (A,D), (B,C)의 할당은 현실적으로 운영이 어렵다.

그림 3-6 작업의 선행관계

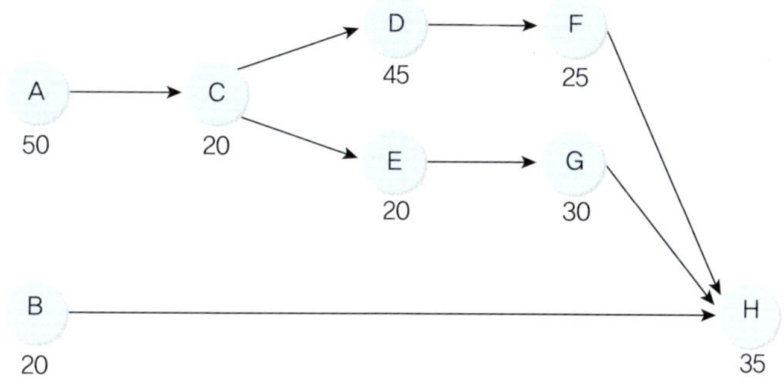

작업시간이 가장 큰 A 작업이 50초이므로 이론적인 측면에서 최소 주기시간은 50초이며 최대 주기시간은 전체 작업시간의 합인 245초가 된다.

하루 작업시간이 8시간이고 일별 목표생산량이 400개라면 주기시간은 72초가 된다.

$$\text{주기시간} = \text{일별 작업시간}/\text{일별 목표량} = 8 \times 60 \times 60(\text{초})/400 = 72(\text{초})$$

전체 작업시간의 합이 245초이므로 이론적으로 필요한 작업장 수는 최소 4개이다.

$$\text{이론적 작업장 수} = \lceil 245/72 \rceil = \lceil 3.40 \rceil = 4$$

후속작업의 수가 많은 작업부터 우선적으로 할당하는 '최대후속작업수규칙'을 우선 적용하고 후속작업 수가 동일할 경우는 작업시간이 긴 작업을 우선적으로 할당하는 '최장작업시간규칙'을 적용할 경우 각 작업의 작업장 할당결과와 효율성은 표 3-6 및 그림 3-7 과 같다.

표 3-6 작업별 후속작업 수와 우선순위

작업	후속작업 수	우선순위	작업	후속작업 수	우선순위
A	6	1	E	2	4
B	1	7	F	1	5
C	5	2	G	1	6
D	2	3	H	0	8

그림 3-7 작업장 할당결과

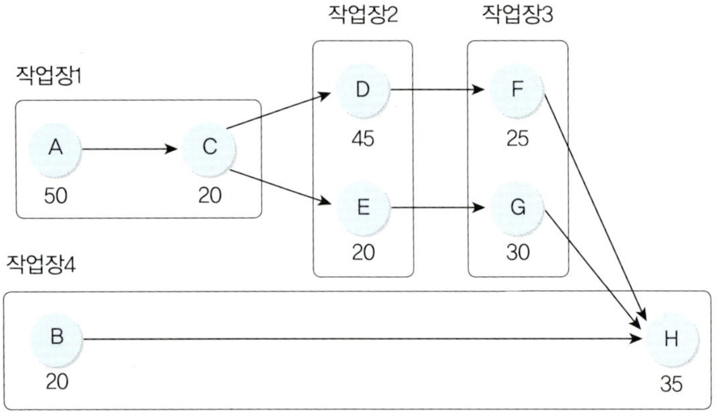

$$\text{효율성} = \text{총 작업시간}/(\text{작업장 수} \times \text{주기시간}) \times 100(\%)$$
$$= 245/(4 \times 72) \times 100 = 85.0\%$$

따라서 전체 작업장 시간 중에서 85.0%는 실제 작업이 진행되는 시간이고 나머지 15%는 유휴시간임을 알 수 있다.

이론적으로 최소주기시간이 50초인데 만약 주기시간을 50초 이하로 하기 위해선 과업을 세분화하거나 동일한 작업라인을 복수개로 병렬운영하는 방법을 고려해야 한다.

U자형 배치는 직선형 배치에 비하여 작업자 간의 의사소통과 협력이 편리하여 불량발생에 대한 대처능력이 높아지면서 작업장 효율도 높아질 수 있다. 그림 3-8 은 U자형(셀룰라) 배치의 장점을 조립라인 균형문제의 관점에서 보여주고 있다. 직선형 배치의 경우는 주기시간 5분을 위하여 작업인원 5명이 필요한 반면에 U자형 배치의 경우 동일한 주기시간에 대하여 4명의 작업인원이 필요하다. 효율성을 측정하면 직선형의 경우 72.0%임에 반하여 U자형 배치의 경우는 90.0%로 18.0% 향상한다.

그림 3-8 U자형 배치의 효율성 증가

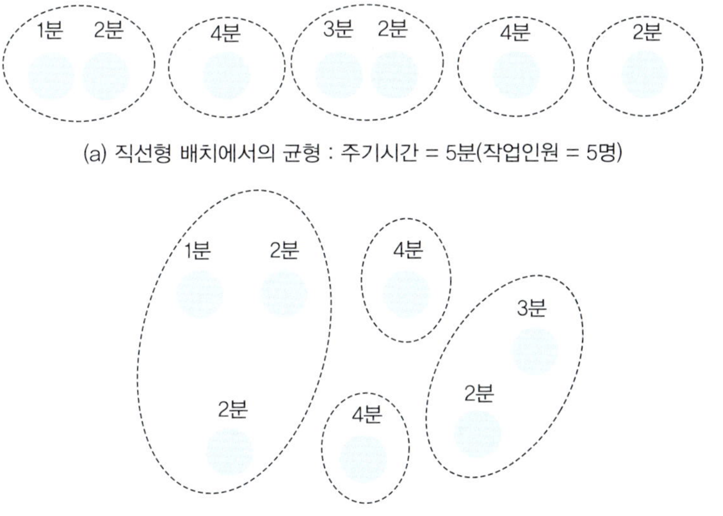

출처: 김태웅, 품질경영의 이해, 신영사, 2013.

4 | 공정별 배치의 흐름분석

1) 흐름분석

공정별 배치에서 고려해야 할 요소는 작업장의 상대적 위치와 작업장 사이의 이동물량이다. 작업장의 상대적 위치에 따라 이동거리가 달라지므로 이동물량을 고려한 총 이동비용이 최소화되도록 작업장의 배치가 이루어져야 한다. 이를 수식화하면 다음과 같다.

$$\text{총 이동비용} = \sum_{\text{모든 작업장 사이에}} (\text{단위당 이동비용} \times \text{작업장 간 이동거리} \times \text{작업장 간 이동물량})$$

아래와 같이 동일한 크기의 작업장 A, B, C, D를 배치하는 2가지 방법을 비교해 보겠다.

배치1

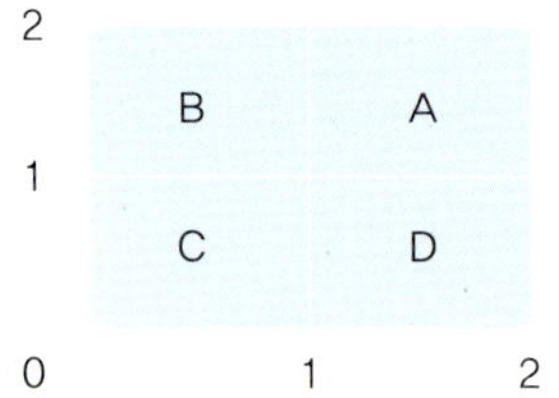

배치2

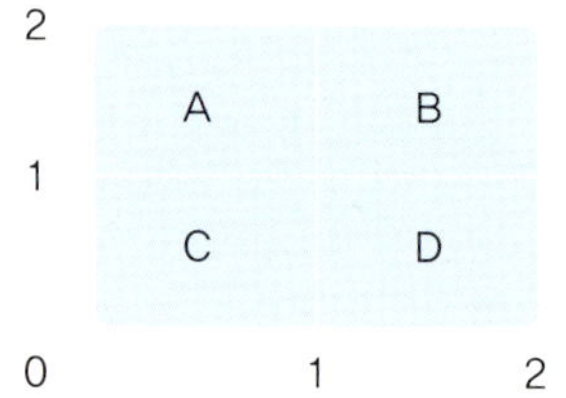

작업장 간 이동물량과 이동비용 정보는 표 3-7 과 표 3-8 과 같다. 그리고 배치1과 배치2에 따른 작업장 간의 이동거리를 직각거리[2)](rectilinear distance)로 표현하면 표 3-9 와 표 3-10 과 같다. 표 3-9 에서 A의 중심좌표와 B의 중심좌표 사이의 가로거리는 1 세로거리는 0이므로 직각거리는 1이 된다. 마찬가지로 A의 중심좌표와 C의 중심좌표 사이의 가로거리는 1 세로거리는 1이므로 직각거리는 2가 된다.

배치1과 배치2의 총 이동비용을 계산하면 배치1의 총 이동비용은 78(= 1×2×1 + 2×1×2 + 1×1×1 + 2×1×1 + 3×3×2 + 4×2×1 + 1×3×1 + 2×1×2 + 2×2×1 + 1×2×1 + 3×3×2 + 4×3×1)인 반면 배치2의 총 이동비용은 65(= 1×2×1 + 2×1×1 + 1×1×2 + 2×1×2 + 3×3×1 + 4×2×1 + 1×3×1 + 2×1×1 + 2×2×2 + 1×2×2 + 3×3×1 + 4×3×1)가 된다.

하지만 배치2가 배치1과 비교할 때 상대적으로 비용이 적은 것이지 가장 좋은 방법이라고 확신할 수는 없고 또 다른 배치방법과 총 이동비용을 비교해 봐야 한다.

2) 작업장 A의 중심이 (X_A, Y_A)이고 B의 중심이 (X_B, Y_B)인 경우, 작업장 A와 B 사이의 직각거리는 $|X_A-X_B| + |Y_A-Y_B|$가 된다. 예를 들어, (2, 4)와 (3, 5) 사이의 직각거리는 |2−3| + |4−5| = 2가 된다.

표 3-7 작업장 간 이동물량

from \ to	A	B	C	D
A		1	2	1
B	1		2	3
C	2	2		4
D	1	3	4	

표 3-8 작업장 간 이동비용

from \ to	A	B	C	D
A		2	1	1
B	3		1	3
C	1	2		2
D	2	3	3	

표 3-9 배치1에 따른 작업장 간 이동거리(직각거리)

from \ to	A	B	C	D
A		1	2	1
B	1		1	2
C	2	1		1
D	1	2	1	

표 3-10 배치2에 따른 작업장 간 이동거리(직각거리)

from \ to	A	B	C	D
A		1	1	2
B	1		2	1
C	1	2		1
D	2	1	1	

2) 활동분석

흐름분석에서는 물량이동을 정량적으로 분석하는 반면에 활동분석은 물량이동뿐만 아니라 다른 정성적 요소를 고려한다. 각 작업장 사이의 밀접도를 A, E, I, O, U, X 기호로 표시하여 정성적 측면에서의 중요도를 활동관계도표에 표현하게 된다. 그림 3-9 를 보면 작업장1과 작업장2는 (A,1)로 표시되며 이는 '감독'의 이유로 절대적으로 가깝게 배치할 필요가 있다. 작업장2와 작업장4는 (X,6)으로 표시되며 이는 '보안'의 이유로 인해 가급적 멀리 떨어지도록 배치할 필요가 있다.

그림 3-9 활동관계도표

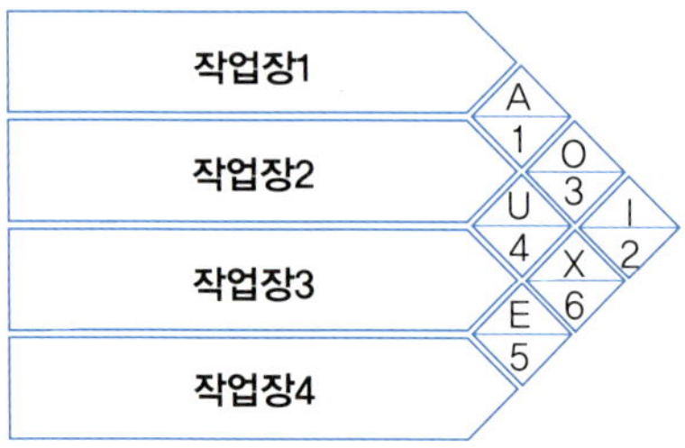

코드	이유	코드	이유
A	절대 필요	1	감독
E	특히 중요	2	물자이동
I	중요	3	공동작업
O	보통	4	편리성
U	중요하지 않음	5	혼잡
X	바람직하지 않음	6	보안

심야버스부터 상품 배치까지…생활 속 빅데이터 사례 5선

빅데이터(Big Data)는 아직도 가장 논쟁적인 기술 중 하나다. 이만큼 널리 알려진 IT 용어가 있을까 싶을 만큼 대중적으로 사용되지만, 그 개념과 범주, 실제 효과에 대해서는 전문가 사이에서도 미묘한 차이가 있다. 실제로 시장 조사업체 가트너가 최근 발표한 보고서를 보면, 지난해 빅 데이터 프로젝트를 추진한 기업은 고작 8%에 불과했다.

버락 오바마 미국 대통령은 2008년 대통령 선거에서 다양한 형태의 유권자 데이터를 분석해 선거에 활용했고, 유명 온라인 쇼핑몰 아마존닷컴은 사용자의 구매 내역을 수집 · 분석해 개인에 따라 맞춤형 상품을 노출한다. 구글과 페이스북은 사진과 동영상 같은 새로운 데이터까지 수집 · 분석해 개인에 따라 맞춤형 광고를 보여준다.

기업의 성공은 '당연히' 고객에 달렸다. 문제는 고객을 이해한다는 것이 생각보다 어렵다는 점이다. 많은 유통업체가 방대한 매출 데이터와 고객 데이터가 있으면서도 어떻게 활용할지 힘들어하는 이유다. 현대백화점의 대안은 빅데이터였다. 단순히 매출액만 집계하는 대신 지역별 매출 성향과 실제 수익 비중, 방문 빈도수 등을 종합적으로 고려했다. 구입한 제품의 종류와 사이즈, 색상 등 기존에는 크게 신경쓰지 않았던 데이터까지 방대하게 분석해 반영했다.

그 결과 여러 가지 중요한 점을 발견했다. 예를 들면 눈이 오면 백화점 내 식품 판매가 늘어나고 덩달아 아동용품 소비가 늘어난다는 점이다. 눈이 많이 오면 자신에게 필요한 물건보다 생식품이나 아이들 물건을 먼저 사는 주부가 많기 때문이다. 이에 따라 현대백화점은 눈이 올 때마다 관련 제품을 한자리에 배치해 매출을 높였고, 고객들의 쇼핑 동선도 단축할 수 있었다.

출처: 미디어잇, 2014. 5. 7.

사무실 가구의 배치에 따른 특징

	오피스 레이아웃	특징
동향형	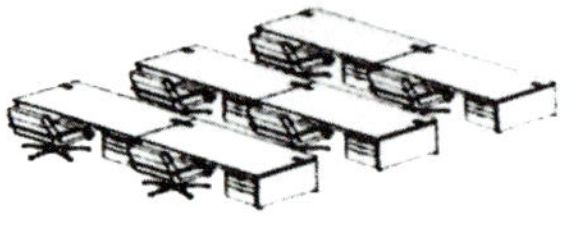	• 학교식 패턴으로 불림 • 프라이버시가 부족하며 대화가 적음 • 부서 내 위계질서가 명확히 드러남 • 통행공간이 명확하게 구분
대향형	기본형 	• 공간 절약 형태로 직원 간 대화는 쉽지만 프라이버시 확보는 어려움 • 등 뒤로 통로가 형성되어 업무 공간과 통행 공간이 분리되지 못함
	응용형 	• 신대향형으로 불림 • 옆 좌석 간의 칸막이 설치로 프라이버시의 추가 확보가 가능
스테그형	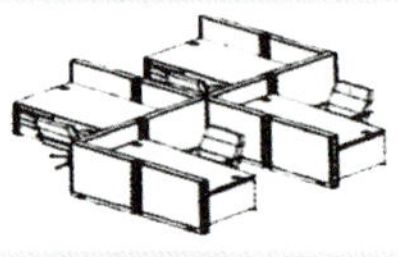	• 프라이버시를 중시한 형태 • 개인별 넓은 면적 할당으로 개별 사무실과 같은 효과 • 통행 공간이 명확히 구분
링크형	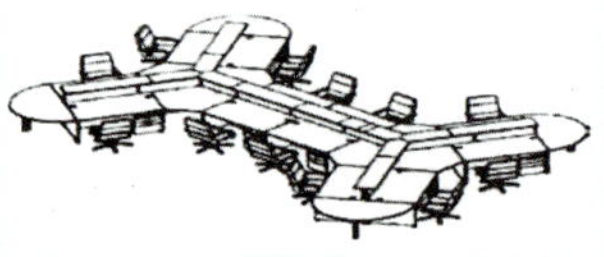	• 커뮤니케이션을 중시한 형태 • 업무 형태와 흐름에 따른 자리 배치가 가능
벤젠형	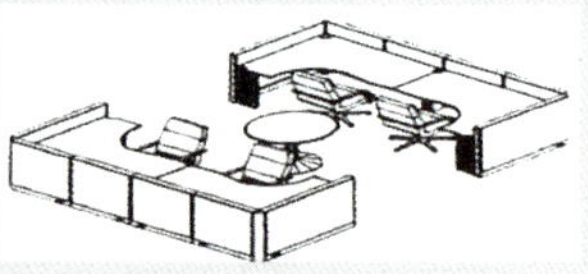	• 업무 집중이 유지되면서 커뮤니케이션이 보장되는 형태 • 중앙의 원탁은 부서 내 원활한 커뮤니케이션에 크게 기여
X형		• 업무집중과 프라이버시를 중시한 형태 • 거의 개별 사무실에 가까운 구조로 업무 공간을 사용할 수 있음

출처: 동아비지니스리뷰, 몰입과 소통, 자리배치에 달렸다, p. 35.

대형마트 상품 진열의 비밀

대형마트 매장의 상품수는 5만~7만 개나 됩니다. 이렇게 많은 상품이 소비자의 눈에 쏙쏙 들어오게 하려면 진열을 할 때도 법칙을 세워야겠지요. 우선 매장 입구에 과일 코너를 두는 이유는 새로운 과일을 통해 계절의 변화를 민감하게 느낄 수 있기 때문이에요. 딸기며 수박처럼 철마다 바뀌는 과일을 보면서 소비자는 '아 새로운 상품이 들어왔구나' 하는 느낌과 함께 구매 욕구를 느끼게 되고요. 또 과일은 색상이 선명해서 소비자의 눈길을 끌기 좋습니다.

대형마트에서는 고객의 심리와 행동 패턴을 과학적으로 분석해서 진열을 합니다. 사람이 한눈에 상품을 비교할 수 있는 시선의 범위가 가로 90~120cm에 세로 3~4단 정도라고 해요. 상품 진열대는 이 크기에 맞춰서 제작합니다. 또 사람의 시선은 눈높이에서 시작하고 왼쪽에서 오른쪽으로 이동하기 때문에 위에서 두세 번째 줄, 그 중에서도 오른쪽이 눈에 잘 띄는 좋은 자리예요. 그래서 이 위치에 인기상품이나 이익이 많이 나는 상품, 신상품 등을 배치한답니다.

국내 대형마트 1위 업체인 이마트의 경우 상품 진열과 판매기법만 연구하는 40여 명의 전문인력으로 구성된 MSV(Merchandising Supervisor)라는 전담 부서까지 있답니다.

현장 직원이 아이디어를 내기도 해요. 이마트 채소코너 직원이 "채소를 사면서 요리법을 묻는 젊은 주부가 많은데, 미니 요리책을 함께 팔면 어떠냐"고 해서 같이 진열했더니, 미니 요리책 판매가 15배나 늘었대요. 책 코너에서는 찬밥 신세였던 책인데 자리 하나 바꿨을 뿐인데 인기 상품이 된 거지요. 비오는 날에는 파 옆에 부침가루와 막걸리를 함께 파는 등 연관 진열 방식은 점점 확산하고 있어요. 캠핑음식인 삼겹살 옆에 숯과 돗자리를 팔고, 조개 옆에는 쿠킹호일과 천일염을 파는 식이지요. 채소 · 과일로 만든 해독주스가 인기를 끌면 주스 재료와 미니 믹서기를 함께 팔고, 달래 간장 양념이 화제가 되면 달래 옆에 간장을 판매해 그때그때 뭐가 유행인지도 알 수 있답니다.

출처: 중앙일보, 2015. 4. 1.

3장

연습문제

1 주문생산과 계획생산의 장 · 단점을 비교하여 설명하시오.

2 설비배치 방법과 장 · 단점을 비교하여 설명하시오.

3 그룹테크놀로지 기법에 대하여 설명하시오.

4 델 컴퓨터의 SCM 전략과 비즈니스 모델(ATO)이 성공한 이유에 대하여 설명하시오.

5 다음과 같은 작업장에서 주기시간을 8분으로 할 경우 작업장 분할 결과 및 효율성을 계산하시오. (우선순위 1: 최대후속과업 수, 우선순위 2: 최장작업시간)

작업	작업시간(분)	선행작업
A	5	–
B	3	–
C	4	A
D	3	A
E	3	B
F	4	C, D
G	6	E, F
합계	28	

6 다음과 같이 작업장 배치, 이동물량, 이동비용이 주어져 있다.

배치

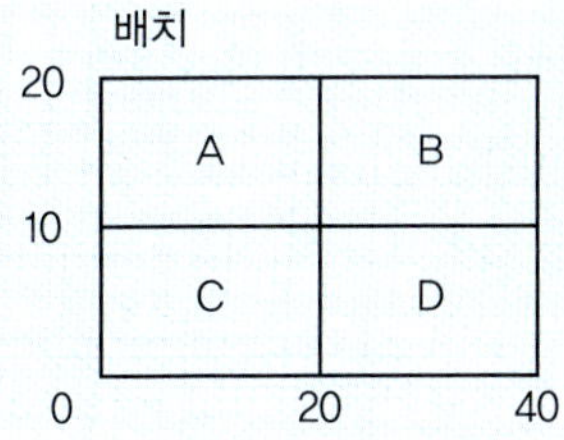

이동물량

from \ to	A	B	C	D
A		3	2	3
B	3		4	1
C	2	4		5
D	3	1	5	

이동비용

from \ to	A	B	C	D
A		2	3	1
B	4		2	4
C	1	2		3
D	2	2	3	

1) 현재 작업장 배치에서 작업장 간의 이동거리(직간 거리)를 계산하시오.

2) 현재 작업장 배치의 총 이동비용을 구하시오.

3) 작업장 A와 B를 바꾼 경우 총 이동비용을 구하시오.

OPERATIONS MANAGEMENT

CHAPTER

4

수요예측

도입사례

◆ **대다수 제조업체들은 수요조차 모른다**

수요예측은 기업 입장에서 당연히 가장 먼저 해야 할 일이지만, 실제로 이를 제대로 하는 곳은 많지 않다. 기업들은 바로 가장 기본적인 이 지점부터 점검해야 한다.

먼저 수요예측 정확도를 높이는 방안을 살펴보자. 많은 기업들이 정확한 수요예측을 위해 시스템을 구축하고, 통계적 기법 등 다양한 방법을 동원하지만 좋은 성과를 내지 못하는 경우가 많다. 일반적으로 제조업체는 다른 제조업체에 팔거나 또는 유통회사에 팔게 되고, 그 유통회사가 실 소비자에게 판매하게 된다.

이렇다 보니 실제 소비자에게 팔리는 양이 본래의 제조업체에 제대로 전달되지 않는 문제가 발생한다. 이러한 문제를 해결하기 위해서는 유통업체 등과 협의해 함께 판매량을 조사하는 장치가 필요하다. 상당수 소비재 회사들과 유통회사들 간에는 이런 협업적(Collaborative) 공급사슬의 운영 방법을 정립해 운영하고 있는데, 이를 '협업 계획 · 전망 · 보급 관리 체계(CPFR: Collaborative Planning, Forecasting, and Replenishment)'라고 한다.

해외 사례를 보면 미국의 대표적인 가전업체인 월풀(Whirlpool)이 모범적인 운영을 하고 있다. 월풀은 미국 로워스(Lowe's) 유통업체와 핵심적인 비즈니스 협업모델로서 2007년 이후 CPFR를 도입했다. 수요예측–생산–물류 소비자 판매에 이르는 전체 공급사슬(Supply Chain)을 최적화했고, 이를 통해 수익 증대와 운영비용 감소를 동시에 가져왔다.

◆ **'소요시간' 관리는 '자라(ZARA)'처럼**

공급을 유연화하고 시장에 잘 반응하자는 취지로 정기적인 회의만 여는 건 바보짓이다. 시스템 정비에 투자하라. 그래야 비용절감이 된다. 공급 유연성 확보를 위한 생산 소요시간(리드타임) 관리는 전체적인 시스템을 처음부터 끝까지 살피면서 변화를 모색해야만 가능하다는 것이다. 앞서 리드타임을 줄이는 것이 기업의 경쟁력에 얼마나 영향을 주는지를 삼성전자 사례를 가지고 설명했지만, 패션산업에서도 이런 사례는 극명하게 나타난다.

패션산업에서 SCM을 가장 잘하는 회사로 알려져 있는 자라(Zara)는 기획에서 출시까지 두 달 이내에 이뤄지며, 디자인이 선정된 후 3주면 매장에 출시된다. 다른 패션 회사들은 어떤 옷이 잘 팔릴지를 9개월 전에 예측해야 하지만, 자라는 시장에서 잘 팔리는 옷을 디자인해서 매장에 낼 수 있다는 얘기다. 이월 재고는 3% 이내에 불과하다. 자라는 모든 물류를 항공운송으로 하고, 생산의 유연성을 위해 생산의 절반 정도를 자가 공장에서 소화하는 등 타 패션회사와는 달리 리드타임 단축을 위해 많은 비용을 쓰고 있다. 대신 재고를 최소화함으로써 그 비용을 상쇄하고도 높은 수익을 올리고 있는 것이다.

출처: 매일경제, 2012. 10. 5.

1 | 수요예측 의미와 중요성

예측(forecasting)은 과거자료를 사용하여 미래를 추정하는 것으로 예측자의 직관이나 경험에 의존하는 동시에 통계적 기법에 의존하는 측면을 동시에 가지고 있다. 따라서 예측은 나름대로의 논리(logic)를 가지고 있다는 점에서 점성술사의 예언(foretell)과는 다르다.

수요예측은 고객이 언제 · 얼마만큼을 주문할지 추측하는 과정을 의미하는데 수요예측은 기업의 매출계획 수립, 설비투자, 생산계획, 구매계획, 인력수급 등 기업의 전반적 운영전략 수립의 기초자료로 활용된다. 즉, 수요예측 결과를 기초로 설비증설, 생산일정, 원자재구매, 인력고용 등 일련의 의사결정이 이루어지게 된다. 그림 4-1 에서 보는 바와 같이 부정확한 수요예측은 판매, 생산, 구매, 물류 등 공급망의 운영과 생산성에 다양한 악영향을 미치게 된다.

그림 4-1 수요예측이 기업 운영에 미치는 영향

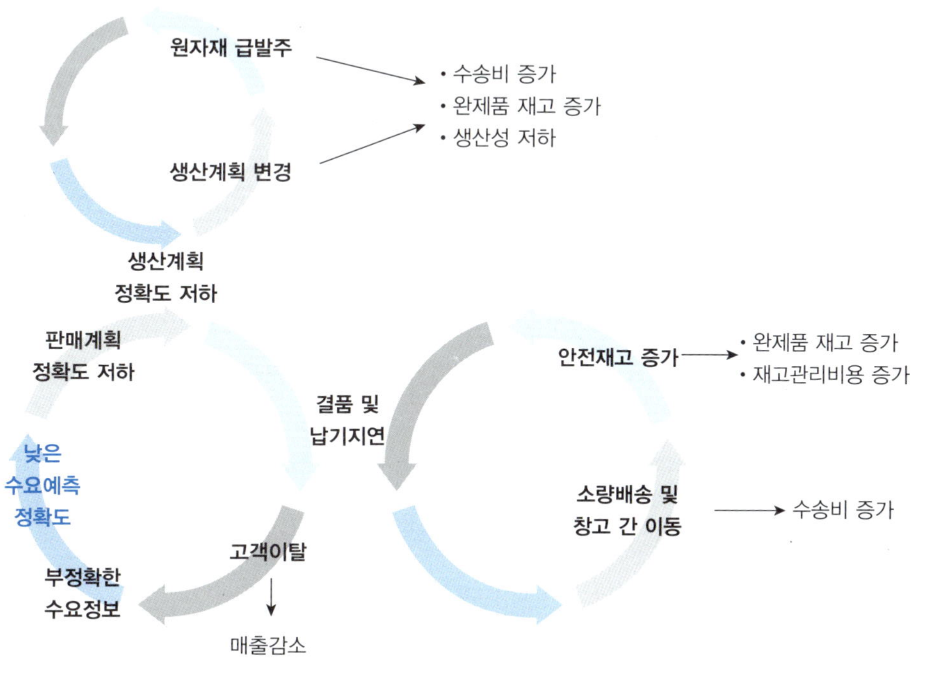

부정확한 수요예측으로 인해 판매계획과 생산계획의 차질이 발생하며 이로 인해 결품과 납기지연이 발생하고 고객 이탈이 발생하게 된다. 결품과 납기지연을 방지하기 위해서 안전재고를 증가하면 재고유지비용과 수송비용이 증가하고 생산계획을 자주 변경하면 원자재의 급발주가 증가하여 이로 인해 구매단가의 증가와 수송비용 증가가 발생하게 된다.

쉬어가기

이마트의 인공지능 수요예측, 먹혔나?

유통 현장 '재고관리'와 관련된 페인 포인트(Pain Point)는 크게 세 가지가 있다. 첫 번째는 폐기. 너무 많은 재고를 발주해서 상품을 판매하지 못해서 버려지는 손실 비용을 만든다. 두 번째는 결품. 반대로 너무 적게 재고를 발주해서 원래 더 팔 수 있는 것을 못 파는 기회 비용을 만든다. 마지막은 인적 자원(Human Resource). 위 모든 예측 과정에 투입되는 인력으로 인해 자연히 늘어나는 비용이다.

전통적으로 유통업계에서 많이 사용하는 수요예측 방법은 통계학을 응용한 '시계열 분석 기법'이다. 상품 판매 추세와 계절 요소, 불규칙 변동 등을 조합해서 미래 판매 수치를 예측한다. 여기에 사람의 '직관'이 결합된다. 현장 경력이 오래된 사람이라면 갖고 있는 그 느낌, 바로 그거다.

하지만 전통적인 수요예측 방법론의 한계가 없는 것은 아니다. 예컨대 시계열 데이터를 확보하기 어려운 신제품이나 코로나19와 같은 예측하지 못한 외부 변수가 들이닥쳤을 때 유연하고 빠른 대응이 어렵다는 지적이 나온다. 영업 사원 등으로부터 수기로 전달 받은 원데이터의 신뢰성을 담보하기도 어렵고, 사람의 직관이라는 것도 항상 맞는 것은 아니다.

신세계아이앤씨는 이마트에서 발생한 지난 2년간의 데이터를 기반으로 예측 모델을 구축했다. 효율적인 작업을 위해서 수집한 원데이터를 축소하고, 엔지니어링을 통해서 전처리, 보정하는 작업이 이어졌다. 이후 파생변수를 생성하는 작업을 거친 뒤 데이터를 기반으로 한 예측모델 학습을 진행했다.

결과는 인공지능의 압승이었다. 신세계아이앤씨에 따르면 2019년 10월 26일부터 30일까지 이마트 점포 1만 개 상품, 98개 중분류 상품 카테고리를 대상으로 평균 제곱근 오차(RMSE)를 도출한 결과, 92개 중분류에서 인공지능을 통한 수요예측이 종전 사람이 하는 방식 대비 우수한 것으로 나타났다. 인공지능을 활용한 방식의 예측 오차는 종전 사람이 수행하는 방식 대비 18%가 개선됐다.

출처: byline network, 2020. 11. 15.

표 4-1 수요예측 방법별 오차원인

예측방법	부정확 요인
담당자 판단	종합적 판단에 필요한 지적능력의 한계 희망사항과 실제사실을 혼동 편견을 현실로 착각 경영진의 낙관적 전망치 선호
시장조사 기관자료 활용	예측보다는 판매목표치의 집계
계량모형 기반의 분석	부정확한 데이터 설명변수의 누락 부적절한 변수추가

출처: 김옥남, 수요예측체계, 어떻게 구축하나, LGERI 리포트, 2008.

수요예측이 정확할수록 기업의 효율적인 의사결정이 이루어질 수 있지만 **표 4-1** 에서 보는 바와 같이 수요예측 실무에서는 다양한 요인에 의해 예측오차가 발생한다. 수요예측 방법에 따른 오차 원인을 살펴보면 다음과 같다. 첫째, 담당자의 판단과 능력에 의존한 수요예측을 실시할 경우 수요에 영향을 미치는 다양한 요인을 종합적으로 판단할 수 있는 담당자 지적능력의 한계가 존재한다. 또한 희망사항과 실제사실을 혼동하거나 현실을 직시하지 않고 편견에 의존할 수 있다. 그리고 낙관적 전망치를 선호하는 경영진의 입장에 부합하기 위해서 수요예측 결과가 영향을 받을 수 있다. 둘째, 시장조사 전문기관의 자료를 활용하는 경우, 시장조사 전문기관의 핵심역량은 국가별 · 지역별로 구축된 영업조직 네트워크의 활용에 있다. 그러나 시장조사 전문기관이 정확한 예측모형을 자체적으로 보유하고 있지 못하고 각 영업조직의 판매목표치를 단순 집계하는 경우가 많기 때문에 오차가 발생한다. 마지막으로 데이터를 이용한 계량모형방법은 많은 연구자들이 예측모형의 정확성 향상을 위하여 노력해 왔지만 부정확한 데이터, 예측모형에 영향을 주는 설명변수의 누락 또는 부적절한 변수의 추가로 인해 예측오차가 발생하는 것으로 알려져 있다.

그림 4-2 는 국내 식료품 제조기업에서 수요예측 강화를 위한 업무프로세스의 개선사례를 보여주고 있다. 현재 프로세스(As–Is)는 영업팀의 팀별 희망계획과 경영관리부서의 판매목표를 취합하여 최종 판매계획을 수립하여 생산부서로 전달하는 프로

그림 4-2 수요예측 프로세스의 변화(국내 식료품 제조기업 사례)

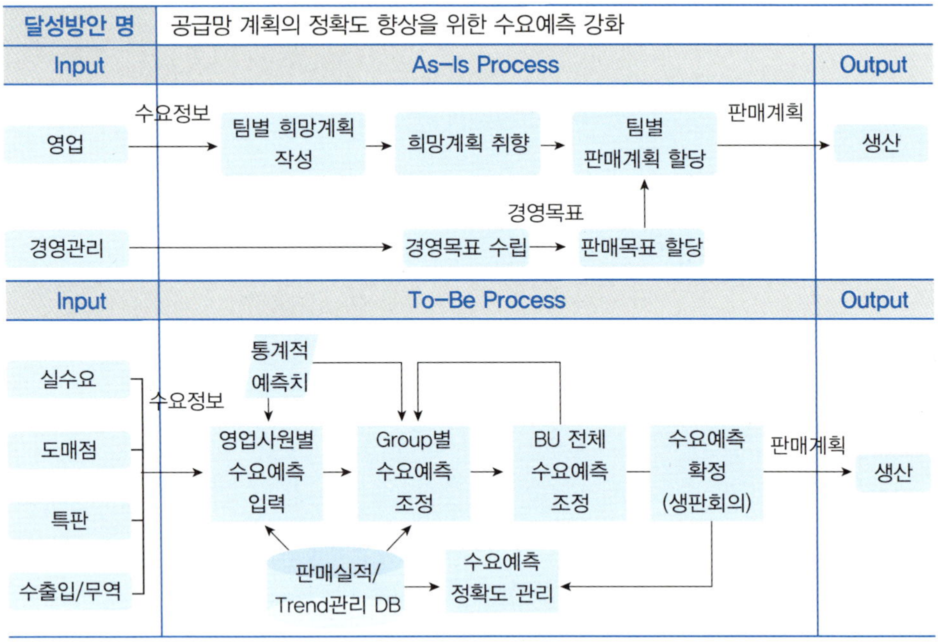

세스를 가지고 있다. 수요예측의 정확도 향상을 위한 향후 프로세스(To-Be)는 실 수요 고객, 도매점, 특판, 수출입/무역에서 수요정보를 입수하고 이에 대한 통계적 분석과 판매실적 DB 분석을 실시하는 동시에 단계별로 영업사원/Group/BU(Business Unit) 단위의 예측치를 조정한 후 최종 생판회의[1]를 통해 판매계획을 확정하여 생산부서로 전달하도록 프로세스를 개선하였다.

1) 생산과 판매부서의 통합회의

2 | 예측의 종류

1) 기술예측

기술의 미래 모습에 대하여 양적, 질적, 내용적으로 기술의 특성 및 실현시기 등을 예측하는 것을 의미한다. 예를 들어 지능형 로봇, 우주 탐사, 사물인터넷(IoT), 신약개발, 자율 주행차, 드론 배송 등을 들 수 있다.

2) 경제예측

경제 전체의 움직임을 대표하는 포괄적인 여러 가지 경제지표를 근거로 하여 장래의 경제가 어떻게 움직일 것인지를 예측하는 일을 의미한다. 예를 들어, 경제성장률, 환율, 실업률 등 경제 전반에 대한 각종 지표의 예측을 들 수 있다. 이러한 경제예측에 기반하여 기업은 중 · 장기 계획을 수립하게 된다.

3) 수요예측

각종 조사결과를 바탕으로 향후 기업의 제품이나 서비스에 대한 수요를 예측하는 것을 의미한다. 수요예측은 기업의 판매계획, 생산계획, 구매계획, 재무계획 등 다양한 계획 수립에 필요한 기초자료를 제공한다. 수요예측이 빗나갈 경우, 매출부진, 공장 가동률 저하, 구매기간 지연, 자금조달 차질 등의 다양한 문제가 발생할 수 있고 최악의 경우 기업의 존망을 위협받을 수 있다.

수요예측은 예측대상 및 기간에 따라서 다양한 예측방법이 존재한다.

우선적으로 수요예측은 정성적 방법(qualitative method)과 정량적 방법(quantitative method)으로 구분할 수 있다. 그리고 정량적 기법은 크게 시계열 분석(time series analysis)

그림 4-3 미국기업들이 실무에서 사용하는 예측기법

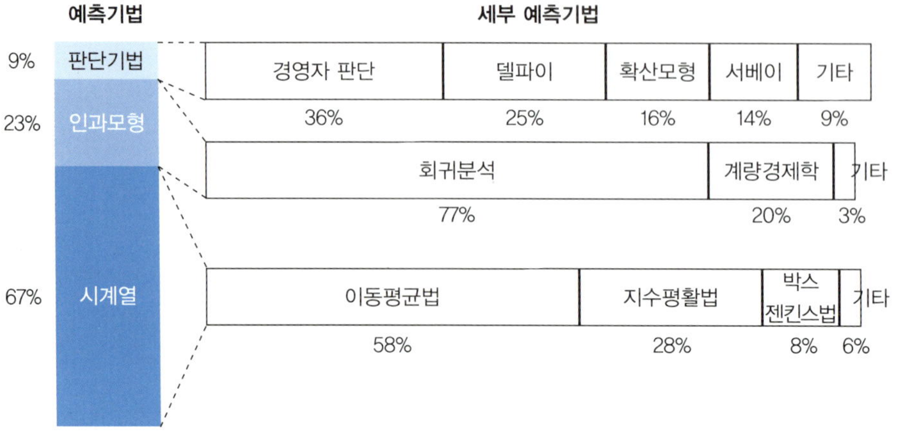

출처: 김옥남, 수요예측체계, 어떻게 구축하나, LGERI 리포트, 2008.

과 인과형 모형(causal forecasting)으로 구분할 수 있다. **그림 4-3** 에서 보는 바와 같이 미국기업의 실무에서 사용하는 예측기법은 시계열 분석이 가장 많은 빈도를 차지하며 그 다음으로 인과모형, 그리고 전문가 판단기법 순으로 알려져 있다.

3 | 정성적 예측방법

정성적 방법은 다양한 지식을 보유한 전문가의 과거 경험이나 직관에 의존하여 수요를 예측하는 방법을 의미한다. 주로 중장기 예측에 많이 쓰이며 과거 자료가 없거나 충분하지 않아서 통계적 모형을 이용하기 어려운 경우에 유용하다.

그리고 신규 사업에 진출하는 경우 또는 과거와 전혀 다른 상황으로 진행되어 과거 데이터를 사용하는 것이 적정하지 않다고 판단되는 경우에도 유용하다.

1) 델파이 기법(delphi technique)[2)]

델파이 기법은 어떠한 문제에 관하여 전문가들의 경험과 지식을 바탕으로 견해를 유도하고 이를 종합적으로 정리하는 일련의 절차이다. 이 방법은 추정하려는 문제에 관한 정확한 정보가 없을 때에 "두 사람의 의견이 한 사람의 의견보다 정확하다"와 "다수의 판단이 소수의 판단보다 정확하다"는 논리에 근거를 두고 있다.

델파이 기업의 수행방법은 다음과 같다. 우선 전문가들에게 개별적으로 예측을 위한 설문을 실시한 후 이 결과에 대한 통계치를 분석하여 전문가들에게 제공하고 다시

그림 4-4 델파이 기법 절차

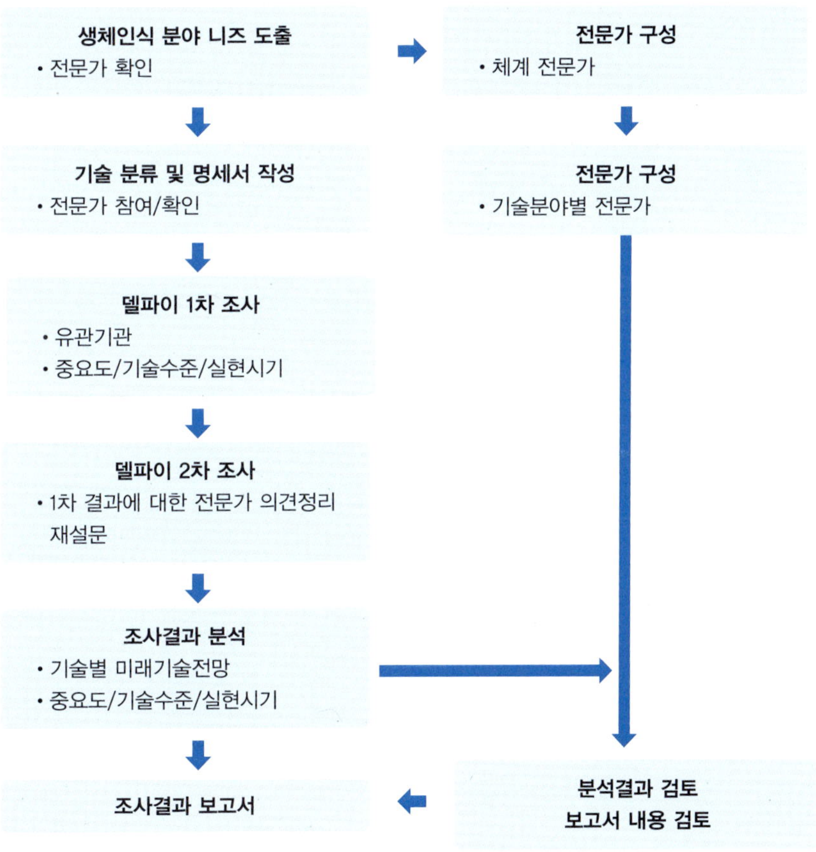

2) 델파이의 어원은 아폴로 신전이 있던 고대의 그리스의 도시 델포이(Delphoe)로 신 앞에서 예언가들이 모여 미래의 방향을 점쳤던 것에서 유래했다고 한다.

표 4-2 예측에 대한 '여우'와 '고슴도치'의 태도

'여우'	'고슴도치'
여러 분야에 걸쳐서 생각한다.	커다란 한두 문제에 집중한다.
자기비판적이다. – 예측에서 잘못된 것이 발견되면 수정한다.	고집스럽다. – 새로운 자료를 동원해 맨 처음 설정한 모델을 다듬는다.
신중하다. – 예측을 확률적 용어로 표현하고 의견에 단서를 추가한다.	자신만만하다. – 예측이 잘못될 것에 대비하지 않는다.
경험적으로 생각한다. – 이론보다 관찰에 더 의존한다.	일상의 여러 문제를 아우르는 거대한 이론이 있다고 생각한다.
상대적으로 적중률 높은 예측을 한다.	상대적으로 적중률 낮은 예측을 한다.

출처: 네이트 실버, 신호와 소음, 더퀘스트, 2014.

처음의 예측값을 수정할 수 있도록 하며 일반적으로 2~4회 피드백 과정을 통하여 충분한 의견수렴이 이루어지도록 한다. 델파이 기법은 전문가들의 지식과 직관을 효과적으로 활용할 수 있다는 장점을 가지고 있다. 즉, 예측을 하고자 하는 대상 기술에 대한 일반화 또는 표준화된 자료 및 데이터가 없을 경우 전문가들의 직관을 통한 합의점을 도출하는 방법이다. 또한 전문가들이 직접 모이지 않고 주로 우편이나 전자 메일을 통한 통신수단으로 의견을 수렴한다.

예측전문가의 예측스타일은 **표 4-2** 와 같이 '여우'와 '고슴도치' 스타일로 분류하기도 한다. '고슴도치' 스타일은 대범하고 자기주장이 강하지만 적중률은 비교적 낮고 '여우' 스타일은 신중하며 이론보다 관찰에 의존하는 스타일이다.

2) 시장조사법

설문지, 인터뷰, 전화조사, 시제품 발송 등 다양한 방법을 통하여 소비자들의 의견을 조사한다. 정성적 방법 중에서 시간과 비용이 가장 많이 소요되지만 비교적 정확한 예측이 가능하다는 장점이 있다.

3) 패널동의법

경영진, 영업사원, 소비자 등으로 패널을 구성한 후 자유로운 의견제시와 토론을 통하여 예측치를 구한다.

4 | 정량적 예측방법

정량적 수요예측의 함정

정량적 수요예측 모형의 논리는 과거에 발생한 데이터 및 제반 환경이 미래에도 동일하게 반복될 것이라는 가정을 내포하고 있다. 따라서 과거에 고려하지 못한 변수가 발생하게 되면 수요예측 모형의 정확성은 낮을 수 밖에 없다. 예를 들어, 1798년 영국 경제학자 맬서스는 '인구론'에서 인구는 기하급수적으로 늘어나는 데 비해 식량은 산술급수적으로 증가하는 데 그치기 때문에 인구제한을 하지 않으면 미래에 인류가 멸망할 수 있다는 주장을 하였다. 그러나, 1900년대 초반 화학자인 프리츠 하버가 인공 질소 비료를 개발하였고 인공 질소 비료가 공급된 지 3년 만에 식량 생산량이 인구보다 두 배 빠르게 늘면서 맬서스의 예측은 어긋나게 되었다. 또한, 1970년대 오일쇼크 발생 직후, 유럽 학자들을 중심으로 모인 로마클럽에서는 2000년대 석유가 고갈될 것이라고 주장하였으나 원유 탐사 기술과 채굴 기술의 향상으로 현재까지 원유고갈이 발생하지는 않고 있다.

1) 시계열 예측

시계열(時系列: time series)은 시간의 변화에 따라 관찰된 일련의 자료를 의미한다. 지난 1년간의 주식가격, 일별 매출액, 월간 불량률, 야구선수의 타율 등을 시계열의 예로 들 수 있다. 시계열 분석은 그림 4-5 와 같이 시계열이 가지고 있는 추세(trends), 순환변동(cycle), 계절적 변동(seasonality), 불규칙변동 등 4가지 변동요인들의 과거 패턴이 미래에도 계속하여 반복될 것이라는 가정하에 예측치를 찾고자 한다.

시계열의 변동요인 중에서 추세는 수요의 증가 또는 감소하는 경향을 의미한다. 순환변동은 경제순환처럼 비교적 장기간에 걸쳐 발생하는 패턴을 의미하며 계절적 변동은 비교적 단기간에 발생하는 패턴을 의미한다. 불규칙변동은 우연 요인에 의해 발생하는 변동으로 통제가 불가능한 변동을 의미한다.

계절적 변동을 측정하기 위해 사용하는 계절지수는 연간 평균 판매량 대비 특정 계절의 판매량 비율을 지수화한 값이다. 표 4-3 을 보면 여름과 겨울의 계절지수는 각각 1.1과 1.2로 연간 평균 매출액 대비 각각 10%, 20% 많은 반면에 겨울의 계절지수는 0.7로 연간 평균 매출액 대비 30% 감소함을 알 수 있다.

시계열 예측은 구성요소의 결합형태에 따라 승법형과 가법형으로 구분된다. 승법형은 시계열 구성요소의 곱하기 형태를 취하는 반면 가법형은 더하기 형태를 취한다.

$$\text{승법형} = \text{추세에 의한 예측} \times \text{순환지수} \times \text{계절지수} \times \text{우연지수}$$
$$\text{가법형} = \text{추세에 의한 예측} + \text{순환변동폭} + \text{계절변동폭} + \text{우연변동폭}$$

2021년도 추세에 의한 예측치가 분기별 200(연간 800)으로 증가할 경우 2021년 여름의 예측치는 가법형일 경우 200 + 10 = 210이 되며 승법형일 경우 200 × 1.1 =220이 된다.

그림 4-5 시계열 변동요인

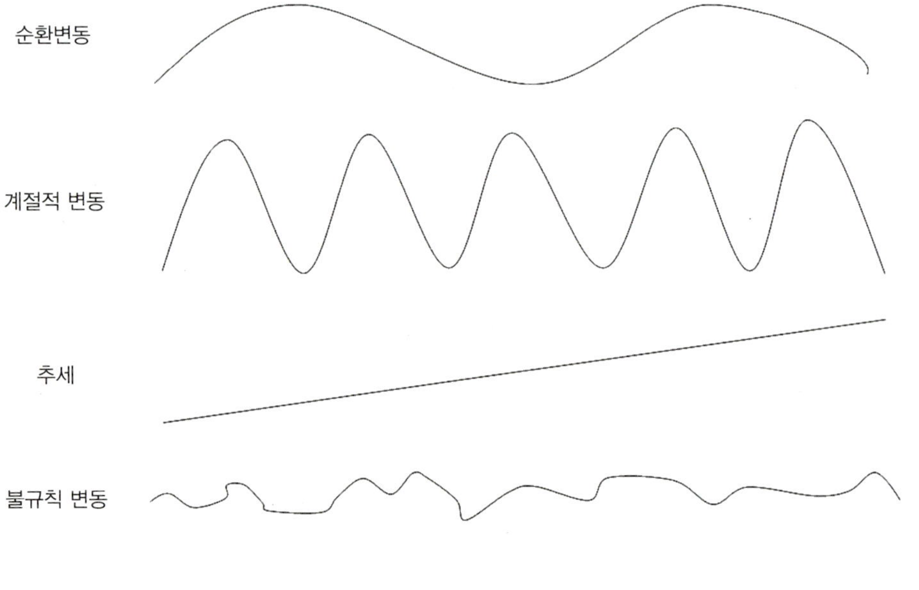

표 4-3 2020년도 계절지수

계절	매출액	계절변동폭	계절지수
봄	100	0	100/100 = 1.0
여름	110	+10	110/100 = 1.1
가을	120	+20	120/100 = 1.2
겨울	70	−30	70/100 = 0.7
분기 평균	100		

한편, 시계열 예측의 종류에는 이동평균법, 지수평활법, 추세분석법, 시계열분해법 등이 있다.

2) 이동평균법(MA: moving average)

이동평균법은 과거 일정기간의 실제수요를 이동평균한 값으로 미래 수요를 예측한다.

예를 들어 주식시장의 경우 5일 이동평균(5MA), 20일 이동평균(20MA), 60일 이동평균(60MA) 값 등을 이용하여 주식가격의 상승과 하락을 예측하는 데 사용한다.

단순이동평균법은 기간에 따라 동일한 가중치를 부여하는 반면에 가중치이동평균법은 기간에 따라 가중치를 다르게 부여하는 방법이다.

과거부터 최근시점방향으로 n개의 시계열이 X_i라고 하면 X_n은 바로직전의 가장 최근 수요를 의미하고 X_1은 n기간 이전의 오래된 수요를 의미한다.

이때, 단순이동평균법은 다음 값을 계산하여 예측한다.

$$단순이동평균법 = \frac{X_1 + X_2 + X_{3,} \cdots , X_n}{n}$$

표 4-4 에서 5개월 단순이동평균값을 이용하여 6월의 수요를 예측하면 60이 된다.

표 4-4 단순이동평균법 적용 예제

기간	수요	단순이동평균 예측값
1월	60	–
2월	40	–
3월	80	–
4월	70	–
5월	50	–
6월	80	(60 + 40 + 80 + 70 + 50)/5 = 60
7월	65	(40 + 80 + 70 + 50 + 80)/5 = 64
8월	80	(80 + 70 + 50 + 80 + 65)/5 = 69

6월 예측치 = (1월 수요 + 2월 수요 + 3월 수요 + 4월 수요 + 5월 수요) / 5
= (60 + 40 + 80 + 70 + 50)/5 = 60

마찬가지로 5개월 단순이동평균값을 이용하여 7월의 수요를 예측하면 64가 된다.

7월 예측치 = (2월 수요 + 3월 수요 + 4월 수요 + 5월 수요 + 6월 수요)/5
= (40 + 80 + 70 + 50 + 80)/5 = 64

가중치이동평균법은 각 시계열(X_i)마다 가중치(W_i)를 다르게 부여하여 예측하는 방법이다.(단, 가중치의 합은 1이다.)

$$\text{가중치이동평균법} = W_1X_1 + W_2X_2 + W_3X_3, \cdots, W_nX_n, \sum_{i=1}^{n} W_i = 1$$

예를 들어 가중치가 W_1=5%, W_2=10%, W_3=20%, W_4=30%, W_5=35%와 같이 주어졌다면 바로 직전의 수요에 대하여는 가중치를 35% 반영하고 5개월 이전의 수요에 대하여는 가중치를 5% 반영하는 것을 의미한다.

위 가중치를 사용하여 5개월 가중이동평균법을 이용하여 6월 수요를 예측하면 61.5가 된다.

표 4-5 가중이동평균법 적용예제

기간	수요	단순이동평균 예측값(W_1=0.05, W_2=0.1, W_3=0.2, W_4=0.3, W_5=0.35)
1월	60	–
2월	40	–
3월	80	–
4월	70	–
5월	50	–
6월	80	$= 0.05\times60 + 0.1\times40 + 0.2\times80 + 0.3\times70 + 0.35\times50 = 61.5$
7월	65	$= 0.05\times40 + 0.1\times80 + 0.2\times70 + 0.3\times50 + 0.35\times80 = 67$
8월	80	$= 0.05\times80 + 0.1\times70 + 0.2\times50 + 0.3\times80 + 0.35\times65 = 67.75$

6월 예측치 = 1월 가중치×1월 수요 + 2월 가중치×2월 수요 + 3월 가중치×3월 수요
+ 4월 가중치×4월 수요 + 5월 가중치×5월 수요
$= 0.05\times60 + 0.1\times40 + 0.2\times80 + 0.3\times70 + 0.35\times50 = 61.5$

마찬가지로 5개월 가중이동평균법을 이용하여 7월의 수요를 예측하면 67이 된다.

7월 예측치 = 1월 가중치×2월 수요 + 2월 가중치×3월 수요 + 3월 가중치×4월 수요
+ 4월 가중치×5월 수요 + 5월 가중치×6월 수요
$= 0.05\times40 + 0.1\times80 + 0.2\times70 + 0.3\times50 + 0.35\times80 = 67$

3) 지수평활법(exponential smoothing)

지수평활법은 시계열 자료가 많이 누적되지 않은 경우에 효과적으로 활용되는 기법으로 직전 예측치와 실제수요와의 차이로 발생하는 오차부분을 일정부분 보정하여 반영하는 기법이다.

기간 t의 예측치(F_t)를 구하는 데 있어서 직전기간(t-1)의 실제수요(Y_{t-1})와 예측치

(F_{t-1})에 각각 α와 $(1-\alpha)$의 가중치를 부여한 가중평균값을 이용하며 이를 수식으로 표현하면 아래와 같다.(단, α는 평활상수로 0과 1 사이의 값을 가진다.)

$$F_t = \alpha Y_{t-1} + (1-\alpha)F_{t-1}$$

위 식은 아래와 같이 바꾸어 볼 수 있다.

$$F_t = F_{t-1} + \alpha(Y_{t-1} - F_{t-1})$$

즉, 위 식에서 $(Y_{t-1}-F_{t-1})$는 직전기간$(t-1)$의 예측오차를 의미하며 예측치(F_t)는 직전 예측에서 발생한 예측오차$(Y_{t-1}-F_{t-1})$의 일정부분(α)만큼을 평활(smoothing)하여 반영한다는 의미를 가지고 있다.

표 4-6 에서 $t=2$에 대한 지수평활법의 적용결과는 다음과 같다.

지난 달 예측치(F_1)가 100이었으나 실제수요(Y_1)가 120인 경우, 평활상수 $\alpha=0.1$을 이용하여 이번 달 수요를 예측한 결과는 다음과 같다.

$$\begin{aligned} F_2 &= F_1 + \alpha(Y_1 - F_1) \\ &= 100 + 0.1\times(120-100) = 102 \end{aligned}$$

표 4-6 지수평활법 적용 예제(α=0.1)

기간(t)	실제수요(Y_{t-1})	예측치(F_{t-1})	예측치(F_t)
1	120	100	102 = 100 + 0.1(120−100)
2	130	102	104.8 = 102 + 0.1(130−102)
3	110	104.8	105.32 = 104.8 + 0.1(110−104.8)
4	100	105.32	104.79 = 105.32 + 0.1(100−105.32)
5	100	104.79	104.31 = 104.79 + 0.1(100−104.79)

지난 달 예측오차는 20이지만 이번 달 예측에서는 예측오차의 10%를 반영하기 때문에 지난 달 예측치에서 2를 추가하여 예측한다는 의미이다.

위 식을 지속적으로 확장하면 아래의 식으로 바꾸어 볼 수 있다.

$$F_t = \alpha Y_{t-1} + \alpha(1-\alpha)Y_{t-2} + \alpha(1-\alpha)^2 Y_{t-3} + \cdots + \alpha(1-\alpha)^{t-2}Y_1 + (1-\alpha)^{t-1}F_1$$

위 식을 통해 기간 t의 수요는 과거 실제수요의 지수적 가중평균(exponentially weighted average)임을 알 수 있다. 예를 들어 α=0.9이라면 t−1 기간의 실제수요에는 0.9, t−2 기간의 실제수요에는 0.9×(1−0.9)=0.09, t−3 기간의 수요에는 $0.9\times(1-0.9)^2$=0.009의 가중치를 반영하는 것으로 α값이 클수록 최근 자료에 가중치를 높게 부여하는 결과가 되며 최근 기간의 수요에 민감한 영향을 받게 된다. 반면에 α값이 작으면 최근 기간의 수요를 평활(smoothing)하여 보다 안정적으로 반응하게 된다. 평활상수 α값은 일반적으로 0.1~0.3 사이에서 결정하는데 다양한 α값에 대한 오차를 분석하여 예측오차를 최소로 하는 α값을 선택할 필요가 있다.

4) 인과형 모형

인과형 모형은 수요(Y)와 밀접한 관련이 있는 변수들(X)을 찾은 다음, 수요와 변수들 간의 관계를 잘 설명할 수 있는 수학적 모형 $Y=f(X)$를 수립하는 방법이다. 예를 들어 스키장의 방문 고객 수에 영향을 주는 변수로 스키 인구, 입장 요금, 강설량 등이 관련이 있다고 하면 스키장 방문 고객 수와 이들 변수들 간의 인과관계를 설명하는 모형을 수립한 후 각 변수의 변화에 따라 스키장 방문 고객 수를 예측한다. 인과형 모형의 종류에는 회귀분석, 계량경제모형, 투입−산출모형 등이 있다.

가장 대표적인 인과형 모형으로 회귀분석(regression analysis)을 들 수 있다. 회귀 분석은 독립변수의 수 그리고 종속변수와 독립변수의 관계에 따라 표 4-7 과 같이 분류할 수 있다. 독립변수의 수가 1개인 경우를 단순회귀분석, 2개 이상인 경우를 다중회귀분석으로 부른다. 한편, 종속변수와 독립변수의 관계를 선형(1차식)으로 가정하는 경우는 선형회귀분석, 선형이 아닌 경우는 비선형회귀분석으로 부른다.

표 4-7 회귀분석의 분류

		독립변수의 수	
		단순(1개)	다중(2개 이상)
독립변수와 종속변수의 관계	선형 (1차식)	단순 선형 회귀분석 ($Y = a + bX$)	다중 선형 회귀분석 ($Y = a + bX_1 + cX_2$)
	비선형 (1차식 제외)	단순 비선형 회귀분석 ($Y = a + bX^2$) ($Y = a + b \cdot \log X$)	다중 비선형 회귀분석 ($Y = a + bX_1 + cX_2^2$)

예를 들어 아이스크림 매출(Y)에 영향을 주는 독립변수로 평균기온(X_1)과 광고비 지출액(X_2)의 관계를 선형(1차식)으로 설정한다면 이를 다중선형회귀분석이라고 부를 수 있다.

단순선형회귀분석은 독립변수가 1개이고 독립변수와 종속변수의 관계가 선형인 경우를 의미하며 다음과 같은 1차식의 형태를 갖는다.

$$Y = a + bX$$

Y는 예측하고자 하는 종속변수이고 X는 종속변수 Y에 가장 큰 영향을 미치는 독립변수가 된다. a는 X=0일 때 Y 절편 값이고, b는 1차식의 기울기를 의미한다.

회귀분석은 그림 4-6 에 표시되어 있는 점들 Y_1, Y_2, Y_3, Y_4에 가장 오차가 적은 1차 방정식을 구하는 과정이라고 할 수 있다. 오차를 최소화하는 a, b값을 구하는 방법으로 최소자승법(least square method)을 사용하는데 구체적인 방법은 부록(p. 119)을 참고하기 바란다.

상관계수(correlation coefficient)는 종속변수인 수요 Y와 독립변수 X와의 직선적인 관계의 정도, 즉 선형상관관계의 정도를 상관계수 r로 측정한다. 상관계수 r은 -1에서 $+1$까지의 값을 가지며, r값이 0이면 X, Y 사이에 상관관계가 전혀 없음을 의미하고 r값이 1(−1)이면 정비례(반비례) 관계가 있음을 의미한다. 그리고 상관계수의 부호가 양(+)이면 두 변수 X와 Y가 비례관계가 있으며 음(−)이면 반비례 관계가 있음을 의미한다.

결정계수(coefficient of determination)는 상관계수 r의 제곱(r^2)으로 정의하는데, 결정계수는 종속변수 Y의 총 변동 중에서 독립변수 X에 의해 설명된 변동의 비율을 나타내며 회귀식의 정확도를 판단하는 지표로 활용된다.

그림 4-6 선형회귀분석의 예시

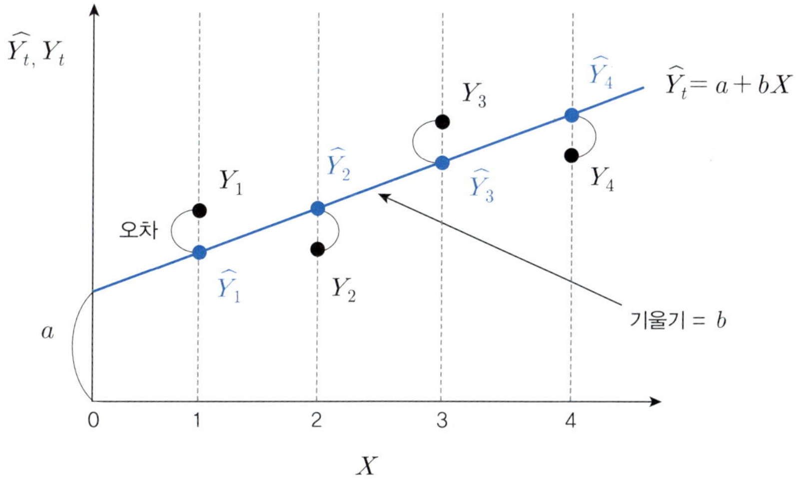

표 4-8 은 과거의 광고비와 매출액 관계를 보여주며 매출액(Y)에 가장 큰 영향을 미치는 요인(독립변수)으로 광고비(X)를 설정하여 회귀분석을 수행한 결과는 그림 4-7 에 나타나 있다.

회귀분석을 통해 얻어진 회귀식을 바탕으로 광고비 지출액을 10백만 원으로 증가할 경우 예상매출액은 $Y = 1.07 \times 10 + 3.22 = 13.92$(억 원)으로 예측할 수 있다. r^2값이 0.966이므로 매출액 변동의 96.6%는 광고비에 의해 결정되는 것을 의미하므로 회귀분석의 신뢰도가 높다고 판단할 수 있다.

표 4-8 광고비와 매출액

광고비(X: 백만 원)	매출액(Y: 억 원)
1	4
3	7
6	9
7	11

그림 4-7 광고비와 매출액 간의 회귀분석 결과

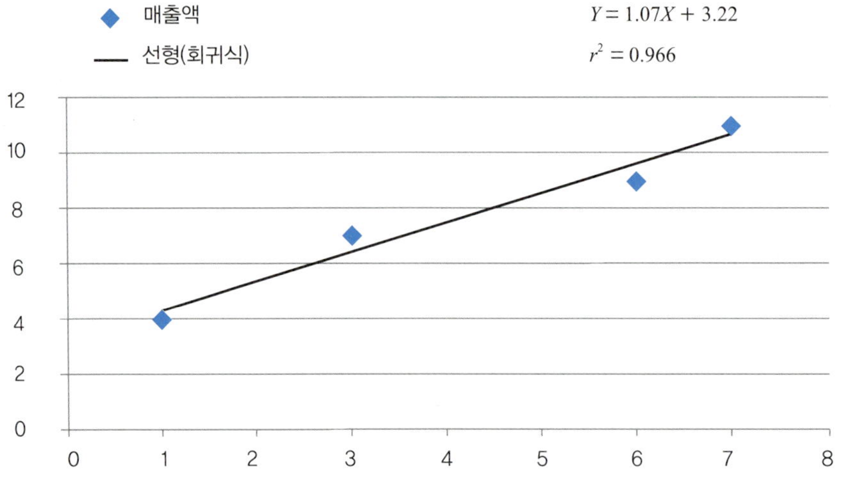

5 | 예측오차의 측정

실제 수요와 예측치의 차이를 예측오차(forecast error)라 하며, 다음과 같은 측정방법이 있다.

1) 평균오차(ME : mean error)

평균오차는 매 기간의 오차를 모두 더하여 나눈 평균값을 의미한다.

$$ME = \frac{\sum_{t=1}^{n}(A_t - F_t)}{n}$$

A_t는 t기간의 실제수요, F_t는 t기간의 예측치, n은 기간 수

2) 평균자승오차(MSE: mean square error)

평균자승오차는 오차의 양과 음 부호의 상쇄효과를 없애기 위해 오차의 제곱값에 대한 평균값을 의미한다. 그러나 오차의 값을 제곱함으로써 실제 오차보다 증폭되어 나타날 수 있다.

$$MSE = \frac{\sum_{t=1}^{n}(A_t - F_t)^2}{n}$$

3) 평균절대편차(MAD: mean absolute deviation)

평균절대편차는 오차의 양과 음 부호의 상쇄효과를 없애기 위해 오차의 절댓값에 대한 평균값을 의미한다.

$$MAD = \frac{\sum_{t=1}^{n}|A_t - F_t|}{n}$$

4) 평균절대비율오차(MAPE: mean absolute percent error)

평균절대비율오차는 실제수요 대비 발생하는 상대오차($\frac{A_t - F_t}{A_t}$)의 절댓값 비율을 평균한 값이다.

$$MAPE = \frac{\sum_{t=1}^{n}\frac{|A_t - F_t|}{A_t} \times 100}{n}$$

표 4-9 는 5기간 동안의 실제수요와 예측치에 대한 예측오차의 측정결과이다.

표 4-9 예측오차의 계산

기간 (t)	실제수요 (A_t)	예측치 (F_t)	예측오차 (ME) (A_t-F_t)	절대편차 (MAD) $\lvert(A_t-F_t)\rvert$	자승오차 (MSE) $(A_t-F_t)^2$	절대비율오차 (MAPE) $\lvert(A_t-F_t)\rvert/A_t \times 100$
1	10	8	2	2	4	20
2	15	17	−2	2	4	13.3
3	20	20	0	0	0	0
4	15	20	−5	5	25	33.3
5	30	25	5	5	25	16.7
평균	18	18	0	2.8	11.6	16.7

쉬어가기

LG화학이 야심차게 증설한 충남 대산공장 비스페놀 A(BPA) 생산라인이 가동 1년여 만에 멈췄다. 시장이 호황을 보이던 와중에 증설을 추진, 수요예측이 빗나간 것으로 보인다. 9일 업계에 따르면 LG화학은 지난 2월 연산 15만 톤 규모의 BPA 플랜트 가동을 중단했다. LG화학은 지난해 공급 과잉 우려에도 불구, 관련 설비를 증설한 바 있다.

BPA는 자동차와 휴대폰, 가전제품 외관에 쓰이는 엔지니어링 플라스틱이다. 투명도와 강도가 높아 프리미엄 제품으로 분류된다. 당시 신소재 사업의 주도권을 잡기 위해 LG화학과 금호피앤비화학, 삼양이노켐 등 업체들이 너도나도 생산물량을 늘렸다. 지난해 LG화학과 금호피앤비화학은 BPA 사업에서 나란히 연산 45만 톤 규모의 생산력을 확보했다.

이처럼 국내기업들이 앞다퉈 증설경쟁을 펼치자 업계에선 공급과잉에 따른 수익성 악화의 역풍을 맞게 될 것이란 우려가 나왔다. 업계에선 화학업계의 BPA 생산능력이 국내시장 수요를 2배 가까이 웃돈다고 보고 있다. 공급과잉 탓에 BPA 가격회복은 올해도 지지부진할 전망이다.

석유화학업계 관계자는"이미 가격이 바닥을 찍었기 때문에 더 내려갈 곳은 없다고 보지만, 단기간엔 공급과잉 해소가 쉽지 않아 회복시점을 점치기 어렵다"고 밝혔다.

출처: 뉴스원, 2014. 4. 9.

4장

연습문제

1 수요예측이 기업의 의사결정과정에서 차지하는 중요성을 설명하시오.

2 항공사, 식당, 의류산업에서 수요예측이 차지하는 중요성을 설명하시오.

3 정성적 예측기법과 정량적 예측기법의 장 · 단점을 설명하시오.

4 수요예측의 정확도 향상을 위한 방법을 제시하시오.

5 상관계수와 결정계수의 관계를 설명하시오.

6 다음 판매량 자료에 대한 물음에 답하시오.

월	판매량
1월	100
2월	80
3월	110
4월	100
5월	90

1) 3개월 이동평균법을 이용할 경우 6월의 예측값을 구하시오.

2) 4개월 이동평균법을 이용할 경우 6월의 예측값을 구하시오.

3) 3개월 판매량에 0.2, 0.3, 0.5 가중치를 적용할 경우 6월의 예측값을 구하시오.

7 다음 판매량 자료에 대한 물음에 답하시오.

월	예측치	판매량
5월	100	200

1) 평활계수 0.2를 적용한 지수평활법으로 6월의 예측값을 구하시오.

2) 평활계수 0.3을 적용한 지수평활법으로 6월의 예측값을 구하시오.

8 다음 자료는 지난 6개월간의 월별 방문고객과 매출액 자료이다.

(단위: 백명, 억원)

월	방문고객	매출액
1월	50	150
2월	70	190
3월	30	140
4월	80	200
5월	150	250
6월	130	220

1) 방문고객과 매출액 사이의 관계에 대해 선형회귀분석을 실시하고 월별 방문고객이 100명일 경우의 예상 매출액을 구하시오.

2) 시간을 독립변수, 매출액을 종속변수로 선형회귀분석을 실시하고 7월의 예상 매출액을 구하시오.

3) 1)과 2)의 결정계수값을 이용하여 선형회귀분석의 적합성을 비교하시오.

9 다음 자료는 지난 6개월간의 예측치와 실제수요 자료이다.

월	예측치	실제수요
1월	80	100
2월	90	80
3월	100	110
4월	110	100
5월	120	90

1) 예측오차 ME를 구하시오.

2) 예측오차 MSE를 구하시오.

3) 예측오차 MAD를 구하시오.

4) 예측오차 MAPE를 구하시오.

10 여름 계절지수가 1.3인 과일에 대한 2022년도 연간 예상수요가 600인 경우, 2022년 여름의 예측치는 얼마인가?

부록 | 회귀분석

1) 회귀의 어원

유전학자 프란시스 콜턴은 유전법칙을 연구하다 회귀의 법칙을 발견하였다. 아들의 키와 아버지의 키를 비교할 경우, 아버지의 키가 아무리 커도 아들의 키는 모집단(아들 세대)의 평균으로 접근하는 경향이 있다. 콜턴은 이러한 현상을 평균으로의 회귀(regression toward mean)라고 명명하였다.

2) 회귀분석의 정의

회귀분석은 변수들 간의 함수관계를 분석하는 방법으로 독립변수가 종속변수에 미치는 영향력의 크기를 파악하고 이를 통하여 독립변수의 일정한 값에 대응하는 종속변수값을 예측하는 모형을 산출하는 방법이다.

3) 회귀분석의 종류

회귀분석은 독립변수의 수, 독립변수와 종속변수의 관계에 따라 다양한 종류가 있다.

구분	종류
독립변수의 수	1개 : 단순회귀분석 2개 이상 : 다중회귀분석
독립변수와 종속변수의 관계	선형 : 선형회귀분석 비선형 : 비선형회귀분석

4) 단순회귀분석

독립변수가 1개이고 종속변수와의 관계가 선형(1차식)인 단순회귀분석의 수행방법은 다음과 같다.

회귀식을 도출하는 대표적인 방법으로 최소자승법(least squared method)을 이용하는데 최소자승법은 회귀선과 관측치의 차이를 제곱하여 모두 더한 값(SSE)이 최소가 되도록 최적의 1차식을 구하는 방법이다.

실제 관측치는 $y=a+bx+\varepsilon$이고 단순회귀분석으로 도출되는 회귀식은 선형이기 때문에 $\hat{y}=a+bx$의 형태를 띠고 있다. 따라서 실제 관측치와 회귀식의 차이의 제곱합인 SSE(sum of square error)를 다음과 같이 표현할 수 있다.

$$SSE=\sum_{i=1}^{n}(y_i-\hat{y_i})^2=\sum_{i=1}^{n}[y_i-(a+bx_i)]^2$$

따라서 SSE의 최소값은 $\frac{\partial}{\partial a}SSE=0,\ \frac{\partial}{\partial b}SSE=0$ 조건을 만족해야 하므로 이를 이용하여 a와 b값을 구하면 다음과 같다.

$$a=\frac{\sum_{i=1}^{n}y_i-b\sum_{i=1}^{n}x_i}{n},\ b=\frac{n\sum_{i=1}^{n}x_iy_i-\sum_{i=1}^{n}x_i\sum_{i=1}^{n}y_i}{n\sum_{i=1}^{n}x_i^2-(\sum_{i=1}^{n}x_i)^2}\quad(1)$$

5) 단순회귀분석 예제

어떤 기업의 광고비(X)와 매출액(Y)의 관계가 다음과 같다.

광고비(억원)	매출액(억원)
1	2
3	6
5	9
7	12
9	15

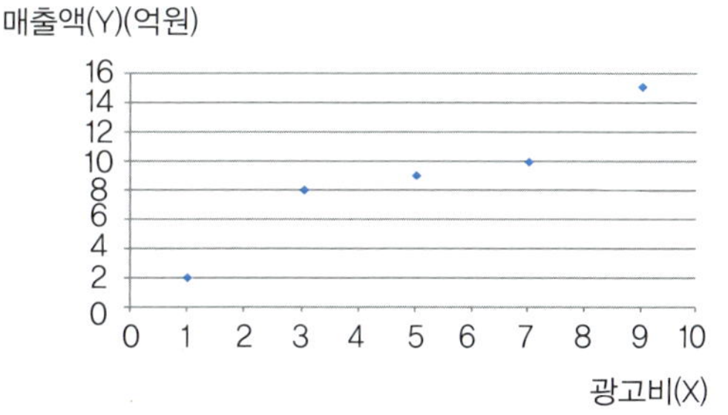

(1)에서 도출한 공식을 이용하거나 엑셀의 추세선 기능을 이용하면 a값은 1.8, b값은 1.4가 된다. 따라서 광고비와 매출액의 선형회귀식은 다음 그림에서 보는 바와 같이 $Y = 1.8 + 1.4X$로 도출할 수 있다. 따라서 선형회귀식을 이용하면 광고비 10억 원을 투자할 경우 매출액은 15.8억 원(= 1.8 + 1.4 × 10)으로 예상할 수 있다.

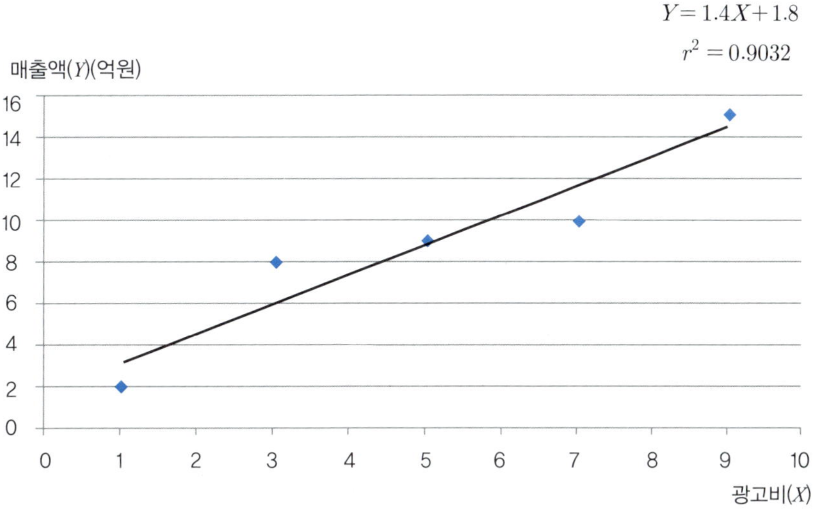

그리고 결정계수(r^2)가 0.9032라는 것은 매출액(Y)의 변동 중에서 90.32%가 광고비(X)에 의해 좌우된다는 의미로 회귀식의 적합성을 판단할 수 있다.

OPERATIONS MANAGEMENT

CHAPTER

5

프로젝트 일정계획

01 프로젝트 특성 **02** 간트차트 **03** 프로젝트의 네트워크 표현

04 CPM **05** PERT **06** 프로젝트 일정단축

1조 원 투입된 KT BIT, 부실 논란 '일파만파' … 프로젝트 관리소홀 문제

1조 원이 투입된 KT BIT(Business & Information system Transformation) 프로젝트의 부실 논란이 일파만파 확산되고 있다. 당초 유선과 무선시스템을 통합, 하나의 신시스템으로 대체하기로 한 프로젝트가 핵심시스템의 기능이 제대로 구현되지 않아 정상 가동이 어려운 상황이다. KT 내부 프로젝트 관리 소홀이 이번 부실의 주요 원인으로 지목됐다. KT가 우리나라 역대 정보화사업 중 최대 규모인 1조 원을 투입한 BIT 프로젝트 중 핵심 시스템인 영업지원시스템(BSS)이 계획했던 것보다 지나치게 협소한 범위만 개발돼 기존 시스템을 대체하기 불가능한 상황이다. 개별 운영하는 유선과 무선영업시스템 통합은 올해 말까지도 어려울 전망이다. 가장 큰 문제는 지난해 9월 가동한 BSS시스템의 기능 구현이다. 이 시스템은 초기 설계한 것과 달리 일부 상품과 콜센터 영역만 개발됐다. 유무선통합 등 다양한 결합상품 처리와 빌링이 이뤄지지 못하고 있다. 현재로서는 노후화된 기존 유선시스템인 'ICIS'와 무선시스템인 '엔스텝'을 그대로 사용하고 있다.

개별 과제로 구축된 신시스템들이 상호 간에 연동이 원활하게 이뤄지지 않는 것도 문제다. 프로젝트에 참여한 업계 한 관계자는 "KT가 BIT 내 사업을 모두 쪼개서 계약, 이행을 했기 때문에 각 시스템 개발업체 간 협업이 이뤄지지 않았다"며 "시스템 간 연동이 잘 이뤄지지 않고 있다"고 전했다. 앞서 가동한 일부 시스템에 대한 내부 사용자 불만도 지속적으로 제기됐다.

이번 KT BIT 프로젝트 부실 원인으로는 초대형 프로젝트임에도 불구, 프로젝트관리조직(PMO)이 명확하지 않았다는 것이다. KT는 사업계약 당시 모든 사업을 각기 개별 사업자와 계약, 프로젝트를 수행하도록 했다. 전체 PMO는 KT 스스로가 담당했다. 그러나 프로젝트 진행 과정에서 대규모 프로젝트 수행경험 부족과 현업 부서와의 마찰 등으로 적절한 PMO 수행이 어려웠다.

KT는 일부만 개발된 BSS에 대한 추가 진단을 실시, 후속 프로젝트 진행 여부를 검토하는 것으로 알려졌다. 업계 한 관계자는 "KT는 500억 원의 예산을 편성, 현 상태 진단을 실시해 시스템을 폐기할지, 보완 프로젝트를 진행할지 결정하는 것으로 안다"고 말했다. 통신IT 한 전문가는 "KT로서 가장 시급한 것은 통신IT를 잘 아는 사람이 빨리 투입돼 프로젝트를 보완, 마무리하는 것"이라며 "앞서 구축한 시스템을 최대한 활용해, 보완하는 것이 해답"이라고 제시했다.

출처: etnews, 2014. 1. 15.

1 | 프로젝트 특성

프로젝트는 특정한 목적을 가지며 비반복적이고 1회성을 갖는 일련의 활동이나 작업들로 정의할 수 있다. 예를 들어 프로그램 설계, 연구개발(R&D), 정보시스템 구축, 선박제작, 건설 공사, 음반 및 영화 제작 등을 들 수 있다. 이처럼 프로젝트는 다양하고 많은 활동으로 구성되어 있으며 각 활동 간에는 작업의 선후관계를 가지고 있다. 따라서 일정수립 및 재고관리에 어려움이 존재한다. 프로젝트는 상시조직이 아니고 임시조직이지만 조직전체에 미치는 영향이 크며 조직 내의 전 부문에 걸쳐 관련성을 가진다. 특히, 프로젝트에서는 주어진 기간(deadline) 내에 완료되어야 하며 주어진 기간 내에 완료하지 못할 경우에는 지체보상금(liquidated damages)을 물어야 하는 부담을 가지고 있다.

프로젝트 관리자(project manager)는 프로젝트의 전 과정에 대한 통찰력을 가지고 있으며 전체 일정을 책임지고 관리하는 사람이다. 따라서 프로젝트 관리자는 제한된 자원의 할당과 일정관리에 관한 의사결정을 내려야 하며 프로젝트 참여자는 각자에게 할당된 작업의 진행상황을 프로젝트 관리자에게 보고하고 지시를 받아야 한다. 또한 프로젝트 참여자들에게 전체 프로젝트의 진행과정을 알리고 각 작업에 대한 동기(motivation)를 부여하여야 한다.

일반적으로 프로젝트 관리는 프로젝트 계획, 프로젝트 일정수립, 프로젝트 통제라는 3단계를 걸쳐서 이루어진다.

그림 5-1 프로젝트 관리과정

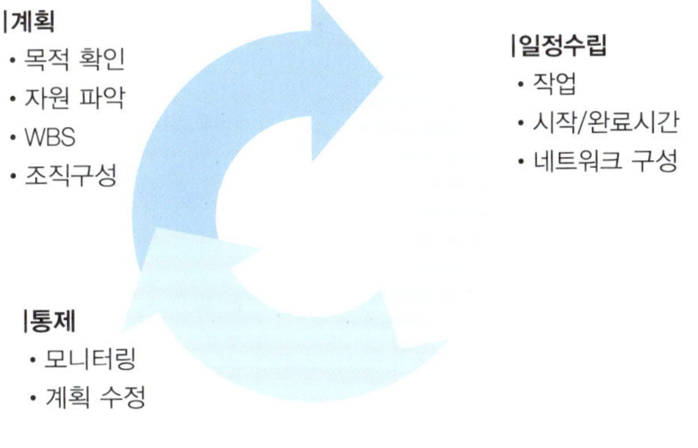

그림 5-2 WBS의 예제

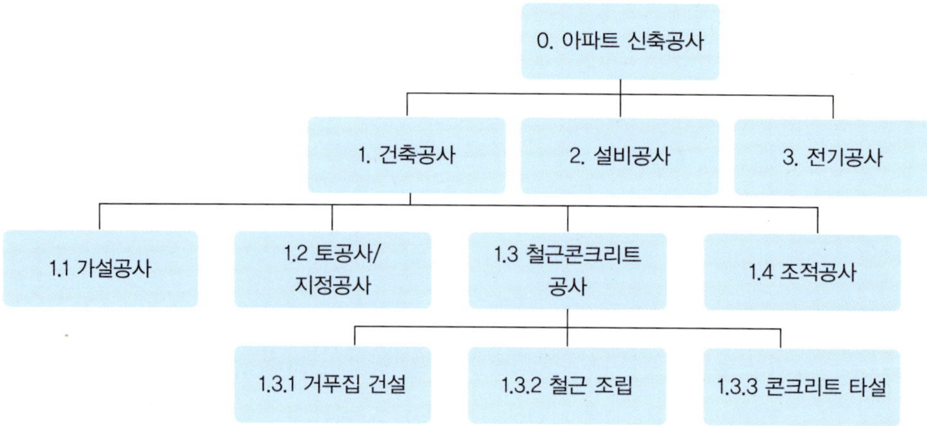

1) 프로젝트 계획(planning)

프로젝트의 목적(goal)을 확인한 후 목적을 달성하기 위해 필요한 작업(work)을 정의하고 작업수행에 적합한 조직을 구성하는 동시에 프로젝트의 예산과 일정(deadline)을 고려하여 작업내용을 정의할 필요가 있다. 프로젝트의 목적에 따라 계층적으로 세부작업을 정의한 것을 작업분해구조(WBS: work breakdown structure)라고 부른다. WBS는 프로젝트관리에서 가장 핵심적인 계획서로 볼 수 있다. WBS를 근간으로 일정관리를 위한 활동(Activity) 분류, 원가관리를 위한 원가관리계정 작성, 품질관리 항목 정의, 리스크 항목 정의, 역할분담 등을 할 수 있다. 프로젝트 WBS는 프로젝트에서 수행해야 할 모든 업무를 관리 가능한 레벨까지 체계적이며, 계층적으로 분류한 것이다. 따라서 프로젝트에서 수행해야 할 업무가 하나도 빠짐없이 포함되어 있어야 한다.

한편, 그림 5-2 는 아파트 신축공사를 위한 WBS의 일부를 보여주는 예제이다.

2) 프로젝트 일정수립(scheduling)

프로젝트의 요소 단계별로 필요한 인력, 자원을 배치하고 소요시간을 예상하여 작업의 시작시점과 완료시점을 정한다. 프로젝트 일정수립 수단으로는 간트차트(gantt charts), CPM, PERT 등이 사용될 수 있다. 간트차트는 가장 간단하게 일정계획을 수립할 수 있어 비교적 작은 규모의 프로젝트에서 많이 활용되나 작업 간의 선후관계를 파악하기 어렵다는 단점이 있다. CPM과 PERT는 작업들 간의 선후관계를 네트워크로 표현하기 때문에 체계적으로 파악할 수 있어서 대형 규모의 프로젝트에서 활용된다.

3) 프로젝트 통제(control)

프로젝트는 주어진 예산과 기간 안에 원하는 목표를 달성하는 것이 중요하다. 그러나 프로젝트는 비반복적이기 때문에 예산과 기간을 정확히 예측하기 어렵고 실제로 소요되는 예산이나 기간과 차이가 발생할 수 있다. 따라서 프로젝트가 진행됨에 따라 계획된 일정에 따라 원하는 결과물을 산출하는지 모니터링하고 상황변화에 맞추어 새롭게 프로젝트 계획을 수정하고 인력 및 자원배치를 수정할 필요가 있다.

쉬어가기

경영 혁신엔진 'PMO(Project Management Office)'를 가동하라

"성을 쌓는 자는 반드시 망할 것이며 이동하는 자만이 살아남을 것이다."

역사상 가장 넓은 영토를 구축한 칭기즈칸의 명언은 변화가 가속화되고 있는 오늘날에도 시사하는 바가 크다. 특히 기업은 하나의 유기체로서 시장 생태계의 변화에 적절히 대응해야만 도태되지 않고 진화할 수 있다. 수많은 기업들이 변화와 혁신을 추구하는 이유도 바로 여기에 있다. 그리고 기업들의 이러한 노력은 수많은 혁신 프로젝트로 대변된다. 하지만 프로젝트가 양적으로 확대되고 복잡해지면서 전사적 관점의 효과적이고 일관성 있는 프로젝트 관리는 점점 더 어려워지고 있다.

이에 효과적인 프로젝트 관리방안으로서 'PMO(Project Management Office)'의 필요성이 대두되고 있다. PMO는 본래 정부 프로젝트를 수행하는 기업에서 프로세스, 보고양식 등을 정부기준에 맞게 관리하기 위한 목적으로 활용됐다. 최근에는 다양한 분야에 폭넓게 적용되고 있지만 상당수의 PMO는 여전히 운영관리에만 초점을 맞추고 있는 경우가 많다.

T-Plus는 이에 전사관점의 기획력 및 실행력 극대화를 위한 PMO 운영의 6대 성공요소를 제시한다. 6대 성공요소는 T-Plus의 다양한 PMO 수행 지원경험을 바탕으로 프로젝트 성과 창출을 위한 실질적인 노하우를 중심으로 도출됐다.

1. Independent Controllability : 총괄 상시조직을 구성하라
2. Concise Visibility : 혁신 지도를 수립하라
3. Relationship Management : 지원체계를 구성하라
4. Aligned Motivation : 동기부여를 통해 몰입을 극대화하라
5. Intensive Monitoring : 시간과 성과를 관리하라
6. Systemized Database : Best Practice를 관리하고 확산하라

출처: 매일경제, 2012. 8. 24.

2 | 간트차트(gantt chart)

간트차트는 프로젝트 일정관리를 위한 바(bar)형태의 도구로서, 각 업무별로 일정의 시작과 끝을 그래픽으로 표시하여 각 업무(activities) 사이의 관계를 보여준다. 전체 일정을 한눈에 볼 수 있는 장점이 있으나 프로젝트의 규모가 크고 수행해야 할 과업의 수가 많을 경우는 효과적이지 못한 단점이 있다. 그림 5-3 의 간트차트 예제는 신규 정보시스템 구축 프로젝트를 수행하는 데 필요한 8가지 작업이 언제 시작하고 언제까지 완료되어야 하는지를 보여주고 있다.

그림 5-3 간트차트 예제

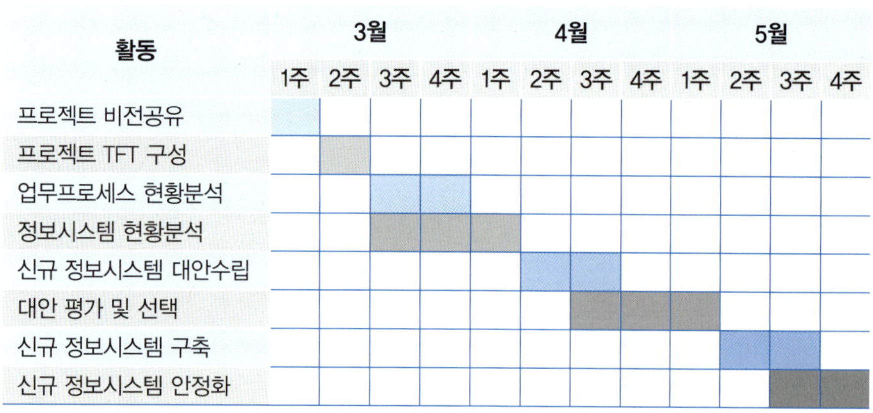

3 | 프로젝트의 네트워크 표현

프로젝트를 구성하는 많은 작업(활동)들 간에는 작업의 속성에 따라 선후관계(precedence relationship)를 가지고 있다. 이러한 작업의 선후관계를 네트워크로 표현하는 방식에는 AOA(activity on arc)와 AON(activity on node) 방식이 사용되고 있다. 네트워크는 호(arc)와 마디(node)로 이루어진 그래프를 의미하며 AOA방식은 네트워크의 호에 활동(activity)을 표현하는 방식이고 AON방식은 마디에 활동을 표현하는 방식이다. AOA방식의 네트워크 표현에 있어서 활동 간의 선후관계를 논리적으로 표현하기 위해 소요

그림 5-4 프로젝트의 네트워크 표현

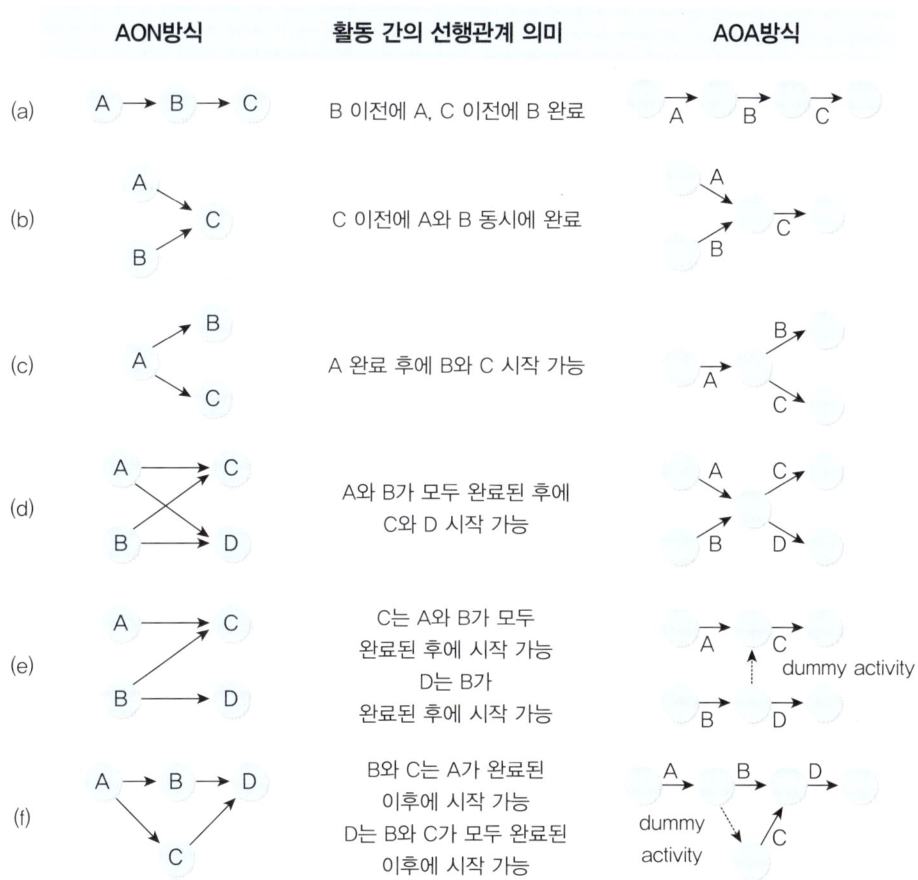

출처: Heizer and Render, Operations Management, 10th ed., Pearson, 2011.

시간이 '0'인 가상의 활동을 추가하는 경우가 있는데 이를 가상활동(dummy activity)이라 부른다. 그림 5-4 는 다양한 작업들의 선후관계를 AOA방식과 AON방식으로 표현한 예를 보여주고 있다.

4 | CPM(critical path method)

CPM은 1950년대에 듀퐁(Dupont)사에 의해 개발되었다. CPM은 프로젝트의 주공정(critical path)을 도출하여 일정수립과 통제를 수행하는 방식이며 주공정은 프로젝트의 완료시점을 결정하는 작업(활동)들의 집합이라고 정의할 수 있다. CPM은 선행작업이 완료되는 즉시 후속작업을 시작할 수 있다고 가정하기 때문에 프로젝트를 가장 빨리 완료하는 시점은 네트워크 상에서 소요시간의 합이 가장 긴 최장경로(longest path)의 소요시간과 동일하게 된다. 따라서 주공정을 도출하기 위해서는 네트워크 상에서 가장 긴 최장경로를 도출하면 된다.

표 5-1 은 신규 정보시스템 구축과정에 필요한 작업들의 소요기간과 선행작업을 나타내고 있으며 이를 AON방식과 AOA방식의 네트워크로 표현하면 그림 5-5 , 그림 5-6 과 같다.

표 5-1 신규 정보시스템 구축 프로젝트

작업	설명	소요기간(주)	선행작업
A	프로젝트 비전공유	3	–
B	프로젝트 TFT 구성	2	–
C	업무프로세스 현황분석	2	A
D	정보시스템 현황분석	5	A, B
E	신규 정보시스템 대안수립	4	C
F	대안 평가 및 선택	5	C
G	신규 정보시스템 구축	3	D, E
H	신규 정보시스템 안정화	3	F, G

그림 5-5 의 네트워크에서 출발노드에서 종료노드 사이에는 다음과 같은 4개의 경로가 존재한다.

A–C–F–H : 13주
A–C–E–G–H : 15주
A–D–G–H : 14주
B–D–G–H : 13주

이 중에서 가장 긴 경로는 A–C–E–G–H(1–2–4–5–6–7, AOA방식)이고, 소요기간의 합이 15주이므로 가장 빨리 프로젝트를 완료하는 데 15주가 소요되며 주공정은 A–C–E–G–H이다. 주공정에 속하지 않는 B, D, F는 전체 프로젝트 일정에 영향을 주지 않는 범위 내에서 각각 2주, 1주, 2주의 여유시간을 갖고 있다.

주공정을 도출하는 이유는 주공정에 속하는 작업(활동)이 지연되면 전체 프로젝트 완

그림 5-5 AON방식의 네트워크 표현

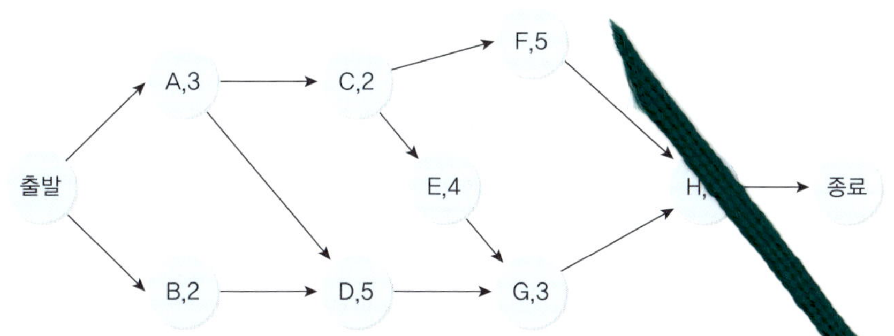

그림 5-6 AOA방식의 네트워크 표현

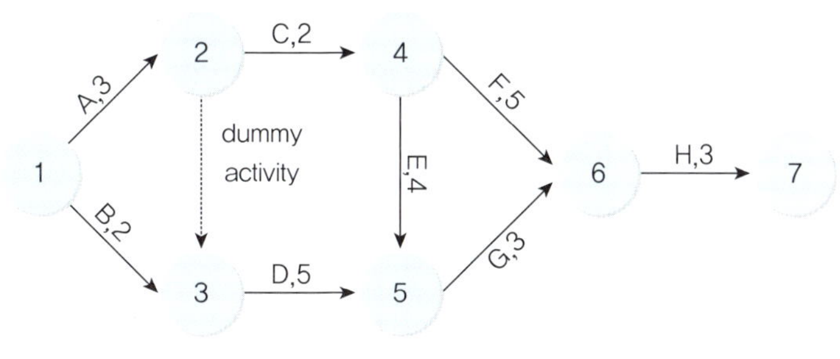

료시점에 영향을 주기 때문이다. 반대로 프로젝트 일정을 단축하기 위해서는 주공정에 속하는 작업의 소요시간을 중심으로 단축해야 한다. 수많은 작업(활동)의 진행상황을 모니터링해야 하는 프로젝트 관리자는 주공정에 속하는 작업(활동)을 중심으로 프로젝트 진행 상황을 모니터링함으로써 효과적인 프로젝트 일정관리가 가능하게 된다.

프로젝트를 구성하는 작업(활동)의 개수가 적은 경우는 모든 가능한 경로를 열거(enumeration)한 후 가장 긴 경로를 찾으면 되지만 작업(활동)의 개수가 많은 경우에는 적용하기 어렵다. 따라서 체계적으로 주공정을 도출하는 알고리즘이 필요하게 된다.

알고리즘을 설명하기 위해 우선 각 작업(활동)에 대하여 다음 4가지 시간을 정의한다.

ES(i) : **작업 i를 가장 빨리 시작할 수 있는 시간**, (earliest start time)
EF(i) : **작업 i를 가장 빨리 완료할 수 있는 시간**, (earliest finish time)
LS(i) : **프로젝트 완료시간에 영향을 주지 않는 범위 내에서 작업 i를 가장 늦게 시작할 수 있는 시간**, (latest start time)
LF(i) : **프로젝트 완료시간에 영향을 주지 않는 범위 내에서 작업 i를 가장 늦게 완료할 수 있는 시간**, (latest finish time)

전방계산(forward computation)을 통하여 각 작업에 대한 ES와 EF를 구하고 후방계산(backward computation)을 통하여 각 작업에 대한 LS와 LF를 구한다. LS − ES(또는 LF − EF)는 각 작업의 여유시간을 의미하는데, 모든 작업 중에서 LS = ES 또는 LF = EF인 작업은 여유시간이 0임을 의미하므로 이 작업들(활동)이 주공정에 해당한다.

전방계산 시 선행작업이 2개 이상인 작업의 ES는 선행작업의 EF 중에서 가장 큰 값에 의해 결정된다. 반대로 후방계산 시 후행작업이 2개 이상인 작업의 LS는 후행작업의 LF 중에서 가장 작은 값에 의해서 결정된다. 따라서 그림 5-5 에 대한 주공정 계산 절차는 다음과 같으며 계산결과는 표 5-2 에 정리되어 있다.

전방계산 :

ES(A) = 0, EF(A) = 0 + 3 = 3
ES(B) = 0, EF(B) = 0 + 2 = 2
ES(C) = 3, EF(C) = 3 + 2 = 5

$ES(D) = max\{EF(A), EF(B)\} = 3$, $EF(D) = 3 + 5 = 8$

$ES(E) = 5$, $EF(E) = 5 + 4 = 9$

$ES(F) = 5$, $EF(F) = 5 + 5 = 10$

$ES(G) = max\{EF(D), EF(E)\} = 9$, $EF(G) = 9 + 3 = 12$

$ES(H) = max\{EF(F), EF(G)\} = 12$, $EF(H) = 12 + 3 = 15$

후방계산 :

$LF(H) = 15$, $LS(H) = 15 - 3 = 12$

$LF(G) = 12$, $LS(G) = 12 - 3 = 9$

$LF(F) = 12$, $LS(F) = 12 - 5 = 7$

$LF(E) = 9$, $LS(E) = 9 - 4 = 5$

$LF(D) = 9$, $LS(D) = 9 - 5 = 4$

$LF(C) = min\{LS(E), LS(F)\} = 5$, $LS(C) = 5 - 2 = 3$

$LF(B) = 4$, $LS(B) = 4 - 2 = 2$

$LF(A) = min\{LS(C), LS(D)\} = 3$, $LS(A) = 3 - 3 = 0$

표 5-2 주공정 계산결과

작업	ES	EF	LS	LF	여유시간 LS–ES	주경로여부
A	0	3	0	3	0	○
B	0	2	2	4	2	×
C	3	5	3	5	0	○
D	3	8	4	9	1	×
E	5	9	5	9	0	○
F	5	10	7	12	2	×
G	9	12	9	12	0	○
H	12	15	12	15	0	○

5 | PERT(polaris evaluation and review technique)

PERT는 1950년대 말에 미 해군의 폴라리스 핵 잠수함 개발 프로젝트를 지원하기 위하여 개발되었다. PERT는 각 작업의 소요시간을 확률적으로 추정한다는 점에서 CPM과 차이가 있다. PERT는 확률적 분포로 베타(β)분포를 사용하고 베타분포는 각 작업시간의 하한값(O), 상한값(P), 최빈값(M) 3가지 입력요소를 이용하며 베타분포의 기대값과 분산은 다음과 같이 구할 수 있다.

$$\text{기대값} = (O + 4 \times M + P)/6$$

$$\text{분산} = (P - O)^2/36$$

표 5-1 에서 제시된 프로젝트에 대하여 PERT를 계산한 결과는 다음과 같다.

표 5-3 에서 구한 평균소요시간을 이용하여 CPM과 마찬가지로 경로를 나열하면 다음과 같으며 주공정은 A–C–E–G–H가 된다.

A–C–F–H : 13일

A–C–E–G–H : 15일

A–D–G–H : 14일

B–D–G–H : 13일

프로젝트의 예상 완료시간은 주공정(A–C–E–G–H)에 속하는 활동의 평균소요시간 합이므로 3 + 2 + 4 + 3 + 3 = 15일이 된다.

프로젝트 예상완료시간의 분산은 주공정에 속하는 활동들의 분산 합이므로 0.44 + 0.11 + 0.11 + 0.44 + 0.11 = 1.21일 된다.

따라서 프로젝트 완료시간(T)은 평균이 15일, 분산이 1.21일(표준편차 1.1일)인 정규분포를 가정할 수 있다. $T \sim N(15, 1.21)$.

따라서 프로젝트 완료기간이 15일 이내일 확률은 표준정규분포의 확률변수 Z값이 (15–15)/1.1 = 0이므로 표준정규분포표를 이용하면 그 확률이 50%임을 알 수 있다.

그림 5-7 베타분포

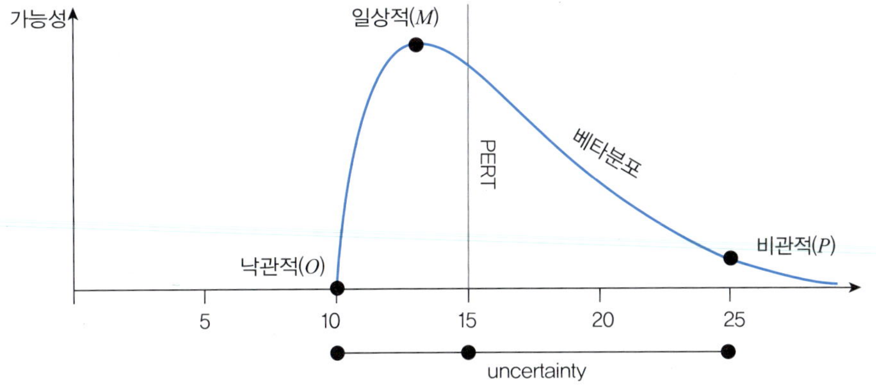

$$P(T \leqq 15) = P(Z \leqq (15-15)/1.1) = P(Z \leqq 0) = 50\%$$

마찬가지로 프로젝트 완료기간이 16일 이내일 확률은 Z값이 $(16-15)/1.1 = 0.91$이므로 표준정규분포표를 이용하면 그 확률이 81.87%임을 알 수 있다.

$$P(T \leqq 16) = P(Z \leqq (16-15)/1.1) = P(Z \leqq 0.91) = 81.87\%$$

표 5-3 PERT 계산결과

작업	선행 작업	소요시간(추정)			평균소요시간 $T=(O+4\times M+P)/6$	분산 $V=[(P-O)/6]^2$
		최대낙관시간 (O)	정상시간 (M)	최대비관시간 (P)		
A	−	1	3	5	3	0.44
B	−	2	2	2	2	0
C	A	1	2	3	2	0.11
D	A, B	2	5	8	5	1
E	C	3	4	5	4	0.11
F	C	3	5	7	5	0.44
G	D, F	1	3	5	3	0.44
H	F, G	2	3	4	3	0.11

6 | 프로젝트 일정단축(crashing)

프로젝트가 일정기간 진행되면 계획보다 일정이 뒤처져 있거나 계획된 완료기간이 단축되는 경우가 종종 발생하게 된다. 이 경우 프로젝트 관리자는 최소한의 비용으로 최대의 일정단축 효과를 얻기 위하여 시간과 비용의 상관관계를 분석할 필요가 있다.

프로젝트의 기간을 단축하기 위해서는 잔업, 추가인력 투입, 설비추가 등의 자원을 투입하기 때문에 직접비용이 증가한다. 반면에 프로젝트 기간이 단축됨으로써 임대료와 같은 고정비, 경상비, 보험료 등의 간접비용이 감소한다. 따라서 프로젝트 관리자는 일정단축에 따른 직접비용의 증가와 간접비용의 감소를 분석하여 프로젝트 일정단축에 대한 최적의 의사결정을 내려야 한다.

표 5-4 에서 프로젝트의 주경로는 A–C–E가 되며 프로젝트 완료까지 11개월 소요된다. 매월 발생하는 고정비용을 400만 원이라고 가정하면 프로젝트 기간 동안의 간접비는 4,400만 원 소요된다. 프로젝트 완료기간을 1개월 단축하려면 주경로에 속한 작업 중에서 단축비용이 가장 저렴한 작업 C를 1개월 단축할 경우 단축비용은 100만 원 추가적으로 발생하지만 고정비용이 400만 원 감소되어 전체적으로 300만 원을 절감할 수 있다. 작업 C를 1개월 단축하면 주경로는 A–C–E와 A–D 2개가 된다. 또 다시 프로젝트 완료기간을 1개월 단축하려면 각각의 주경로에서 1개월씩을 줄여야 한다. 작업 C는 더 이상 단축할 수가 없으므로 2개의 주경로에 모두 속하는 작업 A를 1개월 단축하는 비용이 가장 바람직하다. 따라서 단축비용은 300만 원 증가하지만 고정

그림 5-8 프로젝트 기간과 비용과의 관계

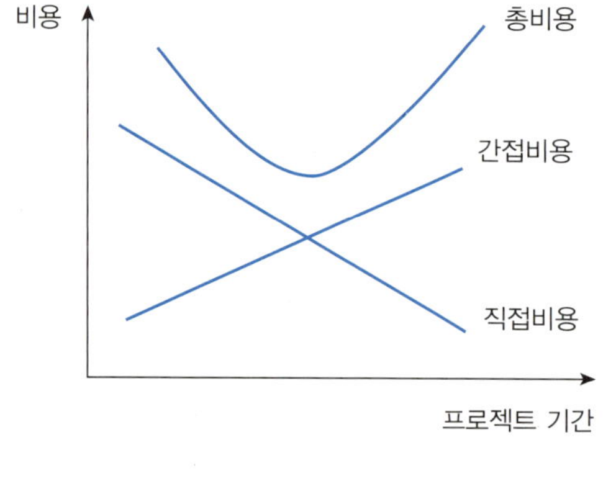

비용은 400만 원 감소되어 전체적으로 100만 원을 절감할 수 있다. 또 다시 프로젝트 완료기간을 1개월 줄이고자 한다면 작업 A는 더 이상 단축할 수 없으므로 작업 D와 E를 각각 단축하여야 하며 단축비용 500만 원이 발생한다. 이는 고정비용 400만 원보다 100만 원이 증가하므로 1개월 단축하는 것이 경제적 측면에서 바람직하지는 않다.

표 5-4 프로젝트 속성시간과 속성비용

작업	선생작업	정상시간(월)	속성시간(월)	단축비용(만원/월)	단축가능기간(월)
A	–	3	2	300	1
B	–	4	2	200	2
C	A	5	4	100	1
D	A	7	5	300	2
E	B, C	3	1	200	2

한국공항공사 29억 지체보상금 배상…공군전력화 지연 초래

한국공항공사가 방위사업청에 29억 원의 지체보상금을 배상했다고 밝혔다. 심 의원은 국감 배포자료에서 "한국공항공사가 항공기의 안전한 이착륙에 필요한 항행안전장비인 '이동용TACAN(Tactical AirNavigation)' 사업 계약을 방위사업청과 맺었지만, 납기일을 246일이나 지체해 29억 원의 지체보상금을 배상한 것으로 드러났다"고 말했다.

따라서 심 의원은"공군이 1976년 미국에서 수입한 '이동용TACAN'의 노후화 대체방안으로서 한국공항공사가 자체개발한 장비를 쓸 계획이었지만, 공항공사의 기술력 확보 미흡에 따른 납품지연으로 공군전력화가 1년여 가량 차질을 빚게 됐다"고 주장했다.

또한 이와 관련 심 의원은 국토교통부 관계자는 "한국공항공사가 공군이 요구하는 기술조건을 애초에 확보하지 못한 채 사업을 제대로 검토하지 않고 시작했다"며 "사업 전체에 대한 계약조건을 만족시키지 못해 사업리스크를 떠안은 상태에서 무리하게 진행했다"고 밝혔음을 인용해 한국공항공사의 문제점을 제기했다.

한편, 심재철 의원은 "한국공항공사가 애초에 개발에 필요한 기술력을 확보하지 못한 채 사업에 참가해 결과적으로 공군의 '이동용TACAN' 사업이 8개월이나 지체됐다"며 "TACAN이 군용항공기 운항에 중요한 역할을 하는 장비인 만큼, 공군전력에 1년여 가량 차질이 생긴 것은 지체보상금 납부 그 이상의 손실이다"고 지적하며 "한국공항공사가 기한 내에 납품을 못해 공군의 전체사업이 지연됐고 막대한 지체보상금을 배상했음에도 불구하고, 관련 부서 책임자에 대해 아무런 조치를 취하지 않고 있다"며 대책수립을 촉구했다.

출처: nsp통신, 2013. 10. 10.

그림 5-9 프로젝트 AON표현

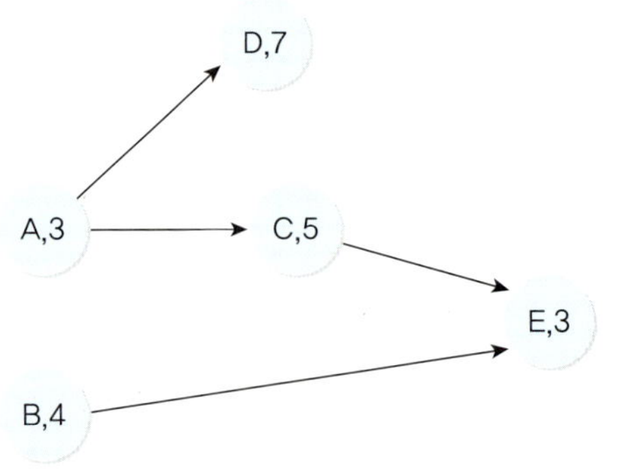

그림 5-10 주공정의 변화

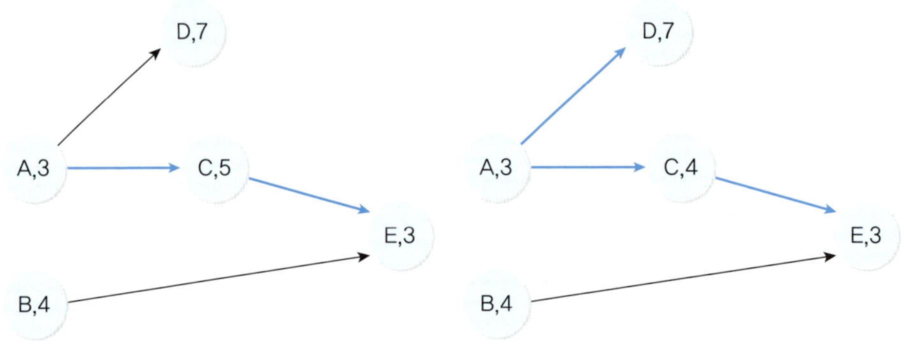

현대중공업이 2분기 1조 원 이상의 최대 손실을 본 것은 해양플랜트 부문에서의 무리한 사업 추진 때문으로 풀이된다. 2008년 글로벌 금융위기 이후 해운시황 침체에 따른 선박 수주량 급감의 돌파구를 해양플랜트 부문에서 찾고자 했지만, 시공능력이 충분히 축적되지 않은 상황에서 새로운 시장에 뛰어든 것이 오히려 독(毒)이 된 모양새다.

현대중공업의 실적악화는 해양플랜트 부문에서의 비용급증이 가장 큰 이유로 지목된다. 노르웨이에서 수주한 세계 최대 해양설비 골리앗 부유식 원유생산 · 저장 · 하역 설비(FPSO)가 대표적이다. 2010년 계약 당시 현대중공업은 생산비용을 12억 달러(1조2,300억 원)로 계산했지만, 최근 들어 비용추정치는 22억 달러(2조5,000억 원)로 급증했다. 건조가 시작된 이후 두 차례 설계가 바뀌면서 인도 시기가 지난해 7월에서 올해 하반기로 변경됐기 때문이다.

현대중공업은 플랜트 부문의 공사 지연 등으로 올 2분기에 약 5,000억 원 규모의 손실충당금을 쌓았다. 10억 달러 이상의 대형 공사가 잇달아 지연된 데 따른 조치다. 해양플랜트 부문에서는 노르웨이 골리앗과 호주 고르곤 등 두 개의 FPSO 프로젝트의 공사 기간이 늘어났다.

설계와 조립을 함께 수주하는 '턴 키(turn key)' 방식으로 수주가 이뤄진 것도 수익 악화의 원인으로 지목된다. 해양플랜트를 발주하는 해양 원유 사업은 기본 설계 부문과 조립 과정을 나눠 발주하는 데 글로벌 석유업체들이 비용부담을 줄이기 위해 국내 조선사에게 일괄적으로 맡겼다는 것이다. 홍성인 산업연구원 연구위원은 "글로벌 석유업체들이 발주를 급하게 추진하다 보니 국내 조선사들도 치밀한 계획을 세우지 못했다"며 "이전보다 시추 환경이 열악해지고 있는 상황에서 해양플랜트 경험이 부족해 잦은 설계 변경 과정을 반영하지 못했다"고 말했다.

근본적으로는 저가수주 전략이 실적악화의 배경으로 손꼽힌다. 한 조선업계 관계자는 "해양플랜트는 상선과 달리 건조 과정에서 설계가 추가 · 변경되는 부분이 발생하는데, 수주를 하면서 이 비용을 원가에 포함하지 않아 공사가 끝난 뒤 수억 달러씩 손실을 본 것"이라고 설명했다.

출처: 조선일보, 2014. 7. 30.

5장

연습문제

1 프로젝트의 특징을 설명하시오.

2 대학생 창업경진대회 준비를 위한 WBS를 작성해 보시오.

3 PMO의 의미를 설명하시오.

4 CPM과 PERT의 공통점과 차이점을 설명하시오.

5 아래와 같이 7개 작업으로 구성된 프로젝트를 AOA방식과 AON방식으로 표현하시오.

작업	선행작업
A	–
B	A
C	B
D	B
E	C
F	D, E
G	F

6 아래와 같이 7개 작업으로 구성된 프로젝트를 네트워크로 표현하고 주공정과 프로젝트 완료시간을 구하시오.

월	소요시간	판매량
A	2	–
B	4	A
C	5	A
D	3	B
E	5	C, D
F	4	E
G	7	E, F

7 아래와 같이 7개 작업으로 구성된 프로젝트에 대하여 아래 질문에 답하시오.

작업	선행작업	소요시간		
		O	M	P
A	–	1	4	7
B	A	1	3	5
C	A	1	2	9
D	B	3	4	5
E	C, D	5	6	7
F	E	2	6	10
G	E, F	3	6	9

1) 네트워크로 표현하시오.

2) 주공정을 구하시오.

3) 프로젝트를 25일 이내에 완성할 확률은 얼마인가?

8 아래와 같이 4개 작업으로 구성된 프로젝트의 완료일을 단축시키고자 한다.

작업	선행작업	정상시간(일)	속성시간	단축비용(만원/일)	단축가능일
A	–	7	6	600	1
B	A	4	2	450	2
C	B	11	9	200	2
D	A	14	12	500	2

1) 프로젝트 완료일을 1일 단축시키는 데 소요되는 단축비용은 얼마인가?

2) 프로젝트 완료일을 2일 단축시키는 데 소요되는 단축비용은 얼마인가?

OPERATIONS MANAGEMENT

CHAPTER

6

재고관리

01 재고와 재고관리 **02** 재고관리 유형 **03** 경제적 주문량 모형 **04** 수량할인을 고려한 경제적 주문량 모형 **05** 경제적 생산량 모형 **06** 단일기간 재고모형 **07** ABC재고관리 **08** 재고평가지표

도입사례

'재고가 곧 비용'

"지난 10년간 성장세를 이어오던 아웃도어 브랜드들이 지난 겨울 눈처럼 불어난 재고더미에 파묻혔다. 물량 조절에 실패한 탓이다. 궁지에 몰린 업체들은 재고를 떨어 내기 위해 폭탄 세일을 내걸었다. 미처 진열대에 오르지 못한 신상품은 창고 신세로 전락하고 만다. 공장에서 상품이 아닌 재고를 찍어내는 격이다. 기업은 제품개발에 쓸 여력을 재고를 쳐내는 데 쏟게 돼 여러모로 손실을 떠안는다.

업계는 '재고떨이'를 통한 제 살 깎기 식 경쟁에서 헤어나오지 못하고 있다. 최근 호황기를 구가하는 화장품 업체들도 재고 관리에 사활을 건다. 제품특성상 재고가 늘어나면 신선도가 떨어지고 리콜이 발생한다. 신선도가 생명인 식료품 분야야 더 말할 것도 없다"

'수익을 얻기 위해 고객에게 판매하고자 하는 상품이나 자재'라는 의미의 '재고'를 '언제 얼마만큼 주문할 것이냐'라는 질문에 대한 해답을 찾기 위해 많은 기업들이 고민한다. 주문과 보관에 얽힌 함수 중 하나라도 최적화하지 못하면 위 아웃도어 사례와 같이 많은 손실을 피할 수 없기 때문이다.

만약 재고를 넘치지 않게 하기 위해 약간 부족하게 재고를 가져간다면 리스크를 최소화할 수 있을까. '인터넷 리테일러 매거진(Internet Retailer Magazine)'에 따르면 쇼핑 목록 중 단 하나라도 재고가 없으면, 고객의 52%가 장바구니를 버리고 다른 사이트로 떠나는 것으로 나타났다.

이는 재고가 상품 하나가 아니라 상품 전체의 선택에 영향을 미친다는 뜻이다. 재고가 남아도 반대로 부족해도 각각의 이유로 손실이 따른다는 것도 알 수 있다.

따라서 기업은 재고의 부족과 넘침 사이에서 균형을 잘 잡아야 한다. 재고 비용은 재고 유지 비용, 주문 비용, 재고 부족 비용으로 분류할 수 있다.

일부 업체에선 아직도 실시간으로 변하는 재고를 수기(手記)와 엑셀로 관리하고 있다. 그러나 이렇게 재고를 관리하면서 효율성을 기대하기는 매우 어렵다.

재고 관리 프로그램을 사용하는 경우도 있지만 데이터 오류의 문제를 피할 수는 없다. 이런 문제를 해결하기 위해 '운송 데이터'를 이용하는 방법이 있다.

공급망 관점에서 재고 관리는 상품이 공장에서 창고까지, 매장에서 고객에게 전달되기까지의 과정을 추적해야 한다. 이 같은 추적을 통해 운송 데이터를 활용하면 재고 관리가 더 완벽해질 수 있다.

출처 : 테크월드뉴스, 2021. 1.26.

1 | 재고와재고관리

재고(inventory)는 기업이 제품의 생산이나 고객의 수요에 대비하여 보유하고 있는 자재 또는 완제품를 의미한다. 서비스와 달리 제품은 생산과 소비의 시점이 분리되어 있으므로 계획생산으로 운영하는 기업에서 재고는 불가피하게 발생할 수밖에 없다. 또한 생산과 유통과정에서 발생할 수 있는 불확실성에 대비하기 위해 재고를 인위적으로 보관하기도 한다. 생산과 유통과정에 발생하는 불확실성 요소로는 첫째, 고객 주문량의 변화. 둘째, 작업 중 설비 고장 등으로 인한 재공(WIP: work in process) 조달의 차질. 셋째, 원자재 조달 시기와 수량의 차질 등을 예로 들 수 있다. 한편, 대량구매에 따른 가격할인이 발생하는 경우나 원자재 가격의 급변 등이 발생하는 경우 경제적 편익을 고려하여 재고를 보관하기도 한다.

재고는 표 6-1 에서와 같이 기능에 따라 파이프라인재고, 순환재고, 안전재고, 비축재고, 완충재고 등으로 분류할 수 있다.

재고관리(inventory management)는 실물과 정보시스템이 일치하는 것에서 출발한다. 그리고 언제, 얼마만큼의 주문을 할지 주문시점과 주문량을 결정하여 최소의 재고관리비용으로 적정수준의 재고수준을 유지하기 위한 의사결정과정이라고 할 수 있다. 실물과 정보시스템이 일치하지 않은 경우 여러 가지 운영상의 어려움을 가져온다. 정보시스템에는 재고가 있지만 실제 창고에는 재고가 없을 수 있다. 반대의 경우, 창고에는 재고가 충분함에도 불구하고 정보시스템의 재고가 부족하여 추가생산을 지시하는 경우도 있다.

재고로 인해 발생하는 재고관리비용은 크게 주문(준비)비용, 재고유지비용, 재고고갈비용으로 구성된다.

재공(WIP)
조립과정이 완료되지 않은 채 공정 중간에 존재하는 재고

표 6-1 재고의 유형

재고유형	기능
파이프라인(pipeline)	공장에서 대리점, 대리점에서 소매점, 소비자에게 이동 중인 재고
순환재고(cycle)	필요 이상은 생산한 결과 사용하고 남은 재고
안전재고(safety)	수요(조달기간)의 불확실성에 대비하기 위한 재고
비축재고(anticipation)	특정 계절의 급격한 수요증가에 대비하여 사전에 생산하여 확보한 재고
완충재고(decoupling)	운영측면의 원활한 의사결정을 지원하기 위한 재고

출처: 강종렬 외, 생산운영관리의 기초, 시그마프레스, 2004.

1) 주문비용(준비비용)

외부기업에 생산을 의뢰하여 구매하는 경우 구매업체 소싱, 협상, 검사, 입고, 서류작업 등 일련의 업무활동에 소요되는 비용을 포괄적으로 주문비용으로 정의한다. 기업에서 직접 내부생산을 하는 경우 기계와 설비의 셋업(setup)과정에 소요되는 시간과 인력을 준비비용으로 정의한다.

2) 재고유지비용

재고유지비용은 재고를 보관하는 과정에서 소요되는 비용으로 보관비용, 취급비용, 투자비용, 인건비, 도난 및 부패비용 등이 있다. **표 6-2** 에서 보듯이 재고유지비용 중에서 가장 큰 비중을 차지하는 것은 재고에 대한 투자비용으로 전체 재고금액의 약 11%를 차지한다. 그 다음으로 보관비용, 인건비, 취급비용, 도난 및 부패비용을 들 수 있다.

3) 재고고갈비용

재고고갈비용은 재고 부족으로 인한 판매기회 손실, 고객사의 조업중단이나 납기지연에 대한 배상금 등을 포함한다.

표 6-2 유형별 재고유지비용

유형	재고금액 중에 차지하는 비율
보관비용(임대료, 세금, 보험, 운영비)	6% (3 – 10%)
취급비용(장비대여, 감가상각, 전기, 운영비)	3% (1 – 3.5%)
인건비	3% (3 – 5%)
투자비용(금리비용, 세금, 보험료)	11% (6 – 24%)
도난 및 부패	3% (2 – 5%)
전반적 유지비용	26%

출처: Heizer and Render, Operations Management, 10th ed., Pearson, 2011.

2 | 재고관리 유형

1) 정기발주시스템과 정량발주시스템

재고관리 유형은 재고에 대한 실사시기와 주문량 결정 방식에 따라 정량발주시스템과 정기발주시스템으로 구분할 수 있다. 정량발주시스템과 정기발주시스템의 비교는 그림 6-1, 그림 6-2 와 같다.

그림 6-1 처럼 정량발주시스템은 실시간으로 재고량의 변화를 관찰하다가 사전에 정해놓은 재주문점(r) 수준으로 재고량이 도달하면 일정 수량 Q만큼을 주문하는 시스템이다. 재고소진 속도가 빠르면 재주문점에 일찍 도달하게 되어 주문시기가 빨라지고 재고소진 속도가 느리면 재주문점에 늦게 도달하게 되어 주문시기가 늦어진다. 따라서 정량발주시스템은 주문량은 일정하되 주문시기는 변하는 시스템이다.

그림 6-1 정량발주시스템

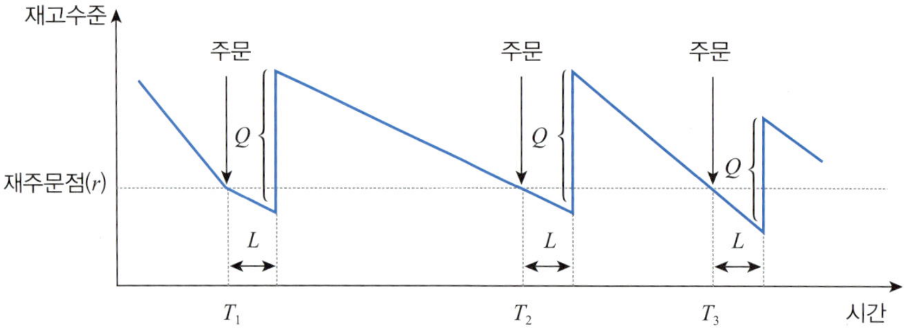

그림 6-2 정기발주시스템

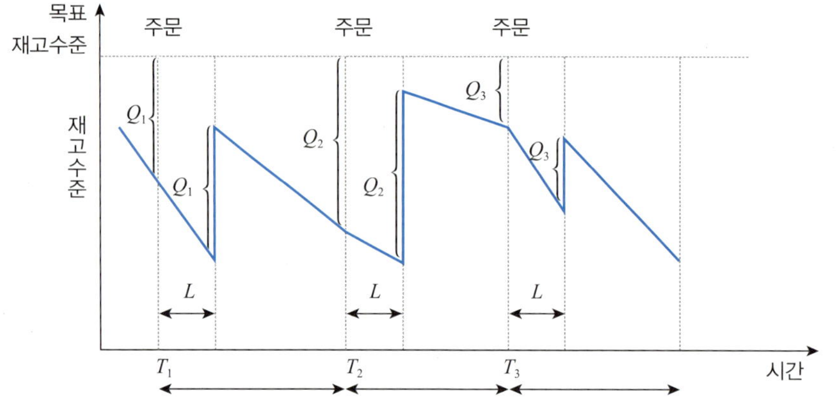

한편, 그림 6-2 처럼 정기발주시스템은 매주, 매월, 매년처럼 사전에 정해놓은 T시점마다 정기적으로 재고현황을 조사하고 그때 그때 필요한 수량을 주문하는 시스템이다. 재고조사 기간 사이에 재고소진이 많았으면 많은 양을 주문하게 되고 재고조사

표 6-3 정량발주시스템과 정기발주시스템의 비교

유형	주문량	주문시기	재고수준검토	주문주기
정량발주시스템 (*Q*시스템, 연속관찰)	일정	재주문점 도달 시	계속 검토	변함
정기발주시스템 (*P*시스템, 정기관찰)	변함	사전에 정한 주기	사전에 정한 주기 말에 검토	일정

기간 사이에 재고소진이 적었으면 적은 양을 주문하게 된다. 따라서 정기발주시스템은 주문시기는 일정하되 주문량은 변하는 시스템이다.

2) 확정적 재고모형과 확률적 재고모형

재고관리 유형은 수요 및 조달기간의 불확실성 여부에 따라 확정적 재고모형과 확률적 재고모형으로 구분할 수도 있다. 확정적 재고모형은 수요 및 조달기간 등의 변수가 사전에 확정된 반면에 확률적 재고모형은 수요 및 조달기간이 확률적으로 변하는 모형이다.

3) 두 용기시스템(two bin system)

정량발주시스템에서 재주문점 도달 여부를 계속 검토하는 것이 실무적으로 복잡하고 어려울 가능성이 있다. 이 경우 재고보관 용기를 2개로 분리하여 첫 번째 용기에는 재주문점(r)에 해당하는 보관용량을 갖고 두 번째 용기에는 목표수준과 재주문점의 차이($R-r$)에 해당하는 보관용량을 갖도록 한다. 재고를 사용할 때는 두 번째 용기의 재고를 우선적으로 소진하며 두 번째 용기의 재고가 바닥나면 재주문점에 도달하였다는 것을 자동적으로 알 수 있고 주문량이 도착하면 첫 번째 용기를 우선적으로 채우고 나머지 수량을 두 번째 용기에 채운다.

그림 6-3 두 용기시스템의 구조

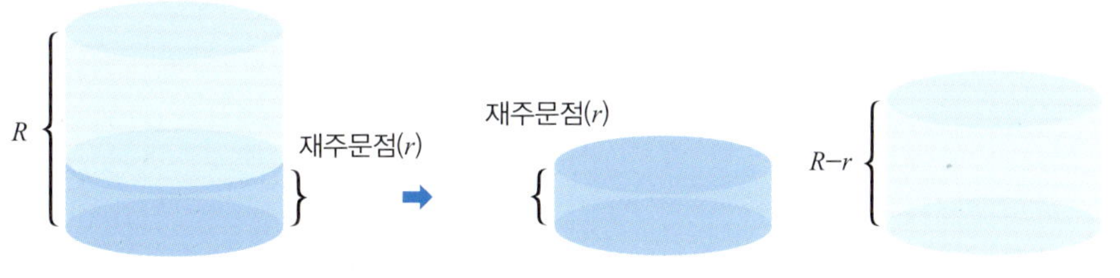

3 | 경제적 주문량 모형

경제적 주문량(EOQ: economic order of quantity) 모형은 수요와 조달기간이 확정적이고 소비율이 일정한 경우에 적용할 수 있는 가장 기본적인 재고모형으로 다음과 같은 가정을 하고 있다.

1. 수요는 알려져 있고 일정하다.
2. 조달기간은 알려져 있고 일정하다.
3. 재고는 도착 즉시 보충된다(instantaneous and complete). 즉, 주문량은 일시에 보충된다.
4. 대량주문에 따른 가격할인은 발생하지 않는다.
5. 재고품절(stockout)은 발생하지 않아야 한다.
6. 주문량에 따른 주문비용과 재고비용의 합을 최소화하도록 한다.

EOQ모형을 위하여 다음의 기호를 사용하도록 하겠다.

Q : 1회 주문량
Q^* : 최적의 1회 주문량
D : 1년간 수요량
H : 단위당 연간 재고유지비용
S : 1회 주문 시 발생하는 주문비용(준비비용)

1회 주문량 Q가 주어졌다면 연간 주문횟수는 D/Q이고 연간 주문비용은 $D/Q \times S$가

그림 6-4 EOQ모형의 재고변화

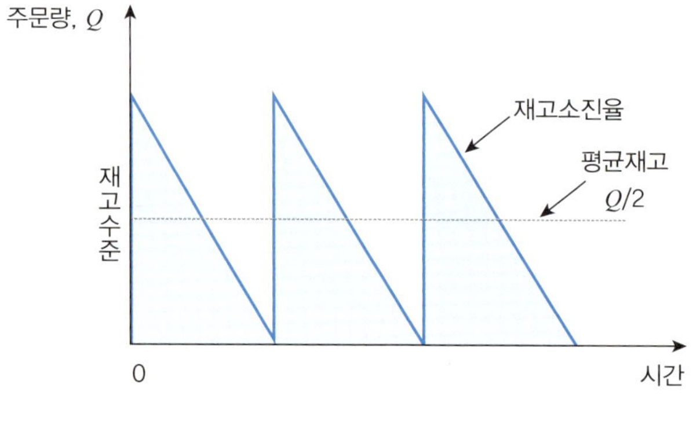

그림 6-5 EQQ모형의 재고비용 곡선

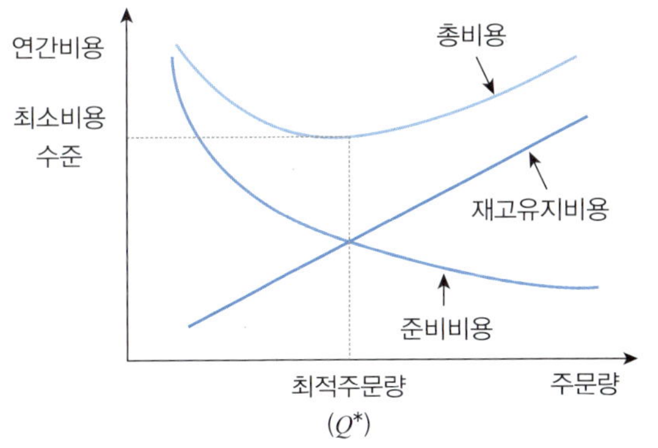

된다. 또한 **그림 6-4** 에서 보듯이 최대 재고수준은 'Q'이고 최저 재고수준은 '0'이므로 연간 평균재고는 $Q/2$이며 연간 재고비용은 $Q/2\times H$가 됨을 알 수 있다.

그림 6-5 에서 보는 바와 같이 총비용(TC)은 준비비용과 재고비용의 합이므로 TC는 $\frac{D\times S}{Q}+\frac{Q}{2}\times H$가 되며 총비용을 최소화하는 최적의 경제적 주문량은 **그림 6-5** 에서 보는 바와 같이 연간 주문비용과 연간 재고비용이 같아지는 수준이므로 아래의 방정식을 이용하면 최적의 주문량 Q^*를 다음과 같이 구할 수 있다.

$$D/Q\times S = Q/2\times H$$
$$Q^2 = 2DS/H,\ Q^* = \sqrt{\frac{2DS}{H}}$$

> 연간 주문횟수 D/Q, 연간 주문비용 $D/Q\times S$
> 연간 평균재고 $Q/2$, 연간 재고비용 $Q/2\times H$
>
> 총비용 $TC = \frac{D\times S}{Q}+\frac{Q}{2}\times H$
>
> 최적주문량 $Q^* = \sqrt{\frac{2DS}{H}}$

예를 들어 한국 자동차 정비소에서 소요되는 어떤 자동차 부품의 연간수요는 1,000개, 주문비용은 주문당 5,000원, 단위당 연간 재고비용은 1,000원, 조달기간은 5일이라고 가정하자.

Q개를 주문할 경우 연간 총비용은

$$TC = \frac{1,000 \times 5,000}{Q} + \frac{Q}{2} \times 1,000$$ 이고 최적 주문량은 $$Q^* = \sqrt{\frac{2 \times 1,000 \times 5,000}{1,000}}$$ = 100이 된다.

따라서 연간 주문횟수는 1,000/100 = 10회가 되며 주문주기는 365/10 = 36.5일이 된다. 그리고 조달기간이 5일인 경우, 5일간의 수요를 안전재고로 확보해야 하므로 재주문점은 1,000/365×5 = 13.7개가 된다.

4 | 수량할인을 고려한 경제적 주문량 모형

경제적 주문량 모형에서 구입단가는 주문수량에 상관없다고 가정하므로 총비용으로 주문비용(준비비용)과 재고유지비용만을 고려하고 있다. 그러나 대량구매 시 가격할인이 발생한다면 구매비용을 포함해서 총비용을 고려해야 하고 구입단가의 변화는 재고유지비용에 영향을 준다.

연간수요(D) 40,000개
주문비용(S) 100원
단위당 재고유지비용(H) 구입단가의 20%

주문량	구입단가
$Q \leq 150$	1,000원
$150 < Q < 300$	750원
$Q \geq 300$	500원

위와 같이 한국공작기계에서 주문량에 따라 구입단가가 달라지는 경우의 최적 주문량을 결정하는 문제를 고려하자.

단위당 재고유지비용은 주문량에 따라 3가지(200원, 150원, 100원) 경우가 있을 수 있으므로 3가지 경우에 대하여 각각 최적 주문량과 총비용을 구하여 비교한 다음 이 중에서 최소비용을 가지는 최적 주문량을 구할 수 있다.

▣ 구입단가가 1,000원인 경우의 최적 주문량

이 경우 단위당 재고유지비용이 200원(= 1,000×0.2)이므로 EOQ 공식에 의한 최적 주문량 $Q^* = \sqrt{\frac{2 \times 40,000 \times 100}{200}}$ = 200 이다. 그러나 200개를 주문할 경우의 구입단가는 1,000원이 아니고 750원이며 재고유지비용은 150원이다. 따라서 그림 6-6 에서 보는 바와 같이 구입단가가 1,000원인 경우에는 150개를 주문할 때

최소비용(TC) = 40,000×100/150 + 150/2×200 + 40,000×1,000 = 40,041,667원이다.

▣ 구입단가가 750원인 경우의 최적 주문량

이 경우 단위당 재고유지비용이 150원(= 750×0.2)이므로 EOQ 공식에 의한 최적 주문량 $Q^* = \sqrt{\frac{2 \times 40,000 \times 100}{150}}$ ≒ 231 이다. 231개를 주문할 경우의 구입단가는 750원 이므로 최소비용(TC) = 40,000×100/231 + 231/2×150 + 40,000×750 = 30,034,641원이다.

▣ 구입단가가 500원인 경우의 최적 주문량

이 경우 단위당 재고유지비용이 100원(= 500×0.2)이므로 EOQ 공식에 의한 최적 주문량 $Q^* = \sqrt{\frac{2 \times 40,000 \times 100}{100}}$ ≒ 283 이다. 그러나 283개를 주문할 경우의 구입단가는 500원이 아니고 750원이며 재고유지비용은 150원이다. 따라서 그림 6-6 에서 보는 바와 같이 구입단가가 500원인 경우에는 300개를 주문할 때

최소비용(TC) = 40,000×100/300 + 300/2×100 + 40,000×500 = 20,028,333원이다.

따라서 3가지 경우의 최소비용을 비교하면 300개를 주문하는 것이 최적의 주문량임을 알 수 있다.

그림 6-6 수량할인을 고려한 경제적 주문량

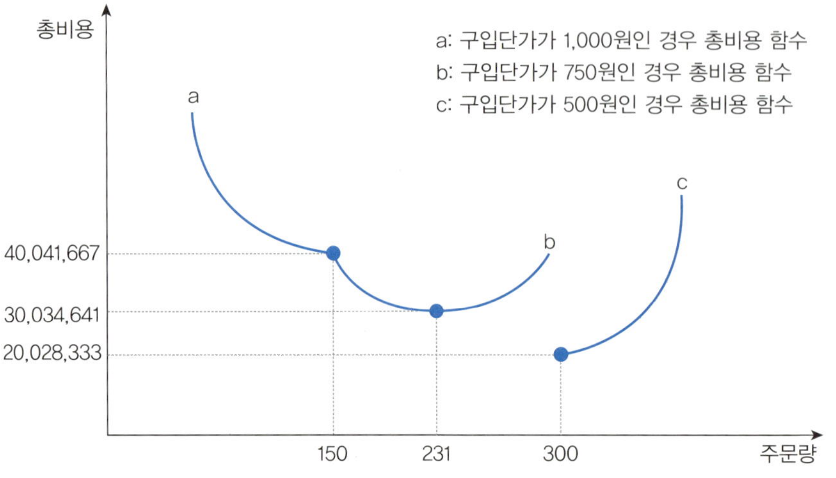

5 | 경제적 생산량 모형

EOQ모형은 주문량이 일시에 도착하여 보충된다는 가정을 하고 있다. 그러나 주문량이 일시에 도착하지 않고 일정기간(t)에 나누어 도착할 경우는 생산과 소비가 일정기간 동시에 발생한다. 이처럼 생산율(p)과 소비율(d)이 확정적인 상황에서의 최적주문량을 결정하는 모형을 경제적 생산량(EPQ: economic production quantity) 모형이라고 부른다. 그림 6-7 에서 보는 바와 같이 EPQ모형은 EOQ모형과 달리 주문량이 생산율에 따라 일정기간에 걸쳐 보충이 되며 이 기간 동안에는 생산과 소비가 동시에 발생한다.

그림 6-7 EPQ모형의 재고수준 변화

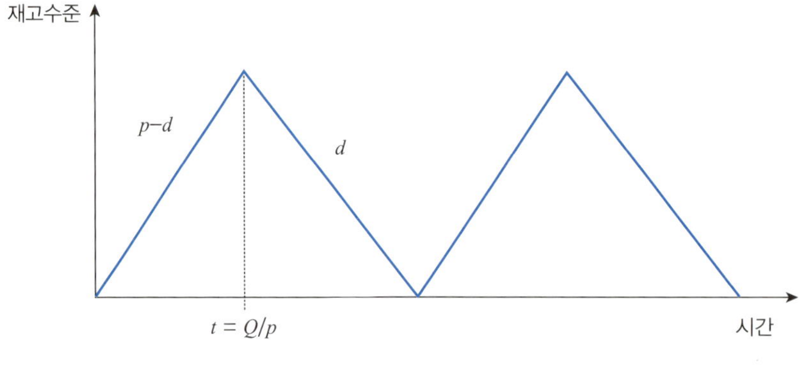

EPQ모형을 위하여 다음의 기호를 사용하도록 하겠다.

Q : 1회 주문량
Q^* : 최적의 1회 주문량
D : 1년간 수요량
H : 단위당 연간 재고유지비용
S : 1회 주문 시 발생하는 주문비용(준비비용)
p : 생산율(생산량/단위기간)
d : 소비율(연간 수요량/365)
t : 생산이 진행되는 기간

연간 평균재고 = 최대수준의 재고 × 1/2
최대수준의 재고 = t기간 동안의 생산량 − t기간 동안의 소비량
= $p \times t - d \times t$

그림 6-7 에서 보듯이 재고수준이 최대가 되는 시점 $t = Q/p$이므로, 최대수준의 재고는 $Q \times (1-d/p)$가 되며 연간 평균재고는 $Q/2 \times (1-d/p)$가 된다. 따라서 연간 재고비용은 $Q/2 \times (1-d/p) \times H$가 된다.

연간 준비비용은 EOQ모형과 마찬가지로 $D/Q \times S$이므로 최적의 주문량은 연간 준비비용과 연간 재고비용이 같아지는 지점이므로
$D/Q \times S = Q/2 \times (1-d/p) \times H,\ Q^* = \sqrt{\frac{2DS}{H} \times \frac{p}{p-d}}$ 가 된다.

예를 들어 한국 자동차 정비소에서 소요되는 어떤 자동차 부품의 연간수요는 1,825개이고 일별 소비량은 5개, 일별 생산량은 10개, 주문비용은 주문당 10,000원, 연간 재고비용은 개당 5,000원, 조달기간은 5일이라고 가정하자.

이 경우의 최적 주문량은 $Q^* = \sqrt{\frac{2 \times 1,825 \times 10,000}{5,000} \times \frac{10}{10-5}} = 191$이 된다.

따라서 연간 주문횟수는 1,825/191 = 9.55회가 되며 주문주기는 365/9.55 = 38.2일이 된다.

6 | 단일기간재고모형

단일기간 재고모형은 수요가 1회적이고 시간이 지나면 제품의 가치가 현격히 떨어지는 경우에 주문량을 결정하는 모형이다. 일간신문, 생선, 야채, 크리스마스 트리 등의 주문량 결정을 예로 들 수 있다.

주문한 수량 중에서 마지막 제품의 판매가능성을 확률 p로 정의하고 주문한 마지막 제품이 팔릴 경우에 얻는 이익을 한계이익(MP: marginal profit), 주문한 마지막 제품이 팔리지 않을 경우의 손실을 한계손실(ML: marginal loss)로 정의할 경우 마지막 제품의 판매이익 기댓값은 $p \times MP$, 판매손실 기댓값은 $(1-p) \times ML$이 된다. 따라서 판매이익 기댓값이 판매손실 기대값보다 크기 위해서는 아래의 관계가 성립되어야 한다.

$$p \times MP \geq (1-p) \times ML,\ p \geq \frac{ML}{MP+ML}$$

따라서 마지막 제품의 판매확률 p가 $\frac{ML}{MP+ML}$보다 큰 경우 마지막 제품을 주문하면 판매이익의 기대값이 판매손실 기대값보다 크므로 마지막 제품을 주문하

그림 6-8 단일기간 재고모형

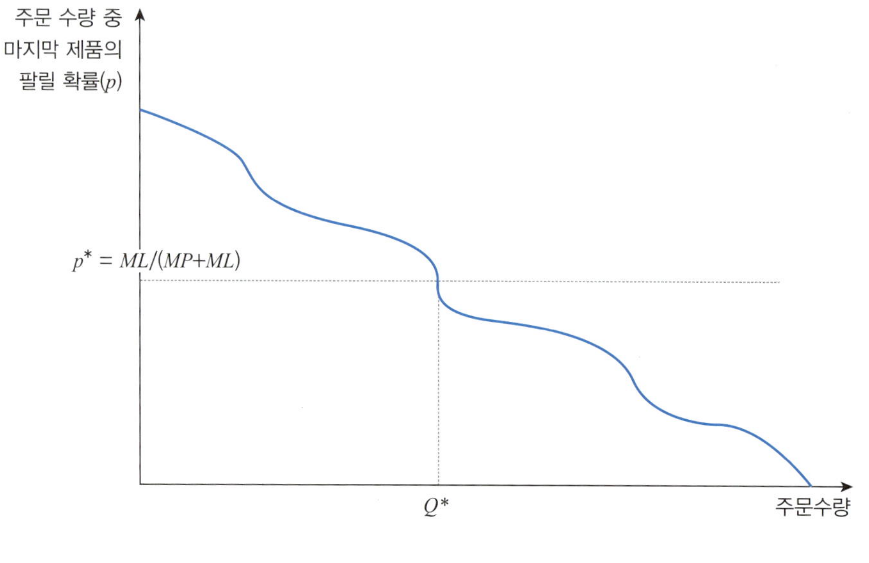

는 것이 바람직하며 반대의 경우는 주문하지 않는 것이 바람직하다. 따라서 제품의 주문량을 1단위씩 증가시킬수록 마지막 제품의 판매확률은 줄어드는데 그 확률이 $\frac{ML}{MP+ML}$ 보다 큰 경우에 한하여 주문량을 증가시키는 것이 바람직하다.

예를 들어 크리스마스 트리의 구매단가는 10,000원, 판매가는 15,000원이며 팔리지 못한 트리는 2,000원을 받고 처분한다고 가정하자.

이 경우 크리스마스 트리의 한계이익(MP)은 15,000−10,000 = 5,000원이고 한계손실(ML)은 10,000−2,000 = 8,000원이다.

따라서 이익을 극대화하기 위해서는 마지막 트리의 판매확률(p)이

$p \geq \frac{8,000}{5,000+8,000}$ = 0.615 이상이어야 한다.

과거의 크리스마스 트리의 수요가 표 6-4 와 같은 분포를 보였다고 하면 26번째 트리가 팔릴 확률은 수요가 26 이상인 경우이므로 100%이고 27번째 트리가 팔릴 확률은 수요가 27 이상인 경우이므로 90%가 된다. 마찬가지로 28번째 트리가 팔릴 확률은 70%이고 29번째 트리가 팔릴 확률은 50%가 된다. 따라서 이익을 극대화하기 위해서는 마지막 트리가 팔릴 확률이 61.5% 이상이 되는 28개의 트리를 주문하는 것이 바람직하다.

표 6-4 크리스마스 트리의 수요분포

수요	26	27	28	29	30	31
확률	0.1	0.2	0.2	0.1	0.2	0.2

7 | ABC재고관리

ABC재고관리는 1951년 G.E사의 M.F. Deckie에 의해 제안된 개념으로 재고품목들의 매출비중이나 수량을 기준으로 A,B,C 그룹으로 분류하여 관리의 노력과 자원투입의 수준을 차별적으로 적용하는 방법이다.

즉, ABC재고관리는 그림 6-9 처럼 재고품목을 연간 매출액의 크기에 따라 분류하여 선별적으로 차별관리하는 방법이다.

표 6-5 에서 보듯이 일반적으로 A그룹은 전체 품목 수의 상위 10~20% 정도이고 연간 매출금액의 70~80%를 차지하는 품목으로 구성한다. 주문량과 발주시점을 주의 깊게 결정하며, 매 주문 시마다 사용률, 주문비용 등을 관찰하고 재고 기록이나 조달기간도 엄격히 통제한다. B그룹은 전체 품목 수의 상위 20~40% 정도이고 연간 매출금액의 15~20%를 차지하는 품목으로 구성한다. 분기별 또는 반기별로 정상적인 수준의 재고기록과 통제를 수행한다. C그룹은 전체 품목 수의 50% 내외이고 연간 매출금액의 10% 미만을 차지하는 품목으로 구성한다. 1년에 1~2회 특별한 계산방법 없이 충분한 수량을 주문한다.

그림 6-9 ABC재고관리

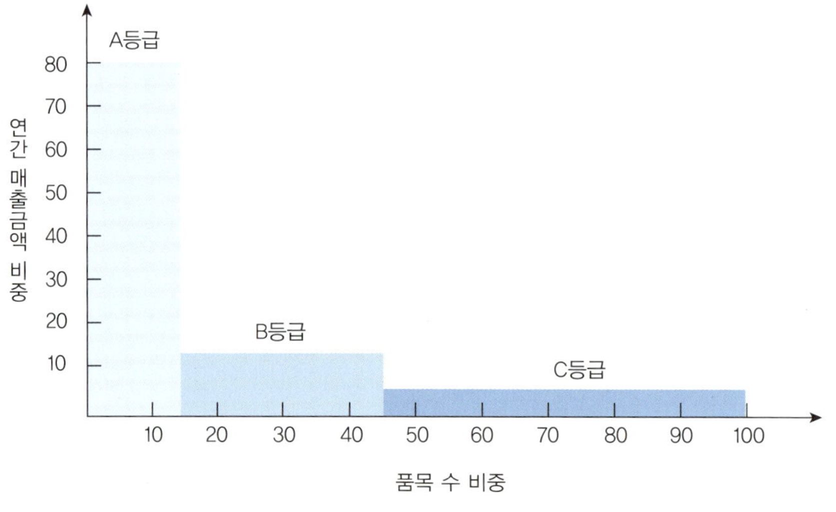

표 6-5 ABC재고관리 예시

	A그룹	B그룹	C그룹
품목 수	10~20%	20~40%	50% 이상
매출비중	70~80%	15~20%	10% 미만
관리방식	개별관리 중점관리	일반관리 중간수준	소모품 관리 느슨한(간소) 관리

Fossil 사의 재고관리

파슬(Fossil)은 미국에서 브랜드 인지도 80%로 패션시계의 확고한 입지를 구축하고 있다. 파슬의 재고 관리는 전 과정이 철저하게 과학적으로 이루어진다.

신상품이 나오면 우선 미 전역 19개 직영 대리점에서 2,000개를 2주간 시험 판매한 다음 여기서 나오는 판매자료를 토대로 세계시장에서 3개월간 팔릴 제품 수요를 예측한다.

이 예측은 오차범위가 5% 이내로 정확하다. 상품별 예측자료를 기준으로 홍콩에 있는 생산거점에 발주하면 2~3개월에 모든 대리점에 전시된다.

각 대리점의 판매자료는 매주 본사에 수집된다. 본사에서는 주요 판매점의 1주간 판매량과 재고량의 비율이 현황표에 표시되고 재고담당자 25명은 현황표를 바탕으로 각 제품의 판매 증감, 판매량 대비 재고율을 종합적으로 분석한다.

예를 들어 제품 A의 최근 1주간 판매순위가 과거 1개월보다 낮다면 이 제품은 하락추세이므로 판매수량과 재고량 비율이 8% 이상이면 추가생산을 주문한다. 하지만 1주간 판매량이 재고량의 5% 이하이면 발주를 중단하고 남은 재고를 아울렛으로 보내 낮은 가격으로 처분한다. 시계, 액세서리, 의류 등은 제품수명이 짧기 때문에 제품 회전율이 낮은 제품이 오랜 기간 매장을 차지하고 있으면 매출이 감소할 뿐 아니라 신상품의 전시기회를 잃기 때문이다. 이로 인해 고객 방문이 줄어드는 악순환이 발생한다.

제품	금주 순위	지난 주 순위	지난 달 순위	1년간 순위	판매량	재고비율
A	48위	30위	52위	155위	1,620위	7.3%
B	00위	00위	00위	00위	XX개	00%
C	00위	00위	00위	00위	XX개	00%

판매순위를 비교해 상승/하락 추세파악

적정재고량과 발주량 결정

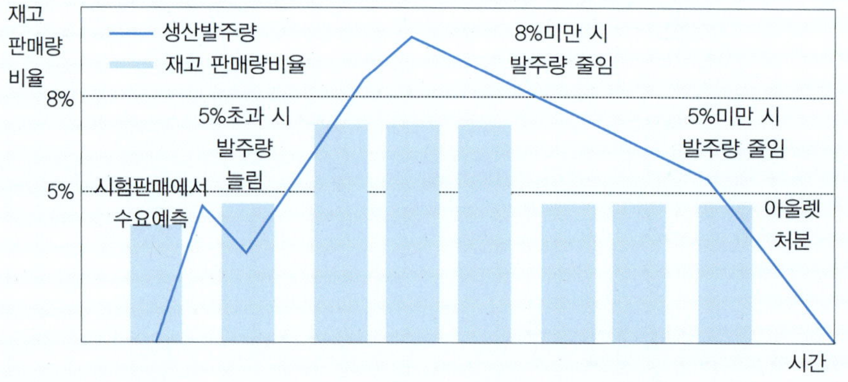

출처: 명순영 외, 위기를 기회로 바꿔라, 매일경제신문사, 2003.

8 | 재고평가지표

1) 재고회전율

재고회전율은 판매금액과 재고수준의 관계를 나타내는 지표로 회전율이 높은 기업일수록 재고에 대한 투자수익률이 높음을 의미한다. 표 6-6 은 2012년 자동차 업계의 순위와 재고회전율을 나타내고 있다.

재고회전율 = 연간 판매원가/연간 평균재고금액

2) 재고일수

현재의 재고수량과 일별 소비량의 관계를 나타내는 지표로 재고일수가 클수록 일별 소비량 기준에서 충분한 재고를 확보하고 있는지 평가할 수 있다.

재고일수 = 현재 재고수량/일별 소비량

표 6-6 2012년 자동차업계 순위와 재고회전율

2012년 자동차 업계 순위	회사명	자산수익률 (ROA)	재고회전율 (inventory turnovers)	순이익성장률 (revenue growth)
1	Ford	7.1%	16.4	2.3%
2	Hyundai	8.7%	18.0	12.6%
3	BMW	2.9%	5.7	11.8%
4	Tata Motors	3.3%	5.9	44.0%
5	Paccar	4.2%	19.3	28.4%
6	Volkswagen	4.2%	5.6	17.5%
7	Toyota	0.6%	11.7	−6.6%

출처: SCM 저널, 2012. 9. 7.

3) 주문충족비율(fill rate)과 결품률(stockout ratio)

고객의 주문에 대하여 보관 중인 재고로 즉시 대응이 가능한 비율을 서비스수준 또는 주문충족비율이라고 하고 그렇지 못하는 비율을 결품률이라고 정의한다. 따라서 주문충족비율과 결품률은 아래와 같은 관계가 성립된다.

$$결품률 = 1 - 주문충족비율(서비스수준)$$

조달기간 동안의 평균수요를 μ, 그리고 안전재고를 s라 할 경우 조달기간의 수요가 $\mu + s$보다 크면 품절이 발생하게 된다. 따라서 정규분포의 관계를 이용하여 재주문점($r = \mu + s$)과 서비스 수준의 관계를 그림 6-10 과 같이 표현할 수 있다.

그림 6-10 서비스 수준과 결품률

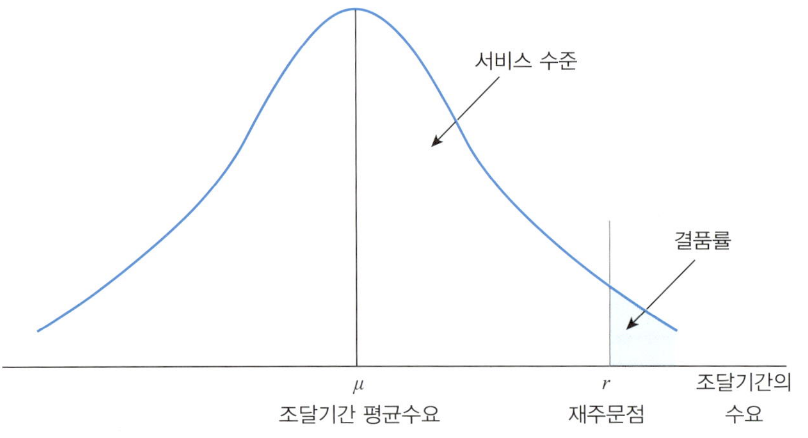

쉬어가기

월마트, 스마트태그로 재고관리한다

세계 최대 할인점 월마트가 효율적인 재고관리를 위해 '스마트태그'를 남성의류에 우선 도입한다. 하지만 일부 정보보안 전문가는 스마트태그가 소비자 개인정보를 침해할 수 있다고 우려를 표했다. 월마트가 도입하는 RFID는 매장 직원이 손에 들고 사용하는 휴대용 태그 인식기(리더)로 쉽게 인식할 수 있어 매장에서도 창고에 남은 제품의 사이즈, 색상 등을 바로 알 수 있다. 월마트는 스마트태그 부착으로 의류 재고 관리뿐만 아니라 소비자 만족도도 크게 높일 수 있을 것으로 기대하고 있다.

라울 바즈케즈 월마트 서부 매장 본부장은 "스마트태그 내 입력된 개별 상품 코드로 매장 및 창고 등의 상품 수를 바로 알 수 있어 유통 혁신에 영향을 미칠 것"이라고 말했다.

하지만 정보보안 전문가들은 스마트태그가 자칫하면 소비자의 프라이버시를 침해할 수 있다고 지적하고 있다. 스마트태그는 약한 라디오 전파를 통해 정보를 송수신한다. 이 경우 태그를 상품에서 떼어내 버릴 수는 있어도 꺼버릴 수는 없어 태그 인식기만 있으면 원거리에서도 상품을 추적할 수 있다. 마음만 먹으면 소비자 개인의 전체 쇼핑목록을 사업체에서 관리할 수 있는 셈이다. 또 워싱턴이나 뉴욕 등 미국 일부 지역에서는 고유 ID넘버를 담은 RFID 신분증을 발행하고 있어 쇼핑 중 개인정보가 노출될 가능성이 있다고 NYT는 설명했다.

댄 포젤먼 월마트 대변인은 "스마트라벨이 소비자 정보를 수집하지 않을 것"이라며 "유통 혁신을 위한 재고관리를 위해서 사용될 것이며 소비자 정보는 완벽하게 보호받을 수 있게 할 것이다"라고 말했다.

출처: etnews, 2010. 7. 10.

쉬어가기

RFID - 생산 · 물류협업시스템(현대자동차)

현대자동차는 지난 2008년 10월부터 2010년 8월까지 23개월간 전자태그(RFID)를 이용해 생산과 물류 부문의 협업 프로세스를 개선하는 프로젝트를 2단계에 걸쳐 진행했다. 1단계는 아산공장의 1 · 2차 협력업체 48개사와 물류업체 1개사를, 2단계는 울산공장과 70여 협력업체 및 물류업체를 대상으로 했으며, RFID 인프라 체계 구축과 공통응용시스템 구축 두 가지로 나눠 진행했다. RFID 인프라 체계는 현대자동차 공급망관리(SCM) 안에 있는 아산공장과 울산공장, 1 · 2차 협력업체와 물류업체, 운송차량에 RFID 태그를 부착하고, RFID 리더기와 텔레매틱스 기술인 '모젠(Mozen)' 서비스를 이용해 자동차 부품의 이동 과정에 대한 정보 전체를 자동으로 처리할 수 있도록 했다.

공통응용시스템은 실시간 재고관리 시스템과 협력업체 물류관리 시스템, 물류센터 통합관리 시스템 등 3개 단위 시스템으로 구성했다. 실시간 재고관리는 RFID 인프라에서 생산되는 정보 중 물류 프로세스를 최적화하는 정보를 선별해 협력업체와 물류업체에 제공하게 되며, 협력업체 물류관리는 영업과 생산, 자재, 물류관리, 거점별 재고, 출하, RFID를 이용한 입 · 출고관리 등 공장 운영을 지원한다. 물류센터 통합관리는 1차 협력사의 부품운송관리, 창고관리, 차량운행정보관리 기능을 제공한다.

이 프로젝트로 현대자동차는 부품 이동정보를 실시간으로 확인하고 물류 차량을 효율적으로 관리할 수 있게 됐으며, 협력업체는 실시간으로 입 · 출고와 재고관리 등이 가능해져 참여업체당 연간 1억 원, 전체 협력업체로 확대할 경우 연 300억 원 이상의 비용 절감 효과를 거둘 것으로 예상하고 있다.

출처: etnews, 2010. 10. 15.

쉬어가기

일본의 세븐일레븐은 각 편의점의 매출분석을 실시간으로 실행하여 편의점의 재고를 바꾸어 주는 시스템을 구축하고 있다. 아침 시간대는 아침 식사와 관련된 상품을 재고로 보유하지만, 저녁 시간대에는 저녁 식사와 관련된 상품으로 변경시켜 주는 것이다. 트럭은 30분 타임 윈도우 내에 제품을 배달할 정도록 정확한 배송 스케줄을 제공하였고, 트럭에서 하차된 상품은 특별한 검수과정 없이 바로 매장에 진열되었다. 전체 편의점들의 재고를 통합적으로 관리함으로써 수요 및 재고 변동의 영향을 일정하게 유지할 수 있으며 수요의 다양성과 판매 속도를 최대화할 수 있었다.

출처: 송상화 역, 토요타 SCM, 푸른물고기, 2010, pp. 347–348.

쉬어가기

재고관리의 진화, ERP를 넘어 AI와 IoT를 만나다

재고관리 시스템은 구매 및 판매 시스템과 통합되거나, 이들을 대체할 수도 있다. 그리고 바코드 스캐너나 RFID 판독기를 통해 창고에서 입수된 실제 수량과 구매 및 판매로부터 계산된 재고 수준을 조정하는 수단을 제공한다. 물품 및 재료를 구매하고 판매하는 업체에게 재고관리는 구매한 것과 판매한 것을 단순히 추적하는 차원을 넘어 사업에 필수적인 큰 그림을 제공한다. 우수한 재고관리 시스템은, 매출 및 평판에 악영향을 줄 수 있는, 고객에게 재고가 없다고 말할 필요를 없앰으로써 사업에 혜택을 준다. 재고관리 시스템은 원자재, 미완성 제품 및 완제품의 수준을 최소화하는 데에도 유익하다. 따라서 불필요한 재고에 자본이 묶이는 것을 방지하고, 적정한 공간만을 임대함으로써 창고 비용을 절감한다. 아울러 변질되기 쉬운, 또는 일시적으로 유행하는 물품이 창고에서 보통 얼마나 오래 지속되는가를 추적함으로써 유효기간이 지나거나 유행이 지나기 전에 판매할 수 있는 양으로 재고를 제한해 비용을 절감할 수 있다.

예상된 일이지만, 인공지능은 예측을 보강하거나 재고 기록이 현실과 일치하는지 대조하는 데 쓰이고 있다. 바베큐를 위한 최적의 날씨를 찾아내는 것 등 무엇을 언제 팔 것인지에 관한 경향을 파악하고, 반입 물품의 검사를 개선하여 주문과 인도가 일치하도록 보장하는 데 쓰이고 있다. 또한, 재고관리는 사물인터넷(IoT)이 성장할 수 있는 비옥한 토양이다. 물품에는 이제 일상적으로 RFID 태그가 붙는다. 따라서 재고가 얼마나 있는지, 나아가 어디에 있는지를 계속 증가하는 정확성으로 추적할 수 있다. 그뿐만 아니라 센서 가격 하락으로 인해 단순히 무엇이 어디에 있는지를 넘어, 어떤 온도에서 보관되고 있는지, 얼마나 심하게 떨어졌는지를 한층 세밀한 수준까지 기록하는 것이 더욱 용이하다.

출처: ciokorea, 2018. 10. 8.

쉬어가기

전선업계 최초 'IoT 재고관리 시스템' 추진

LS전선은 전선업계 최초로 사물인터넷(IoT)을 활용한 재고관리 시스템 사업을 본격 추진 중이다. 이는 제품과 자재에 통신 센서를 부착해 스마트폰으로 위치와 재고 수량 등을 실시간으로 파악하는 시스템이다. 또한, LS니꼬동제련은 울산 온산제련소에 생산 전 과정을 통신으로 연결해 공정이 자동으로 이뤄지는 스마트팩토리 시스템을 추진 중이며 LS엠트론은 실시간 생산 정보 모니터링 시스템 및 설비 예방 보전 시스템 등을 적용하고 있다.

출처: 동아일보, 2020. 8. 31.

6장

연습문제

1 재고의 필요성을 설명하시오.

2 '재고는 필요 악'이라는 의미를 설명하시오.

3 '재고는 보험'이라는 의미를 설명하시오

4 재고관리자의 업무와 역할을 설명하시오.

5 다음 재고관리 용어를 설명하시오.

1) 안전재고 2) 재주문점 3) 재고회전율 4) 재고일수 5) 결품률

6 정기관찰방법과 연속관찰방법 중에서 핵심적인 중요부품의 재고관리에 바람직한 것은 무엇인가?

7 RFID(전자태그)로 인한 재고관리의 변화를 설명하시오.

8 다음은 ○○ 타이어 대리점의 자료이다. 아래 질문에 답하시오.

• 연간수요 : 500개	• 단위당 연간재고유지비용 : 50원/개
• 1회 주문비용 : 1,000원	• 조달기간 : 3일

1) 경제적 주문량(EOQ)을 구하시오.

2) 연간 주문횟수와 주문주기를 구하시오.

3) 주문비용이 19% 감소하여 810원인 경우 EOQ를 구하고 1)에서 구한 EOQ와 비교하시오.

9 다음은 ○○ 제과점의 아이스크림 케이크에 대한 1주일간 수요분포이다. 아이스크림 케이크 1개당 10,000원에 구입하여 15,000원에 판매를 하며 1주일 안에 판매하지 못한 아이스크림 케이크는 4,000원에 할인판매를 한다.

수요	30	31	32	33	34	35	36
확률	0.1	0.2	0.1	0.2	0.2	0.1	0.1

1) 한계비용과 한계이익은 각각 얼마인가?

2) 이익을 극대화하기 위해서는 몇 개를 주문하는 것이 바람직한가?

10 다음은 ○○ 공업사의 부품정보이다. 아래 질문에 답하시오.

- 조달기간 평균 수요 : 300개
- 조달기간 수요의 표준편차 : 30개

1) 안전재고 수량이 360개인 경우 결품률은 얼마인가?

2) 결품률이 1% 이하이기 위한 안전재고는 얼마인가?

11 다음은 ○○ 장난감의 자료이다. 아래 질문에 답하시오.

- 연간수요 : 48,000개
- 1회 주문비용 : 45원
- 일별 생산량 : 800개
- 일별 소비량 : 200개
- 단위당 연간재고유지비용 : 1원
- 연간작업일수 : 240일

1) 경제적 생산량(EPQ)을 구하시오.

2) 연간 주문횟수와 주문주기를 구하시오.

12 다음은 ○○전자의 소모품 구입 자료이다. 대량구매 시 가격할인이 발생할 경우의 최적 주문량을 구하시오.

- 연간수요 : 3,000개
- 단위당 연간재고유지비용 : 구입가격의 25%
- 1회 주문비용 : 400,000원
- 구입가격(100개 이하) : 200,000원/개
- 구입가격(100개 초과 500개 이하) : 180,000원/개
- 구입가격(500개 초과) : 160,000원/개

CHAPTER

7

구매관리 및 자재소요계획

01 구매관리 **02** 전자구매와 전략구매 **03** 자재소요계획 **04** 전사적 자원관리시스템

글로벌 기업들은 어떻게 원자재 구입비 줄이나?

독일 화학 업체를 비롯해 전 세계 화학 · 에너지 · 제철 · 광산 분야 선두 제조 업체들이 원자재 구매 분야에서 디지털 혁신에 나서고 있다. 글로벌 경쟁이 치열해지면서 원가 절감이 절실한데, 첨단 디지털 기술을 잘 활용하면 원자재 구입비를 큰 폭으로 줄일 수 있기 때문이다. 그러나, 불행히도 한국 제조업체들은 아직 이런 변화를 따라가지 못하고 있다. 맥킨지가 전 세계 1300개 기업을 대상으로 구매 역량을 평가한 '글로벌 구매 역량(GPE)' 조사에 따르면 한국 기업의 구매 역량은 2.2점으로 글로벌 평균(2.6점)이나 선두 제조 업체 평균(3.4점)보다 낮다.

원자재 및 간접 재료 구매 비용은 매출의 20~80%를 차지하고 수익성에 큰 영향을 미치는데도 오랫동안 중요성이 간과돼 왔다. 지금까지 기업들은 '전략적인 구매'에 집중해왔다. 예컨대 카테고리 전략을 수립하거나 협상 방법을 연구하고 구매 담당자들이 기업 전략을 잘 따르고 있는지 관리하는 데 집중했다. 하지만 지난 2년간 업계의 변화를 분석한 결과, 이러한 전통적인 방법보다 엄선된 디지털 솔루션을 잘 활용하는 것이 더욱 큰 효과를 냈다. 제조 업체의 경우 지출(전체 매출의 50%)을 디지털 기술을 활용해 8~12% 가량 절감한다면 이자 및 세전 이익(EBIT)을 4~6%포인트 높일 수 있는 것으로 조사됐다.

독일 화학 기업 BASF는 디지털 기술과 머신러닝 알고리즘을 활용해 전 세계 사업장 및 공장의 전반적 지출 정보를 실시간으로 파악하고, 해당 지출 비용 데이터와 외부 지표 및 벤치마크를 접목해 패턴을 파악하고 새로운 비용 절감 기회를 찾는다.

원자재 구매의 경우 실시간 원자재 가격 정보와 구매 가격을 비교해 바가지 쓰지 않는 계약이 가능하도록 한다. 또 원자재 조건 변화에 따라 고객과 계약을 재협상해야 할 적정 시기가 언제인지에 대한 정보도 얻을 수 있다. 과거에는 구매자들이 최신 시장 동향을 일일이 확인해야 해 매우 번거로웠다. 하지만 최근에는 이러한 정보를 제공하는 소프트웨어 애플리케이션이 많다. 이 애플리케이션에서 발송하는 메시지에 따라 바로 행동하면 돼 매우 편리해졌다.

구매 규모가 너무 작거나, 공급 업체 수가 너무 많은 등 대면 협상 비용이 지나치게 높은 분야의 경우 디지털 솔루션의 효과가 크다고 할 수 있다. 예를 들어, 이런 기업들은 전자 견적 요청 시스템을 활용해 여러 공급 업체로부터 받은 견적을 쉽게 통합 관리할 수 있다. 또 전자 경매를 통해 다수의 공급 업체가 실시간으로 경쟁 입찰에 참여하는 방식을 선택할 수 있다. 또한, 구매 작업의 56%는 현존 기술을 활용해 자동화될 수 있다. 벤더 선정 및 협상 작업의 47%, 주문 발주 및 수령 작업은 88%, 대금 지급 작업은 93% 자동화가 가능하다. 예를 들어 로봇 프로세스 자동화(RPA) 시스템을 활용하면 구매 발주서 생성부터 송장 조정까지 다양한 작업을 자동화할 수 있다.

출처: 디지털조선, 2019. 1. 25.

1 | 구매관리

1) 구매관리의 의미

구매(procurement, purchasing)는 어떠한 주체가 대가를 지불하고 필요한 물건을 취득하거나 그들의 노동력을 제공받는 것을 말하며 구매관리(procurement management)는 구매를 계획/조정/통제/평가하는 일련의 과정을 말하며 효율적이고 합리적인 구매형태를 통해 구매에 투입되는 자금, 기간 등의 구매 총비용을 최소화하는 것을 의미한다. 좁은 의미에서의 구매관리는 구매 가격관리, 구매 품질관리, 구매 납기관리를 의미하기도 한다.

원자재 구매 이후 이를 가공하여 최종제품을 조립하는 제조업체에서 원자재가 차지하는 원가비중은 전체 매출원가의 상당부분을 차지한다. 예를 들어 영업이익률이 10%인 기업에서 구매원가를 1억 원 절감하는 것은 매출액을 10억 원 증가하는 것과 같은 재무적 효과를 가진다. 그림 7-1 에서 보는 바와 같이 구매비용의 절감률과 영업 이익률의 상관관계가 높기 때문에 원자재 구매비용의 절감은 기업의 수익성 향상

그림 7-1 구매비용 절감률과 영업 이익률의 관계

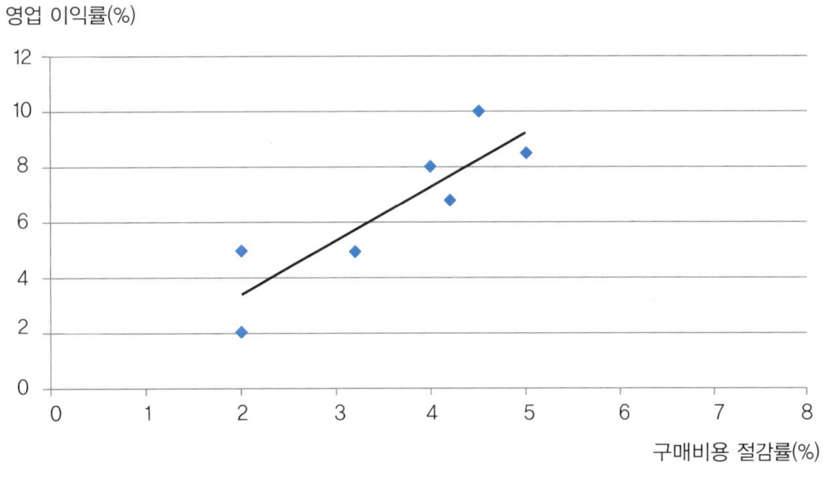

출처: 액센츄어 코리아, 구매혁신의 기술, 매일경제신문사, 2008.

표 7-1 구매의 역할 변화

제조단계	전통적 구매	혁신적 구매
원료 단계 (상품기획 –개발)	제한된 참여 • 개발 및 마케팅부서의 요구에 수동적 대응	적극적인 참여 및 이해관계 조정 • 주요 기술(플랫폼)에 대한 표준 가이드 제시 • 공급업체와 표준/업계플랫폼 공동 개발 • 최적의 부품 선정으로 원가절감 조기실현
양산 이후	원가절감 및 안정적인 조달 • 공급업체와 단가협상 • 생산계획에 따른 안정적인 소싱 또는 긴급 물량 확보	혁신을 통한 기업의 경쟁력 우위 제공 • 가격, 품질, 납기에 대한 TCO 관점에서 최적의 의사결정 • 핵심부품을 적기에 아웃소싱하여 제품 경쟁력 강화 및 수익 향상 • 공급 부족, 가격 폭등 등 구매리스크에 대한 조기 식별 및 선제 대응

출처: 서대관, 구매 전략 및 공급망 협업에 관한 연구, Samsung SDS Journal of IT Services.

과 직결되며 이로 인해 많은 기업들이 구매업무의 혁신에 대한 관심을 높이고 있다.

전통적 구매와 혁신적 구매의 역할 변화는 **표 7-1** 과 같다. 과거의 전통적 구매 역할은 사용부서에서 원하는 품목을 저렴하게 구입하여 신속하고 안정적으로 공급하는 것이다. 따라서 제품개발과 기획과정의 참여가 제한적이며 수동적인 대응에 머물고 있다. 그러나 능동적이고 혁신적인 구매활동이 기업의 수익성을 향상하고 경쟁력을 확보하는 수단으로 인식되면서 혁신적 구매 전략에 대한 관심이 높아지고 있다. 제품개발 단계의 구매역할은 공급업체와 기술에 대한 표준 수립, 공동 개발을 통한 원가절감 등을 들 수 있다. 그리고 양산 이후의 구매역할은 총소유비용(TCO) 관점의 구매, 핵심부품에 대한 아웃소싱 그리고 구매리스크에 대한 조기 식별과 선제 대응 등을 들 수 있다.

한편, 구매업무의 외부환경을 살펴보면 점차 구매업무의 복잡성이 커지고 있다. 매스 커스터마이제이션(mass customization) 환경에서 제품의 종류가 다양해짐에 따라 구매품목 또한 다양해진다. 제품의 고기능 및 첨단화로 인해 원자재 또한 고기능화, 고집적화되고 있으며 제품의 수명주기가 짧아짐에 따라 구매주기 또한 짧아지고 구매기간을 줄이기 위한 노력이 요구된다. 한편, 원자재를 기업에서 내부조달(in-house)할지 아니면 외부에 아웃소싱(outsourcing)으로 위탁할지에 대한 의사결정이 요구되고 있다. 마지막으로 제조물책임법(PL: product liability)이 강화됨에 따라 불량의 원인이 원자재에 있는지 아니면 조립과정에 있는지를 명확히 구별할 수 있어야 한다.

2) 구매 카테고리(category) 전략

일반적으로 기업이 수행하는 구매전략은 경쟁에 의한 최저가 업체선정이나 우량 공급사 발굴 등이다. 반면에, 구매 카테고리 전략은 구매품목을 둘러싼 시장환경과 기업의 내부 현황을 종합하여 향후 장기적인 구매방침을 규정하는 것이다. 구매 카테고리 전략 수립은 ① 구매 카테고리 분류 및 재검토, ② 중점 구매 카테고리 선정, ③ 구매 카테고리 특성 파악, ④ 구매 카테고리 전략 수립으로 진행된다.

① 구매 카테고리 분류 및 재검토

기존의 구매품목 분류체계는 전략수립의 단위로 적합하지 않은 경우가 많으므로 기존 분류체계를 재검토하되 범위가 너무 세분화되지 않도록 포괄적으로 분류한다. 국내 제조업체의 경우 10만 개의 품목을 20여 개의 카테고리로 분류하기도 한다.

② 중점 구매 카테고리 선정

기업의 구매품목에 대하여 '실행 난이도'와 '비용절감효과' 측면의 분석을 통하여 중점 대상을 선정한다. '실행 난이도'는 사양의 복잡성, 공급사 수, 공급사 의존도, 공급사 대체 가능성 등을 정량적으로 평가한다.

③ 구매 카테고리 특성 파악

구매 카테고리의 특성은 자재의 특성, 공급사 업계의 특성 그리고 자사의 구매 상황 측면에서 분석한다. 자재의 특성 분석은 자재의 원가, 수명주기, 기술적 특성에 대

그림 7-2 구매 카테고리 전략의 추진 단계

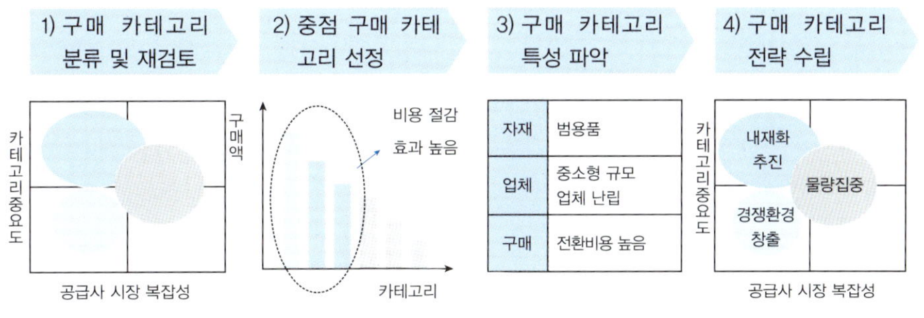

출처: 액센츄어코리아, 구매혁신의 기술, 매일경제신문사, 2008.

한 분석과정을 포함한다. 공급사 업계의 특성 분석은 공급사의 과점도, 공급사 규모, 자재공급의 리스크 그리고 업계의 재편 동향에 대한 분석과정을 포함한다. 자사의 구매 상황 분석은 공급사 교체에 따른 추가비용, 공급사와의 협상력 그리고 과거부터 현재까지의 기업에서 추진해왔던 과정 등을 분석한다.

④ 구매 카테고리 전략 수립

공급사 시장의 복잡성과 카테고리의 중요성 분석을 통하여 핵심부품의 내재화 추진, 물량집중, 공급사 간의 경쟁환경 창출 등의 카테고리별 구매전략을 수립한다.

3) 공급사 관계관리(SRM: supplier relationship management)

① 총소유비용의 최소화

총소유비용(TCO: total cost of ownership)은 부품의 구입비용뿐만 아니라 부품의 소유, 사용 및 유지하는 데 발생하는 총비용을 의미한다. 원자재를 구입하는 경우 단순한 구입단가만을 비교하여 결정할 것이 아니고 구입비용과 소유, 사용 및 유지비용을 총체적으로 모두 고려하여 의사결정을 수립할 필요가 있다.

"총 렌털비와 일시불 구입가 비교하고 구입"

최근 급성장하고 있는 렌털 시장에서 '소유권 이전형 렌털'의 경우 총 렌털비가 일시불 구입가보다 비싸고 중도해지 위약금도 과다한 경우가 많아 주의가 필요한 것으로 나타났다. 소유권 이전형 렌털이란 일정 기간 동안 렌털료를 지불하되 계약 종료 후에는 제품의 소유권이 소비자에게로 이전되는 방식이다.

주로 정수기 · 비데 · 매트리스 등 지속적인 관리가 요구되는 제품과 TV · 냉장고 · 안마의자 · 침대 등 고가의 가전, 가구 제품 등에 이용된다. 한국소비자원은 22개 업체를 대상으로 '소유권 이전형 렌털' 제품의 총렌털비, 판매가격, 중도계약 해지에 따른 위약금 등 중요정보에 대해 조사해 발표했다. 이번 조사에 따르면 '안마의자', '가구', '가전제품'과 같이 설치 후 특별한 관리서비스를 거의 제공하지 않는 제품에서 일시불 구입가 대비 최소 104%에서 최대 306%까지 차이 나는 것으로 확인됐다.

출처: 아시아투데이, 2014. 7. 13.

② 공급사 관계유형[1)]

구매품목이 다양해짐에 따라 공급사도 많아지게 된다. 모든 공급사를 동일한 관계로 유지하는 것은 관리비용이 증가하고 차별화된 성과를 달성하기 어렵다. 따라서 공급사와의 관계를 수요와 공급의 경쟁유형별로 차별화하여 최적의 관계를 유지하도록 노력할 필요가 있다. 예를 들면 구매금액의 비중 그리고 대체 공급사의 존재 유무에 따른 공급시장의 위험도 분석을 통해 그림 7-3 과 같이 4가지 유형으로 분류할 수 있다.

가) 전략적 관계

- 개발구매 또는 공급사와의 긴밀한 제휴가 중요
- 원가절감이 아닌, 품질, 기술, 납기 등이 중요
- 상호 윈-윈(win-win) 관계설정이 중요

나) 협력적 관계

- 구매비용의 50% 비중
- 공급시장이 독과점이거나 소수업체가 기술력으로 시장을 지배
- 대체 품목이나 대체 업체의 발굴
- 공급대상 기업을 전략적 파트너로 인식
- 공동 기술개발 및 시장개척

다) 우선거래 관계

- 구매비용의 80% 비중
- 협상력을 이용한 가격할인 유도
- 장기적인 관계 설정
- 업무 프로세스의 시스템화

1) 출처: 액센츄어코리아, 구매혁신의 기술, 매일경제신문사, 2008.

그림 7-3 공급사 관계유형별 특징

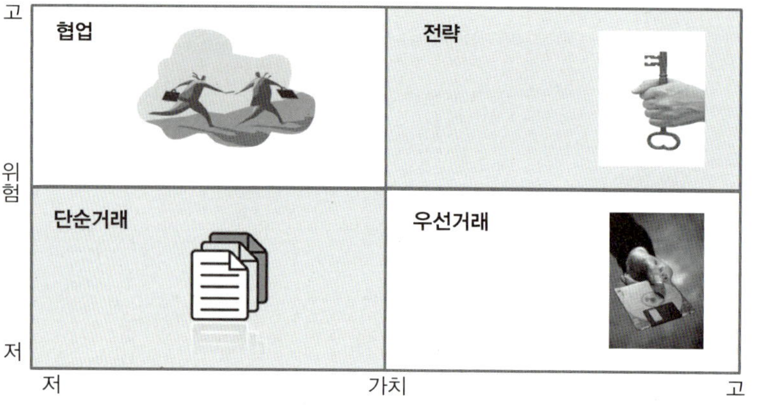

라) 단순거래 관계

- 구매빈도를 줄이고 자동화
- 공급사 간 경쟁 유도
- 자재의 공용화, 표준화
- 발주비율의 통제

한편, 동일 품목의 구매에 있어 단수의 공급자를 운영하는 경우와 복수의 공급자를 운영하는 경우의 장 · 단점을 생각할 필요가 있다. 단수의 공급자를 운영하는 경우, 구매물량의 규모를 이용한 협상력을 확보하여 유리한 구매조건을 유도할 수 있으며 균일한 품질의 제품을 납품받는 장점이 있다. 복수의 공급자를 운영하는 경우, 공급업체 간의 경쟁을 유도할 수 있고 공급업체의 화재나 파업으로 인해 공급차질이 발생할 경우 대비할 수 있는 장점이 있다.

③ 공급사 평가

공급사 평가는 그림 7-4 와 같이 공급사의 '역량'과 '성과'를 종합적으로 판단하는 것이 바람직하다. 그리고 거래횟수와 공급업체가 많아질수록 평가업무가 증가하므로 평가시스템 구축을 통하여 업무 부담을 줄이고 전략업무의 비중을 높이도록 한다.

그림 7-4 공급사 평가항목과 평가내용

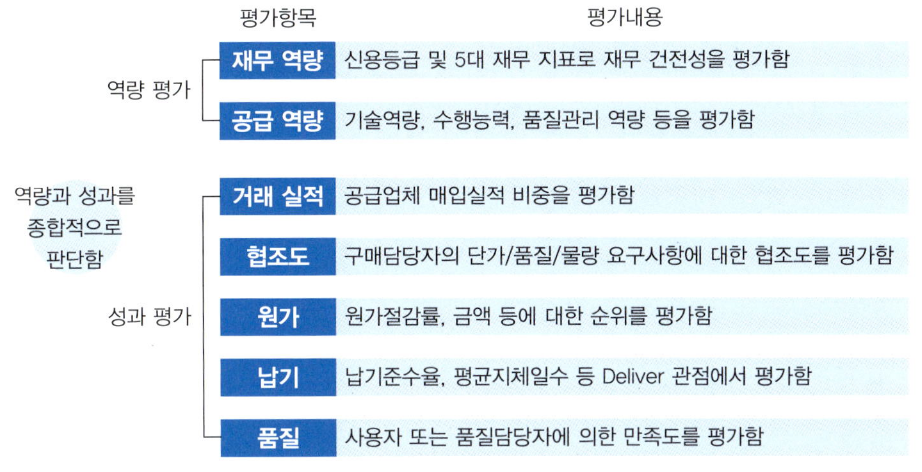

출처: 서대관, 구매 전략 및 공급망 협업에 관한 연구, Samsung SDS Journal of IT Services.

공급사 평가와 우선순위 선정에는 요인평가법을 사용할 수 있다. 예를 들어 '역량 평가'와 '성과평가'의 가중치를 각각 30%, 70% 반영한 요인평가법을 이용하여 공급사 'A', 'B', 'C'를 평가한 결과는 **표 7-2** 와 같으며 공급사 'C'의 우선순위가 가장 높다는 것을 알 수 있다.

요인평가법을 이용한 우선순위

의사결정에 영향을 주는 모든 요인(1, 2, ⋯, n)에 대하여 중요도를 고려한 가중치(w_1, ⋯, w_n)를 부여하고 각 후보업체(j)에 대하여 요인별 평점(s_{ij})을 부여한 후 가중평균값을 이용하여 후보업체의 우선순위를 구한다.

$$\text{후보업체 } j\text{의 가중평균값} = \sum_{i=1}^{n} w_i s_{ij}$$

n : 요인의 수
w_i : 요인 i의 가중치, $i = 1, \cdots, n$
s_{ij} : 후보업체 j의 요인 i에 대한 평점

표 7-2 요인평가법을 이용한 공급사 우선순위 결정 예제

평가항목	세부항목	가중치	공급사		
			A	B	C
역량평가(30%)	재무역량	10%	9	8	10
	공급역량	20%	7	8	9
성과평가(70%)	거래실적	10%	10	9	9
	협조도	10%	8	10	10
	원가	20%	10	7	9
	품질	20%	8	10	8
	납기	10%	9	10	9
	소계		8.6	8.7	9.0

2 | 전자구매와 전략구매

정보통신기술의 발달로 ERP를 비롯한 통합 정보시스템을 구축한 기업이 증가하고 기업 간 인터페이스가 개선되는 등 공급업체와의 관계가 변화되고 있으며 전자구매, 전략구매를 도입하고 있다.

1) 전자구매(e-procurement)

전자구매는 오프라인에서 진행됐던 구매요청, 적격업체 심사, 입찰 참가 신청, 낙찰자 선정, 계약, 보증서 제출 업무가 인터넷을 비롯한 온라인에서 진행되는 기업의 구매과정으로 정의할 수 있으며 다음과 같은 3가지 방법이 있다.

CPSM, 구매 담당자 필수 자격증으로 부상

기업 내 구매 · 조달 부서가 주목받고 있다. 2013년 LG전자, 포스코 ICT 등 주요 대기업이 구매 혁신 및 구매전문인재 양성, 공급망 혁신을 통해 원가 경쟁력을 높임으로써 비용절감에 성공하였고, 이것이 수익성 확보로 이어졌기 때문이다. 이에 국내외 기업들도 2014년도부터 '원가경쟁력 확보'에 더욱 더 박차를 가할 것이라는 강한 의지를 보이고 있다. 이러한 글로벌 경기 침체 속에 원가절감을 성공적으로 실현하고 있는 기업의 공통점은 구매조직의 전문성 확보를 위해 구매전문인력 양성에 투자를 아끼지 않았다는 점이다. 이처럼 원가절감이 기업 경영의 핵심 키워드로 떠오르면서 구매 담당자의 역할이 대두되고 있다. 구매공급분야의 세계적 석학, 한찬기 석좌교수(美볼링그린대)는 '상생경영의 토착화를 위한 연결고리' 칼럼에서 "글로벌 경기침체 속에서 한국기업이 살아남기 위해서는 원가절감과 구매혁신에 대한 철저한 고민과 실행이 절실하다"며 "이를 위해서는 전사적 차원에서 구매부문 경영기법을 도입하는 한편, 전문교육을 통해 구매 담당자의 능력 신장을 도모하는 것이 위기의 돌파구가 될 것"이라고 강조했다. ISM(美공급관리협회)에서 주관하는 CPSM은 구매 · 공급분야의 대표적인 자격증으로 구매 관련 실무뿐만 아니라 경영, 리더십, 물류, 전략적 구매에 이르는 폭넓은 지식 기반을 갖춘 구매자의 핵심역량과 전문성을 인증 받을 수 있는 자격증이다.

① **전자자료교환(EDI)** : 주문서, 납품서, 청구서 등 구매에 필요한 각종 서류를 표준화된 양식과 컴퓨터통신망을 이용하여 거래처에 전송하는 시스템이다. 기존의 서류를 통한 업무 처리와는 달리 컴퓨터를 이용하므로 빠르고 간편하게 업무를 처리할 수 있다. EDI는 1960년대에 미국의 복합운송업체(intermodal transportation)로 구성된 운송업계에서 문서의 전송지연 및 중복처리로 인한 비효율성을 해결하기 위해 1975년 처음으로 도입하였고 1978년 운송업계의 EDI 표준을 제정하게 되었다. 이후 항공, 육운, 철도, 해운 등의 표준들을 계속 개발하였다. 우리나라에서는 1987년에 대우자동차가 미국의 거래선인 제너럴모터스(GM)사와 EDI거래를 시작하면서 처음 도입된 후, 조달 EDI, 물류 EDI, 의료 EDI 등이 서비스되고 있다.

② **카탈로그 허브(catalog hub)** : 공급업체가 자신의 품목 카탈로그를 허브에 게재하면 구매자는 필요한 품목을 선택하고 온라인으로 구매한다. 카탈로그 허브는 수백 개의 공급업체를 연결하기 때문에 일대일로 연결하는 EDI에 비하여 많은 시간과 비용을 절감할 수 있다.

③ **경매(auction)** : '교환'의 발전된 형태로서 기업들이 구매를 위해 경쟁 입찰을 진행하여 최저 가격을 제시하는 업체에서 구매를 하는 방식이며 이와는 반대로 최고의 가격을 제시하는 업체에게 판매를 제의하는 역경매(reverse auction) 방식도 등장하고 있다.

2) 전략구매

전략구매는 기업의 총 구매비용을 최소화하고 품질을 향상하기 위한 체계적인 접근방법을 의미한다. 전략구매의 구성요소는 통합구매 확대, 우수 공급업체 선정, 품목 특성별 구매전략 수립, 시장조사 기능 및 협상력 강화 등을 들 수 있다.

① **통합구매 확대** : 품목별 개별구매보다는 통합구매를 추진함으로써 공급업체와의 구매협상력을 높이고 이를 이용한 가격인하 또는 추가 서비스를 요구할 수 있다.
② **우수 공급업체 선정** : 상시적 공급업체 평가를 통하여 가격, 품질, 대응력 등에서 우수한 공급업체를 지속적으로 발굴하고 이들 공급업체에 구매물량을 집중하여 가격인하를 유도하거나 장기계약을 통한 구매의 안정성을 높일 수 있다.
③ **품목 특성별 구매전략 수립** : 품목 특성별로 공급사와의 관계를 경쟁유형별로 차별화하여 최적의 관계를 유지하는 전략을 수립한다. 예를 들면 구매금액의 비중 그리고 대체 공급사의 존재유무에 따른 공급시장의 위험도 분석을 통해 협력적 품목, 전략품목, 경쟁품목, 단순품목으로 분류할 수 있다.
④ **시장조사 기능 및 협상력 강화** : 글로벌 구매환경에서는 신규 우수 공급업체가 새롭게 등장하므로 지속적인 시장조사와 모니터링을 통하여 우수 공급업체를 발굴하는 노력을 지속하여 기존 공급업체와의 계약조건에 만족하지 말고 구매협상력을 강화하여 보다 우수한 조건을 이끌어내도록 노력할 필요가 있다.

전자구매시스템, 의료 산업으로 확산

제조 기업을 중심으로 추진돼온 전자구매시스템 구축 사업이 의료 산업으로 확산되는 모습이다. 아산사회복지재단은 서울, 강릉, 금강, 보성, 보령, 영덕, 정읍, 홍천 등지에 소재한 8개 병원의 통합구매 업무를 일원화하고 병원 경영 효율화 및 협력업체와 동반성장을 이끌 목적으로 전자구매시스템을 도입했다. 시스템 구축은 구매 SCM 솔루션 전문업체인 엠로와 IT 서비스업체 현대BS&C가 맡았다.

구축된 전자구매시스템으로 재단은 병원별 구매 품목의 통합 표준화와 함께, 웹 기반으로 구매의 전반적인 업무를 자동화 및 통합화하게 됐다. 구매 담당자는 구매요청접수, 입찰, 견적, 업체선정, 계약, 발주, 마감, 정산, 협력사 평가 및 정보관리 등의 구매 업무를 시스템을 통해 원스톱으로 진행할 수 있게 됐다. 구매 경쟁력과 효율성을 개선하고, 동시에 다양한 구매 데이터가 상시 모니터링 가능해졌다. 협력업체는 구매요청 현황, 입찰현황, 견적현황 등의 여러 정보를 모바일 환경에서 제공받는다. 구매 영역에서 생성되는 각종 지표와 데이터는 전략적인 구매 계획 수립과 실행을 가능케 한다. 협력업체 또한 재단과 마찬가지로 판매 및 공급 업무를 시스템으로 하게 된다. 전자구매시스템을 통해 견적 제출, 개찰, 평가 및 업체 선정이 이뤄지는 등 재단 협력업체는 공정한 경쟁의 기회를 보장 받을 수 있다.

프로젝트 관계자는 "여러 병원들이 하나의 시스템으로 구매 및 협력업체를 관리하기 때문에 경영 혁신은 물론 공급망 전체의 경쟁력을 진일보하게 만들어 줄 것"이라며 "협력업체와 동반성장은 더욱 가시화될 것으로 본다"고 말했다.

출처: zdnet, 2014. 3. 5.

3 | 자재소요계획

1970년대 IBM의 오리키(Orlicky)와 와이트(Wight)에 의해 개발된 자재소요계획(MRP: material requirement planning)은 컴퓨터에 기초하여 종속수요의 소요량과 소요시간, 주문의 독촉 · 취소 · 지연 등을 효율적으로 계획하는 자재수급 관리시스템이다. MRP결과는 원자재 구매계획과 생산지시의 기초자료로 활용된다. 6장에서는 완제품처럼 수요가 다른 품목에 종속되지 않은 독립적인 수요의 재고관리를 다루고 있는 반면에 자재소요계획은 수요가 상위품목에 종속되어 있는 자재의 재고관리기법이다.

1) MRP 입력자료

MRP를 수행하는 데 요구되는 3대 입력 자료는 주 일정계획(MPS: master production schedule), 자재명세서(BOM: bill of material), 재고현황철(inventory records)이다. 주 일정계획은 생산되어야 할 최종제품의 생산계획으로 생산시기와 생산량을 나타낸다. 자재명세서는 모든 원자재, 부품, 구성품, 부분품에 대한 단계별 소요량을 표시한다. 재고현황철은 모든 품목들에 대한 조달기간, 재고량, 기 주문량 등의 정보를 제공하고 수불현황에 따라 재고현황이 갱신된다.

① 주 일정계획

주 일정계획은 완제품의 생산량과 생산시기에 관한 주별, 월별 종합일정계획이다. 여기에서 계획기간 동안 최종품목이 언제 얼마만큼 주문(혹은 생산)되어야 할 것인지가 나타난다. 표 7-3 을 보면 총괄생산계획은 1월과 2월에 총괄적으로 1,000개와 1,200개를 생산할 계획인 반면에 주 일정계획은 각 주차에 어떤 품목을 생산할지가 구체적으로 명시된 계획이다.

그림 7-5 MRP시스템의 구조

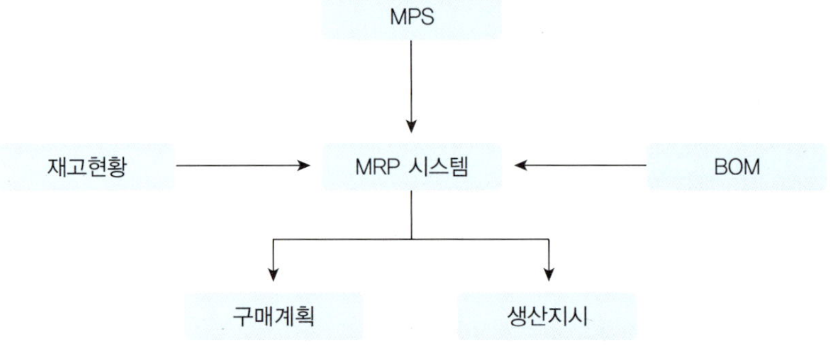

표 7-3 주 일정계획

총괄생산계획	1월				2월			
	1,000				1,200			
주 일정계획	1주	2주	3주	4주	5주	6주	7주	8주
#100	100		100		300			100
#201		200	200			300		100
#202	200			200			300	100

LG CNS "BOM 관리시장 잡자"

LG CNS는 글로벌 자재명세서(BOM: Bill of Materials) 관리 · 운영체계를 수립 완료하고 본격적인 BOM 관리시장 공략에 나선다고 밝혔다. BOM 관리는 완제품 하나를 만드는 데 쓰이는 부품의 종류, 수량 등의 정보를 기록한 자재명세서인 BOM 정보를 활용해 제품의 생성에서부터 폐기까지 제품정보와 속성을 공유하고 관리하는 것을 말한다. 특히 최근 들어 전사적자원관리(ERP)의 선결과제로 중요성이 부각되고 있다.

기존 제품수명주기관리(PLM) 솔루션이나 전사적자원관리(ERP) 패키지를 이용해 BOM을 관리할 경우 정보의 부정확성으로 인해 불필요한 재고가 발생하고 제품 불량률이 높아지는 등 많은 문제점이 노출된다. 이 때문에 특화된 BOM 관리 · 운영 체계에 대한 시장의 요구가 점차 커지고 있다고 LG CNS 측은 설명했다.

체계적인 BOM 관리체계를 도입할 경우 제조기업은 기획, 개발, 양산에 이르기까지 원가, 중량, 투자비의 변동과 추이를 분석할 수 있다. 또 옵션 부품의 선택 폭이 확대돼 고객의 다양한 요구에 대응할 수 있게 된다. 이 밖에 설계변경 관리 공수가 감소하고, 공정별로 부품 소요량을 실시간 산출할 수 있으며, 사후서비스 부문에서 재고를 줄일 수 있다. 이로써 제조기업은 업무 효율성과 생산성 제고 및 제품 개발 기간 단축을 통한 원가절감 효과를 누릴 수 있게 된다.

이번에 수립 완료된 LG CNS의 '글로벌 BOM 관리 · 운영 체계'는 지난 7년간 LG 주요 자매사에 성공적으로 적용해 도입효과를 검증받은 것으로, 국내 · 외 법인의 BOM 정보를 총괄 관리함으로써 글로벌 시장에서 경쟁력 있게 대응하게 해준다.

출처: 디지털타임스, 2007. 3. 2.

② **자재명세서**(BOM: bill of material)

그림 7-6 의 자재명세서는 최종품목과 각 구성품 간의 관계를 나타낸 것이다. 자재명세서에는 최종품목의 생산에 사용되는 모든 구성품과 각 구성품의 필요량 그리고 각 구성품의 조립순서 등이 명시된다. 자재명세서는 제품이 어떻게 만들어지는가를 보여주기 때문에 흔히 제품구조도(product structure diagram) 또는 제품구조 나무(product structure tree)라고 불린다. 그림 7-6 을 보면 A라는 제품 1개를 조립하기 위해서는 B라는 반제품 2개와 C라는 반제품 3개가 소요되고 B라는 반제품 1개를 생산하기 위해서는 D라는 부품 2개가 소요됨을 의미한다. 그리고 A는 1주, B는 2주, C는 1주, D는 2주의 조달(조립)기간이 필요함을 의미한다. 그림 7-7 과 그림 7-8 은 우리 주변의 PC와 바닐라 라떼에 대한 자재명세서(또는 레시피)를 보여주고 있는데 제조업의 자재명세서는 음식업의 레시피와 유사한 기능을 담당한다.

그림 7-6 자재명세서 예제

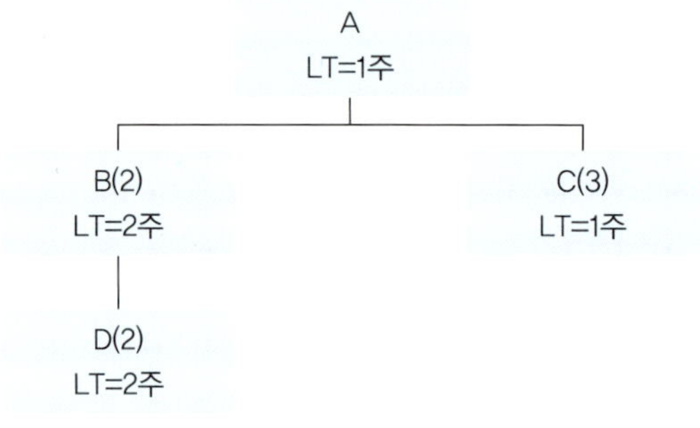

그림 7-7 데스크탑 PC의 자재명세서

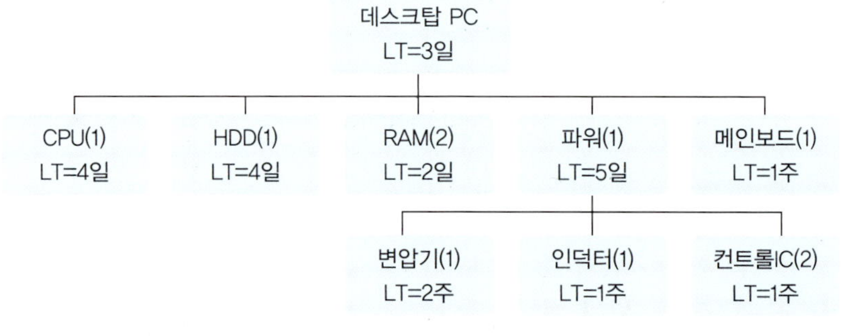

그림 7-8 바닐라 라떼의 레시피

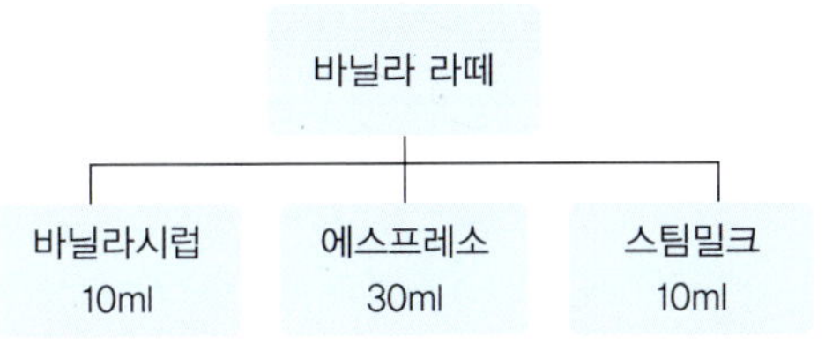

③ 재고현황철

재고현황철은 각 품목의 재고에 관한 모든 정보를 제공하며 재고현황철에는 조달기간, 현보유재고, 주문 중인 양 등 MRP에 필요한 여러 가지 정보가 담겨 있다.

④ 계획수취량과 발주량 계산

부품의 발주량 계산방법은 Lot Sizing과 Lot for Lot방식이 있다. Lot Sizing은 최소 구매량의 일정배수로 발주한다. 예를 들어 최소구매량(Lot Size)이 50인 경우, 순소요량이 80인 경우는 50의 2배인 100개를 발주한다. 반면 Lot for Lot은 순소요량 자체를 발주하므로 80개를 발주한다.

2) MRP 시스템 운영원리

그림 7-6 과 같은 자재명세서를 가지는 A제품에 대하여 8주차에 200개의 주 일정계획이 수립된 경우 최소구매량(Lot Size) 100을 적용하여 하위 부품 B, C, D에 대한 MRP 수립결과는 표 7-4 와 같다.

표 7-4 에서 예정수취량은 MRP 계획수립 이전에 미리 발주가 진행되어 수취가 예상된 값을 의미하며 매주 현재고(예상)는 현재고량에 예정수취량과 총소요량을 감안하여 계산된다. 순소요량은 총소요량에서 현재고(예상)를 뺀 값으로 결정되며 계획수취량은 순소요량과 같다. 발주량은 계획수취량에서 조달기간(LT)을 감안한 이전시점에 발주가 된다. 8주차에 A제품 200개가 필요하며 현재고와 예정수취량을 고려하면 7주차에 A에 대한 100개의 발주가 이루어져야 한다. 7주차에 A제품 100개의 발주를 위해

표 7-4 MRP 수행결과

			1주	2주	3주	4주	5주	6주	7주	8주
A(LT=1주)	총소요량									200
	예정수취량		20	20	10					
	현재고(예상)	50	70	90	100	100	100	100	100	100
	순소요량									200−100
	계획수취량									100
	발주량								100	
B(LT=2주)	총소요량								200	
	예정수취량		20			20				
	현재고(예상)	30	50	50	50	70	70	70	70	
	순소요량								200−70	
	계획수취량								130	
	발주량						200			
C(LT=1주)	총소요량								300	
	예정수취량			50		50				
	현재고(예상)	100	100	150	150	200	200	200	200	
	순소요량								300−200	
	계획수취량								100	
	발주량							100		
D(LT=2주)	총소요량						400			
	예정수취량									
	현재고(예상)	80	80	80	80	80	80			
	순소요량						400−80			
	계획수취량						320			
	발주량					400				

서는 부품 B가 7주차에 200개, 부품 C가 7주차에 300개 필요하다. 이를 위해서는 5주차에 부품 B에 대해 200개, 6주차에 부품 C에 대해 100개의 발주가 이루어져야 한다. 이와 같은 계산을 반복하면 부품 D는 3주차에 400개의 발주가 이루어져야 한다.

3) MRP시스템의 한계와 발전

MRP 계획은 생산관리의 영역에서뿐만 아니라 마케팅, 재무, 회계, 엔지니어링 등과 관련되어 기업 내의 모든 부서에서 현금, 인력, 기계설비, 자본재 등 모든 제조자원을 계획하고 통제하는 기본정보로 공유되고 활용될 수 있다.

따라서 주 일정계획, 자재명세서, 재고현황 등 기준정보가 정확하게 관리되어야 MRP의 정확도가 높아질 수 있다. MRP는 생산능력을 고려하고 있지 않기 때문에 조달기간을 동일하게 가정하고 있다. 즉 생산량이 100개 또는 500개 모두 동일한 조달기간이 소요된다고 가정을 하기 때문에 계획을 실행할 경우 생산능력의 한계로 인하여 조달기간의 지연이 발생하고 생산일정의 차질이 발생할 불확실성을 가지고 있다. MRP는 이후 MRPII, ERP가 등장하는 계기가 되었다.

MRPII(제조자원계획)는 기업의 인력, 설비, 자금 등 제조와 관련된 자원에 착안하여 활동을 계획 · 관리하는 기법을 의미한다. MRP의 한계를 극복하기 위하여 자재소요계획에 인력, 설비, 재무 등의 자원계획을 확장한 계획이다.

ERP(전사적 자원관리시스템)는 기업 내의 인력, 물건, 자금, 정보 등의 경영자원을 유용하게 활용하기 위해 생산, 판매, 구매, 재무, 인사, 회계 등의 업무를 통합지원하는 정보시스템으로 발전해 왔다.

MRP → MRPII → ERP

4 | 전사적 자원관리시스템

최근 정보기술의 발전은 기업 활동에 영향을 미치는 기업 내부와 외부의 모든 자원에 대한 통합적 관리가 필요하게 되었고, 이를 위해 등장한 개념이 전사적 자원관리시스템(ERP: enterprise resource planning)이다. ERP는 기업의 전 부문에 걸친 인력, 자금 등 각종 경영자원을 하나의 통합된 체계로 구축함으로써 생산성과 대외경쟁력을 높이기 위한 전사적 자원관리 기법이다. 가트너그룹(gartner group)은 ERP를 "기업 내 각 업무기능들이 조화롭게 발휘할 수 있도록 지원하는 차세대 통합 업무시스템"으로 정의하고 있다.

쉬어가기

삼성전자가 차세대 ERP(전사적자원관리) 시스템인 'N-ERP'를 구축하였다. N-ERP는 SAP 인메모리 데이터베이스(DB)인 HANA가 적용된 ERP인 S/4 HANA 기반으로 구축됐다. S/4 ERP가 구축, 가동된 글로벌 첫 사례로 의미가 크다. 삼성전자에 따르면, 새로운 비즈니스의 등장과 융복합화 등 미래 경영환경의 변화를 지원할 수 있는 혁신 플랫폼을 마련하기 위해 최신 기술의 SAP ERP 솔루션 패키지를 기반으로 30개월간 시스템을 개발했다.

삼성전자 'N-ERP'의 특징은 ▲대용량 데이터 처리를 위한 시스템 성능 향상 ▲D2C(Direct to Consumer) 등 새로운 비즈니스 대응을 위해 유연한 아키텍처/프로세스 구축 ▲인공지능을 통한 업무 의사결정 지원과 OCR(광학문자 판독)을 활용한 업무 자동화 등이다. 특히 'N-ERP'는 데이터 처리와 분석 속도 향상을 위해 SAP의 인메모리 데이터베이스(In-Memory Database) 시스템을 적용했다. 또, 대용량 하드웨어(메모리)를 병렬 연결을 추가해 비즈니스 확대에 따른 급속한 데이터 증가에도 유연하게 대응할 수 있도록 했다. 이를 통해 최근 온라인 판매 확대에 따른 대량의 소비자 주문 현황과 전체 공급망 상황을 실시간으로 분석할 수 있고, 이를 기반으로 상세한 경영 시뮬레이션도 가능해 임직원들이 더 합리적인 의사결정을 할 수 있게 된다. 또 새로운 비즈니스를 지원하고 미래 경영환경의 변화에 효과적으로 대응하기 위해 시스템의 유연성을 강화하고 프로세스도 효율화시켰다. 이와 함께 사내외 시스템 간의 데이터를 실시간으로 연계해 내외부 조직 전체의 협업이 효과적으로 이뤄지도록 했고다. 클라우드 기반의 전문 솔루션을 도입해 다양한 업무 환경에서도 신속하고 효율적으로 업무를 진행할 수 있도록 지원한다. 이 밖에 의사결정을 지원하는 머신러닝, 문자를 인식할 수 있는 OCR, 채팅을 통해 업무처리를 돕는 챗봇 등의 프로세스 자동화 플랫폼을 구축해 임직원들이 더 편하게 시스템을 사용하며 핵심 업무에만 집중할 수 있도록 했다.

출처: 디지털데일리, 2021. 4. 5.

1) ERP시스템 도입 필요성

기업에서 ERP시스템을 도입하여 어떠한 효과를 얻을 수 있을지를 이해하기 위하여 이미 ERP시스템을 도입하여 활용하고 있는 선진기업들의 ERP시스템의 도입 효과를 정리해보면 그림 7-9 와 같다.

① 이미 선진기업에서 증명된 신기술과 프로세스를 지닌 ERP시스템을 도입함으로써 새로운 정보기술시스템을 빠르게 구축할 수 있다. 또한 ERP시스템은 선진기업들이 운영하고 있는 여러 비즈니스 형태를 모델링한 여러 부문의 실제 업무에 바로 적용 가능한 여러 가지의 최적 운영 모델을 제공하고 있기 때문에 고객은 이것들을 활용하여 변화에 대하여 원활하게 대처할 수 있다.

② 정보통신의 발전은 세계 여러 나라의 모든 사람과 기업을 고객화할 수 있는 기회를 제공할 수 있으며, 대부분의 ERP는 전자상거래 기능을 제공하고 있기 때문에 새로운 기회를 수용할 수 있다.

③ 기업 내 · 외에서 얻은 지식을 공유하여 기업경영의 성과를 높일 수 있도록 전사적으로 지식공유가 가능하게 된다.

④ 최적 사업운영모델을 응용하여 신규사업 진출, 기업 간 합병, 새로운 기업문화나 가치사슬 구축 등 새로운 창조가 비교적 쉽게 이루어진다.

⑤ 국경이 없는 무한경쟁시대에 글로벌 경영지원의 원동력이 될 수 있다.

그림 7-9 ERP시스템의 도입 효과

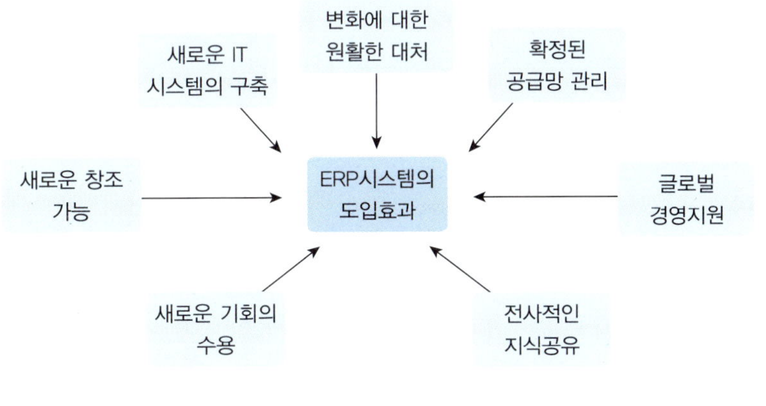

2) ERP시스템의 특성

ERP시스템은 기존 업무별로 관리하던 생산, 자재, 영업, 인사, 회계 등 기업 전반에 걸친 자원을 하나의 체계로 통합 관리할 수 있는 통합시스템 구축이 가능하다는 것이다. MRP, MRPII의 단점인 비유연성을 최소화하고 신기술인 객체지향기술을 받아들여 분산화되고 개방된 시스템으로 운영되며 구현기간을 최소화할 수 있도록 향상된 기능과 최신의 정보기술을 적용하여 점진적인 업그레이드가 가능하다.

① 통합업무시스템

ERP시스템의 가장 큰 특징은 영업, 생산, 구매, 재고, 회계, 인사 등 회사 내의 모든 업무가 상호 긴밀한 관계를 유지하면서 실시간에 통합적으로 처리된다는 것이다.

② 통합데이터베이스

통합데이터베이스는 가공하지 않은 원데이터를 중복 없이 저장하여 실시간으로 결합한 것이다. 따라서 일선의 업무담당자도 여러 가지 조건을 설정해 놓고 자유롭게 데이터베이스를 검색하고 분석할 수 있다.

③ 비즈니스 프로세스 모델

ERP패키지는 비즈니스 프로세스별로 해외 선도기업의 뛰어난 비즈니스 프로세스 모델들이 최고 실행사례(best practice)로 참조할 수 있다.

④ 전자자료교환(EDI)과 전자거래대응이 가능

ERP시스템에 EDI를 연계하여 모든 문서가 EDI로 진행되므로 업무처리의 신속성과 정확성, 표준화를 이룩할 수 있다.

⑤ EIS(executive information system, 중역정보시스템)기능

ERP시스템은 가공되지 않은 데이터베이스를 유지하고 있으므로 중역이 원하는 분석방향에 따라 자유롭게 보고기능, 하향조사기능, 개인별로 조작순서를 최적화하는 기능, 생산 · 판매 · 재무 · 인사 · 회계정보를 자유롭게 조회할 수 있는 기능을 포함하고 있다. 따라서 경영자들이 EIS를 이용하여 원하는 정보를 신속하고 다양한 측면에서 분석할 수 있다.

⑥ 확장 및 연계성이 뛰어난 오픈 시스템

ERP시스템은 어떠한 운영체제나 데이터베이스에서도 잘 운영되게 되어 있어 시스템의 확장이나 다른 시스템과의 연계가 쉽다.

⑦ 글로벌화에 대한 대응

ERP시스템은 다국적(multinational), 다통화(multicurrency), 다언어(multilanguage)를 기본으로 하고 있고 각 산업별 유형에 따라 글로벌한 통제기능을 구비하고 있어 글로벌화에 대한 대응이 가능하다.

3) ERP 기본모듈

ERP 패키지를 공급하는 SAP나 오라클에 따라 차이는 있지만 표 7-5 와 같이 로지스틱스, 회계, 인사관리 모듈로 구분되어 제공된다.

표 7-5 ERP패키지의 기본모듈

로지스틱스 모듈	회계 모듈	인사 모듈
영업시스템(SD: sales and distribution) 구매 및 자재관리(MM: material management) 생산관리(PP: production planning) 설비와 유지관리(PM: plant maintenance)	재무회계(FI) 자산관리(AM) 관리회계(CO)	인사관리(HR)

격동의 2014년 기업용 SW 시장 … 오라클, SAP 등 주요 업체 움직임 전망

오라클: 오라클은 영업 자동화, 마케팅, 서비스, 지원을 아우르는 '고객 경험' 소프트웨어에 집중 투자하고 있다.

최근에는 B2C(Business to Customer) 마케팅 소프트웨어 개발업체인 리스폰시스(Responsys)를 인수했고, 이를 이전에 인수한 엘로콰(Eloqua), 컴펜디움(Compendium) 기술과 통합할 계획을 세우고 있다. 오라클은 자사의 고객 경험 소프트웨어를 개선해 세일즈포스닷컴, 어도비, SAP 등과의 차별화를 꾀할 것이다.

SAP: 최근 몇 년 동안 SAP 마케팅 부서가 가장 빈번하게 사용한 말은 자사의 인메모리 데이터베이스인 '하나'(HANA)이다. SAP는 오라클 대신 자사의 HANA를 사용하기 시작한 기업들의 성공사례에 이목을 집중시키려 할 것이다. 오라클이 데이터베이스 신제품을 내놨고, 인메모리 제품이 아직 출시되지 않은 상황임을 고려하면 많은 기업을 고객사로 유치하기 쉽지 않을 수도 있다. 이를 위해서는 기업에 HANA를 도입하는 것이 위험하지 않으며 많은 장점이 있다는 확신을 심어주어야 할 것이다.

세일즈포스닷컴: 지난해 11월 드림포스(Dreamforce) 콘퍼런스에서 새로 발표한 개발 플랫폼 '세일즈포스 1'(Salesforce1)에 주목한다. 세일즈포스닷컴은 버디 미디어(Buddy Media)와 이그젝트타겟(ExactTarget) 등을 인수해 자사의 마케팅 클라우드(Marketing Cloud) 제품군에도 주력할 것으로 전망하나 세일즈포스닷컴의 분석 제품군이 다소 취약하다는 평가다.

마이크로소프트: 새로운 CEO를 영입하게 될 마이크로소프트도 주목하고 있다. 스티브 발머는 지난해 마이크로소프트의 다이내믹스(Dynamics) ERP와 CRM 사업을 구별해 조직 재정립을 위한 하나의 독립체로 유지했다. 다이내믹스는 마이크로소프트의 판매 인력들이 단순히 IT 부서보다 경영진과 더 많은 대화를 나눌 수 있는 수단으로, 마이크로소프트의 다른 제품을 판매할 수 있는 새로운 경로가 될 수 있다는 평가를 받고 있다.

워크데이(Workday): HCM(Human Capital Management) 소프트웨어 업체인 워크데이는 2012년 말에 단행했던 IPO를 유지하고 있으며, 2014년에는 재무 소프트웨어 제품군을 발표하고 전통적으로 오라클과 SAP의 고객이었던 대기업에 이를 공급하면서 여세를 몰아갈 것으로 보인다. 지난해 11월 공동 CEO 아닐 부스리는 3분기 전 세계적으로 550개 이상의 고객사를 보유하고 있다고 밝혔다. 이어 그는 10개의 새로운 금융 고객사를 확보했다고 밝혔으나, 그 중 포천 1,000에 속한 기업은 없다고 덧붙였다.

넷스위트(NetSuite): 클라우드 기반 ERP 업체인 넷스위트는 무엇보다도 HCM 전략을 어떻게 발전시킬지가 흥미롭다. 넷스위트는 최근 중소기업에 서비스를 제공하는 트라이브HR(TribeHR)을 인수하고 동시에 대기업 시장 공략을 위해 오라클이나 기타 기업들과 협력관계를 구축하고 있다.

인포(Infor): 최근 사용자 인터페이스(User Interface)를 개선하고 수백 명의 개발자를 추가로 채용하고 세일즈포스닷컴 등의 클라우드 업체와 협력관계도 구축했다.

출처: itworld, 2014. 1. 7.

RPA의 진화, Intelligent Process Automation

기업들은 비용을 효율화하고 고객 만족도를 개선하며 직원의 참여를 확대하기 위해 1980년대 이후 ERP(Enterprise Resource Planning), BPM(Business Process Management), BPO(Business Process Outsourcing) 등의 업무 자동화 시스템을 적용하기 시작하였고, 글로벌 금융위기 이후에는 린 경영 등을 적용하면서 내부 업무 구조를 개선하고 생산성을 향상시켜 한정된 자원으로 더 많은 성과를 내기 위해 노력해왔습니다. 이러한 활동은 기업을 선진화하고 생산성을 확대하는 등 다양한 측면에서 상당한 성과를 거두었으나 디지털 기능 및 혁신을 통한 새로운 가치 창출은 다소 미흡했습니다.

오늘날에는 디지털 기술의 발달과 함께 인공지능, 클라우드, 사물인터넷(IoT), 블록체인 등의 획기적 기술을 통한 4차 산업혁명이 일어나고 있고, 기업의 최대 화두인 디지털 트랜스포메이션(Digital Transformation)을 통해 변화하는 미래에 생존하기 위한 디지털 혁신을 준비하고 있습니다.

제조 현장은 기계를 통한 산업혁명을 시작으로 공장 내 로봇을 도입하여 물리적 로봇이 사람의 노동력을 대체하고 공장 자동화를 통해 생산력을 극대화하는 Smart Factory로 진화하고 있고, 사무업무 환경에서도 비즈니스 생산성을 높일 디지털 병기가 적용되고 있습니다. 사무 환경의 디지털 혁신 도구는 RPA(Robotic Process Automation)로 –제조 현장의 물리적 로봇과 같이– 소프트웨어 로봇이 사람의 저부가가치 업무를 대체하고 자동화하여 생산성을 향상시키고, 사람과 Digital Worker가 함께 일하는 새로운 업무 형태로의 전환을 가능하게 합니다.

RPA(Robotic Process Automation)는 사용자가 반복적으로 처리해야 하는 업무를 소프트웨어 로봇을 통해 자동화하는 솔루션으로, 데이터 입력이나 취합, 이메일 보내기 등 △빈번하고 대량으로 실행되는 작업, △다수의 인력이 수행하는 작업, △휴먼 에러가 자주 발생하는 작업, △단순 규칙과 로직에 기반한 작업 및 예외사항이 적은 업무, △다양한 시스템 Access가 필요한 업무(ex. Legacy ↔ ERP 연계 작업), △표준화 · 구조화된 데이터를 처리하는 일, △특정 기간에 집중되는 업무 등에 적용이 가능합니다.

RPA는 소프트웨어 로봇(bot)을 활용하여 정형화된 업무를 자동화하여 인건비 절감 및 휴먼 에러를 제거하고, 직원은 부가가치가 높은 창의적 업무에 집중할 수 있어 직원 경험을 향상시키며, 24/7 중단 없는 업무수행 등으로 생산성 향상을 도모할 수 있습니다. 또한, 대규모 IT 시스템(ERP, BPM) 개선이 어려운 상황에서 RPA를 통한 시스템 연결로 시스템 간 자동화된 업무 처리도 가능합니다.

RPA 기술 확산 초기의 글로벌 도입사례를 보면, 월마트, 도이치뱅크, AT&T, Ernst & Young, 아메리칸 익스프레스 등이 RPA를 적용하여 지속적으로 발생하는 반복 업무를 자동화하고 직접 인력 고용을 대체하여 비용을 절감하였습니다.

출처: 삼성sds 인사이트 리포트, 2021. 5. 31.

7장

연습문제

1 총소유비용(TCO)의 의미를 설명하시오.

2 구매업무의 역할변화를 설명하시오.

3 구매업무의 원가절감이 기업의 수익성에 미치는 영향을 설명하시오.

4 구매업무의 복잡성을 설명하시오.

5 공급사 관계유형을 설명하고 대응방안을 설명하시오.

6 공급사 평가항목을 설명하시오.

7 자재소요계획의 3대 입력요소를 설명하시오.

8 Lot for Lot과 Lot Sizing의 발주방식을 비교하여 설명하시오.

9 자재소요계획과 실제 운영에 있어서 차이가 발생하는 원인을 설명하시오.

10 스마트폰의 자재명세서를 작성해 보시오.

11 A 제품의 자재명세서와 주 일정계획이 다음과 같다.

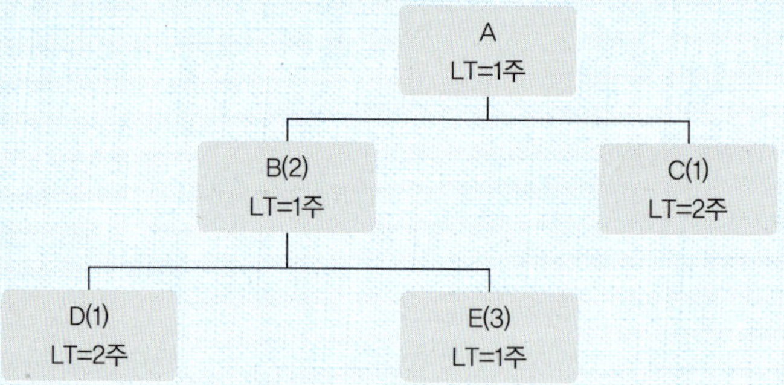

기간	1주	2주	3주	4주	5주	6주	7주	8주
수요								80

1) lot for lot 방법을 이용하여 발주계획을 작성하시오.

2) lot size가 50인 경우 발주계획을 작성하시오.

3) 부품 D의 조달기간이 1주일 지연될 경우 자재소요계획상에 발생하는 문제점을 설명하시오.

12 RPA 도입 배경과 기대 효과를 설명하시오.

CHAPTER

8

총괄생산계획

도입사례

"삼성은 판매생산계획, 애플은 제품혁신 독보적"

매년 5월이면 주요 업체의 공급망관리(SCM) 책임자들은 바짝 긴장한다. 세계적인 리서치업체 가트너가 SCM 경쟁력을 순위로 매겨 발표하기 때문이다. 일부 업체에서는 순위를 두고 볼멘소리가 나오기도 한다. SCM은 미리 예측한 수요를 바탕으로 제품을 생산하고, 이를 소비자가 원하는 시간과 장소에 정확히 공급하는 일련의 과정이다.

수요예측과 생산, 판매 등을 얼마나 동기화했는지가 핵심이다.

제인 버렛 가트너 SCM총괄 수석부사장은 이데일리와의 인터뷰에서 "불확실성이 커지면서 SCM에 어려움을 겪고 있었고 최고경영진부터 SCM을 사업전략의 주요 부분으로 구현하는 방안과 불황일수록 SCM에 더 투자해 미래에 대비해야 한다"고 말했다.

– 한국 기업에게 SCM에 대해 조언한다면.

"한국 기업은 대부분 제조를 잘하고 부품 구매, 고객 서비스, 물류 분야도 강하다. 문제는 전사적으로 통합된 SCM을 하고 있지 않다는 것이다. 이것은 긴 여정이다. 새로운 사업이 생겼을 땐 그에 맞는 SCM을 또 해야 한다."

– 삼성 SCM의 특징은.

"삼성의 사업모델은 아주 복잡하다. 그럼에도 판매생산 계획(S&OP) 운영에서 독보적이다. 제품을 적기에 공급하는 능력이 최고다. 다양한 사업에서 SCM 역량이 고른 것도 장점이다."

– 삼성 스마트폰이 빠른 속도로 1위에 올랐는데.

"가전매장에 갔을 때 제품이 있는지 없는지가 성공의 열쇠다. 예컨대 삼성 TV를 사러갔지만, 없다면 LG나 소니 제품을 살 수 있다. 최근 스마트폰 시장은 그런 경향이 더 심해지고 있다. SCM의 중요성이 재조명되고 있다."

– 애플 SCM의 특징은.

"애플은 훨씬 단순하다. 예전에 『애플, 광적인 단순함(Apple, insanely simple)』이라는 책을 읽었는데, 고(故) 스티브 잡스가 모든 것을 단순하게 만드는 데 얼마나 집중했는지 알 수 있었다. 그게 애플의 DNA다." 애플은 가트너가 매년 발표하는 SCM 경쟁력 순위에서 5년 연속 1위를 차지했다. 올해 삼성전자의 순위는 13위. 그는 "애플은 수요를 예측하기보다 혁신을 바탕으로 수요를 창출하는 기업"이라고 했다.

– 삼성과 애플 간 SCM 전략의 차이는

"애플은 단순화한 SCM을 통해 아웃소싱 역시 타이트하게 관리한다. 물론 그 바탕은 수요를 창출해 내는 혁신 제품이다. 애플은 (삼성 등 다른 기업처럼 수요를 예측하지 않아도 돼) SCM이 더 수월하다."

출처: 이데일리, 2012. 11. 6.

총괄생산계획(또는 총괄계획)은 기업의 중 · 장기적인 수요에 대응하여 공급계획(supply plan)을 수립한다. 즉, 중 · 장기적으로 기업의 생산능력을 고려하여 전반적인 생산수준, 재고수준, 고용수준 등을 결정한다. 총괄계획은 대상기간이 6개월에서 2년, 평균적으로는 1년(12개월) 정도인 중기계획이다. 총괄계획은 수요를 충족시켜야 하고, 생산설비의 생산능력 범위 내에서 이루어져야 하며, 사업전략에 부합하고, 관련 비용이 최소가 되도록 수립되어야 한다. 총괄계획은 개별 제품별로 수립되는 것이 아니라 여러 제품을 총괄할 수 있는 공통의 산출단위(총괄 생산단위)에 의해 전체 제품을 총괄하여 수립된다. 예를 들어 자동차 회사의 경우 공통의 산출단위인 완성차 대수를 기준으로 수립하는 것이지 자동차 모델별/옵션별 세부적으로 수립하지는 않는다.

1 | 수요와 공급의 균형

1) 생산능력의 측정과 규모결정

생산능력은 '어떤 생산운영시스템이 특정 기간에 특정 제품이나 서비스를 생산 또는 처리할 수 있는 최대 산출량'으로 정의할 수 있고 생산능력을 측정하는 방법은 표 8-1 처럼 산출량을 기준으로 측정하는 방법과 투입량을 기준으로 측정하는 방법이 있다. 정유회사와 전력회사는 '일일 생산량'과 같은 산출량을 기준으로 생산능력을 측정하는 반면, 항공사의 경우는 보유하고 있는 '항공기 대수'와 '좌석 수', 호텔의 경우는 '객실 수'와 같이 투입량을 기준으로 측정한다.

생산능력의 규모에 따라 설비구입, 인력고용, 투자금 등이 달라지므로 기업의 외부 환경과 내부 역량을 고려하여 최적의 생산능력 규모를 결정해야 한다. 일반적으로 생산량이 많을수록 '규모의 경제' 효과를 기대할 수 있지만, 오히려 '규모의 비경제'가 발생할 위험도 존재하므로 종합적인 분석을 통해 최적의 생산능력 규모를 결정할 필요가 있다.

표 8-1 생산능력의 측정기준

산출량(output) 기준		투입량(input) 기준	
		항공사	비행기별 좌석 수
정유회사	일일 생산량(barrel)	호텔	객실 수
엔진공장	월간 기계시간	슈퍼마켓	계산대의 수
전력회사	일일 전력생산량(watt/시간)	창고	공간의 크기
제지회사	주당 종이생산량(톤수)	백화점	매장의 크기
		테니스장	코트의 수

출처: 윤재홍, 생산운영관리, 한경사, 2013.

① **규모의 경제**(economies of scale)

'규모의 경제'는 생산량이 증가함에 따라 제품의 단위당 생산비용이 감소함을 의미한다. 대규모 투자가 필요한 공장 설립과 설비구매 등의 고정비용은 생산량이 많아질수록 단위당 평균생산비용이 줄어드는 효과가 발생하게 되므로 생산비용을 절감하기 위해서는 대량생산체계가 수반되어야 함을 의미한다.

그러나 생산량이 일정 한계를 초과하면 오히려 단위당 평균생산비용이 증가하는 '규모의 비경제'가 발생할 수 있다. 규모의 비경제가 발생하는 유형으로는 유통지역의 확대에 따른 '유통의 비경제', 감독자 및 사무업무의 증가로 인한 '관료화의 비경제',

그림 8-1 규모의 경제와 규모의 비경제

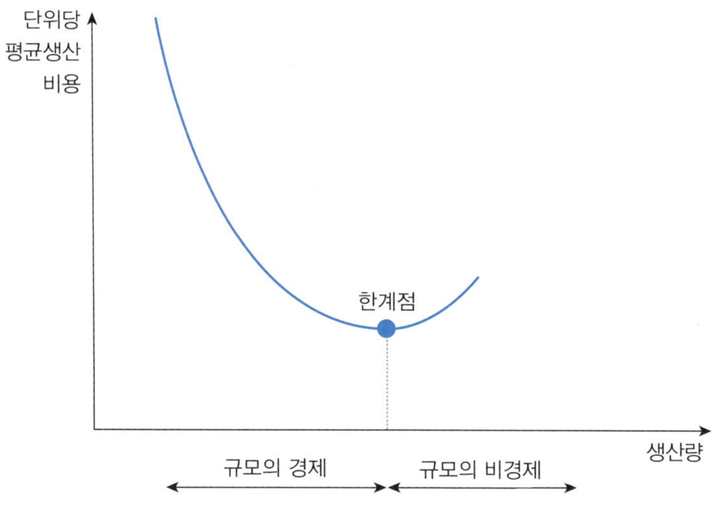

부품과 생산공정의 복잡성 증가로 인한 '혼돈의 비경제'를 들 수 있다. 그림 8-1 은 생산량의 변화에 따른 '규모의 경제'와 '규모의 비경제'를 설명하고 있다.

② 범위의 경제(economies of scope)

'범위의 경제'는 한 기업이 2개 이상의 제품을 함께 생산할 경우, 각 제품을 다른 기업에서 각각 생산할 때보다 평균생산비용이 적게 드는 현상을 의미한다.

제품 유형이 비슷한 경우 연구개발(R&D) · 판매 · 생산설비 등을 공동으로 이용할 수 있기 때문에 비용은 적게 들고 효과는 극대화할 수 있는 장점이 있다. 설계와 제조공정이 유사한 제품을 같은 라인에서 생산하는 경우 비용측면에서 효과적이기 때문이다. 서비스 산업의 경우 은행이 보험상품을 판매하는 방카슈랑스에 진출하는 것처럼 기존 산업과 비슷한 산업에 진출하여 시너지효과를 발생하는 '범위의 경제' 사례를 찾아볼 수 있다.

'규모의 경제'와 '범위의 경제'를 비교하면 표 8-2 와 같다. '규모의 경제'는 전용설비를 이용한 표준품의 대량생산에 기반하기 때문에 제품의 다양성과 유연성이 낮은 반면에 '범위의 경제'는 고객변화의 대응이 빠르고 다양성과 유연성이 높은 특징을 가지고 있다.

표 8-2 규모의 경제와 범위의 경제 비교

구분	규모의 경제	범위의 경제
생산 형태	표준품	다품종
생산량	대량	중간
제품의 다양화	고정	다양
고객 변화 대응	–	빠름
전문화	하드웨어	소프트웨어
유연성	낮음	높음
재고량	많음	적음
설비	전용설비	범용설비

출처: 윤재홍, 생산운영관리, 한경사, 2013.

2) 수요와 생산능력의 불균형 문제

제조업뿐만 아니라 서비스업에서도 수요와 생산능력의 불균형은 다양한 문제를 야기할 수 있기 때문에 수요와 생산능력의 균형을 맞추는 일은 매우 중요한 일이다.

표 8-3 에서 보듯이 생산능력이 부족한 경우 고객 서비스 하락, 백로그 주문 증가, 비용 증가, 품질 하락 등의 문제가 발생하며 반대의 경우에는 수익률 하락, 재고 증가, 생산성 하락 등의 문제가 발생한다.

① 생산능력이 수요보다 부족한 경우

첫째, 고객이 원하는 시점에 제품공급이 이루어지지 않아 고객서비스 만족도가 하락한다. 둘째, 백로그주문(납품 미이행주문)의 증가로 조달기간이 길어지고 고객불만이 증가한다. 셋째, 잔업, 긴급주문, 특별배송 등으로 인해 생산 및 물류비용이 증가한다. 마지막으로 일시적으로 공급량을 증가시키기 위해 임시직을 고용하거나 외부하청이 증가할 경우 품질수준이 하락할 가능성이 있다.

② 생산능력이 수요를 초과하는 경우

첫째, 가격이 하락하고 할인과 판촉경쟁이 발생하여 기업의 수익률이 하락한다. 둘째, 재고의 증가로 인해 현금흐름에 문제가 발생한다. 셋째, 전반적인 생산성 하락이 발생한다. 마지막으로 부서 또는 직원에 대한 구조조정으로 종업원의 사기와 작업능률이 저하된다.

표 8-3 수요와 생산능력의 불균형으로 인한 문제

수요 〉 생산능력	생산능력 〉 수요
고객 서비스 하락	수익률 하락
백로그(backlog) 주문 증가	재고의 증가
비용의 증가	생산성 하락
품질의 하락	구조조정

출처: 톰 왈리스 & 밥 스탈, SCM의 핵심 생산계획, 엠플래닝, 2005.

그림 8-2 공급계획의 균형

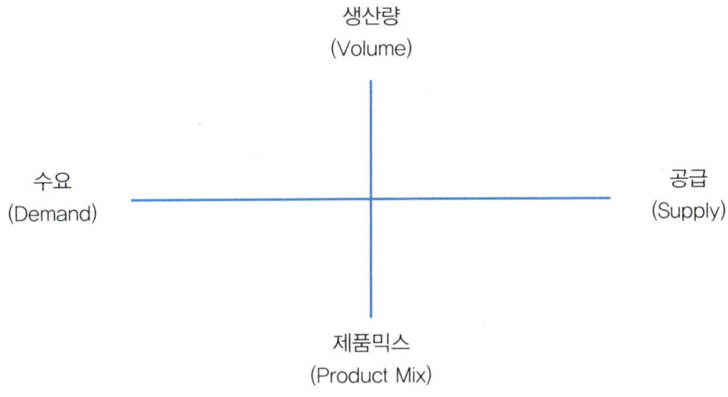

공급이 붙잡은 '아디다스'의 꿈

4차산업혁명에 대한 관심이 높아지던 2016년, 아디다스는 23년 만에 인더스터리 4.0과 맞물려 로봇이 자동으로 만드는 스마트 공장, 일명 '스마트 팩토리'를 짓기로 결정하였다.

중국 등 아시아 공장에 아웃소싱하면 생산과 운송 리드타임이 최소 2개월이 소요되지만 독일 현지에서 생산한다면 생산과 운송 리드타임이 2주면 충분하고 아디다스는 소비자의 취향 변화에 유연하게 대처할 수 있다고 판단하였다.

그러나 2018년 실적 발표회장에서 아디다스는 예상보다 높은 수요를 공급이 뒷받침하지 못하여 판매 기회 상실로 2~4억 유로의 손실이 발생하였다고 발표하였다.

출처: 설창민, 당신의 SCM이 실패한 이유, CLO, 2020.

③ 생산량과 제품믹스(product mix)의 균형

생산량은 '얼마나 많이(how much)'에 집중하는 반면에 제품믹스는 '어떤 것(which one)'에 초점을 둔 개념이다. 기업은 장기적인 관점에서 얼마만큼의 생산량을 유지할지에 대한 의사결정과 함께 단기적으로 어떤 제품을 어떤 순서로 생산할지에 대한 균형이 맞추어져야 한다. 따라서 수요와 공급은 생산량과 제품믹스 측면에서 모두 균형을 이루는 것이 중요하다.

3) 수직적 통합의 전략적 의미

수직적 통합(vertical integration)은 원재료의 획득에서 최종제품의 생산과 판매에 이르는 전체 공급과정에서 기업이 일정 영역으로 확대하여 진출함으로써 수요와 생산능력의 불균형과 불확실 요소를 해소하기 위한 전략으로 전방통합과 후방통합으로 구분된다.

원료를 공급하는 기업이 제조업으로 진출하거나, 제조업체가 유통업으로 진출하는 전략을 전방통합(forward integration)이라 하며, 이는 기업의 시장지배력을 강화시키기 위한 전략으로 사용된다. 반면 유통기업이 제조업체를 인수하거나, 제조업체가 원재료 공급기업을 인수하는 것을 후방통합(backward integration)이라 하며, 이는 기업이 공급자에 대한 영향력을 강화하기 위한 전략으로 사용된다. 예를 들어 **그림 8-3** 에서 자동차 제조업체가 제철소를 인수하는 경우를 후방통합이라고 부르는 반면 제철소가 자동차 제조업으로 진출하는 경우를 전방통합이라고 부른다.

수직적 통합의 장 · 단점은 **표 8-4** 와 같다. 수직적 통합은 기업 내부에서 원자재를 획득하고 자체 유통망을 이용하기 때문에 거래비용을 절감할 수 있으며 거래에 따른 조정과정이 용이하여 원자재의 안정적 조달과 판로 확보가 가능하다. 양질의 원자재를 안정적으로 공급받음으로써 고품질을 유지할 수 있고 고객에게 차별적인 서비스 제공이 가능하며 독점적인 원자재 확보와 유통망 구축을 통하여 시장지배력을 강화할 수 있는 장점이 있다. 그러나, 독점적 공급으로 인한 경영관리의 비효율과 이로 인한 비용이 증가하고 기업 활동의 유연성과 대응력이 하락하는 단점을 가지고 있다.

그림 8-3 수직적 통합

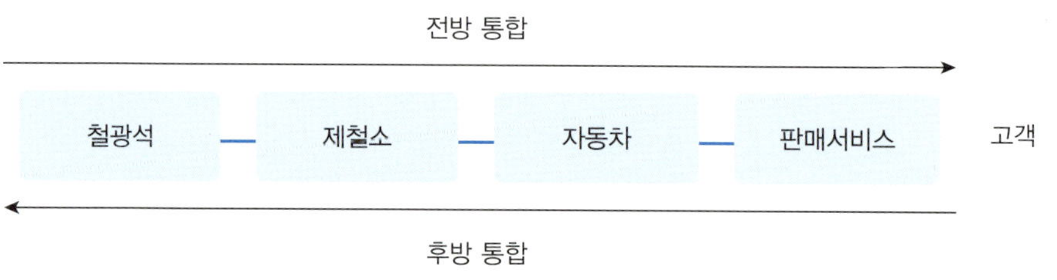

표 8-4 수직적 통합의 장 · 단점

장점	단점
거래비용의 감소 용이한 조정 품질 향상 시장 지배력 강화	비용 증가 기업 활동의 유연성 및 대응력 저하 경영관리의 비효율성

2 | 총괄생산계획

1) 총괄생산계획의 의미

생산계획은 특정 기간에 예측된 수요를 근거로 생산능력을 효율적으로 운영하기 위하여 수립하는 기준이며 **표 8-5** 와 같이 장기계획, 중기계획, 단기계획으로 구분할 수 있다. 장기계획은 기업의 장기적인 목표를 달성하기 위하여 수립하는 계획으로 최고경영층의 전략적 의사결정이 필요하며 기업전략계획, 제품시장 계획, 재무계획 등이 해당한다. 중기계획은 중간관리층의 전술적 의사결정으로서 총괄생산계획, 자원소

표 8-5 생산계획의 구분

구분	내용	예시
장기계획	1년 이상의 기간을 대상으로 설비의 확장이나 폐기와 같은 의사결정	기업전략계획 제품시장계획 재무계획
중기계획	6개월에서 18개월 사이의 월별 또는 분기별 계획이다. 직원의 채용, 해고, 부수장비의 구매, 하청 등에 따라 변함	총괄생산계획 자원소요계획
단기계획	1개월 이내의 일별 또는 주별 계획이다. 잔업 등을 통한 계획과 실적의 차이를 조정	자재소요계획 작업일정계획 구매계획

요계획 등이 해당한다. 단기계획은 1개월 이내의 기간에 대해 수립하는 계획으로서 자재소요계획, 작업일정계획, 구매계획 등이 해당한다.

생산계획은 그림 8-4 와 같이 계층적 구조를 가지고 있다. 총괄생산계획은 장기적인 기업의 전략 및 사업계획과 일관성을 유지하면서 수요측면의 판매계획과 공급측면의 공급계획 사이의 균형을 맞추도록 최소비용의 생산율, 고용수준, 재고수준의 조합을 결정하는 과정이라고 말할 수 있다. 총괄생산계획은 각각의 제품별 단위가 아닌

그림 8-4 총괄생산계획 수립 구조

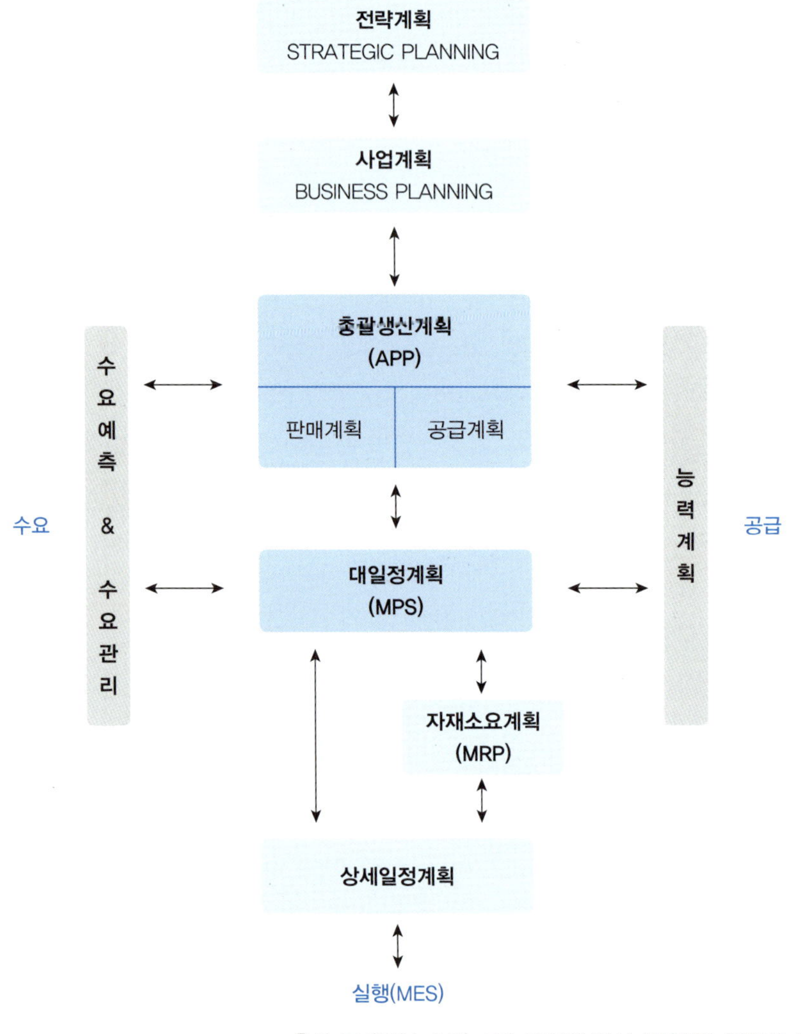

출처: 톰 왈리스 & 밥 스탈, SCM의 핵심 생산계획, 엠플래닝, 2005.

Case Study - 두산 전자 BG SCM 혁신 프로젝트

두산 전자 BG는 지난 2007년부터 체질변화를 위한 공급망혁신(SCM) 혁신 프로젝트에 착수했다. SCM 혁신에 필요한 시스템 구축과 함께 생산부터 영업에 이르는 전사 프로세스 개선을 목표로 했다. 2008년 하반기부터는 동박적층판(CCL) 사업부가 월 단위 판매생산계획(S&OP) 회의를 매주 수요일 오후마다 진행하고 PDSC(Plan-Do-See-Check) 체계에 따른 실적대비 실행 현황을 분석하도록 했다. 지난해 하반기에는 CCL 부문 외 타 부문에도 주 단위 S&OP 체계를 확산해 올 초부터 전사 모든 사업부가 주 단위 S&OP를 통해 판매계획과 생산계획을 세우고 지난 실적을 평가한다.

월 단위 S&OP에서는 향후 1년치 수요예측을, 주 단위 S&OP에서는 향후 13주치 수요예측을 하고 있다. 차주 1주일치의 일 단위 생산계획도 수립한다. S&OP 회의에는 전사 임원이 한 자리에 모이는 만큼 실적과 계획 데이터의 정확성을 갖추고 어떤 임원의 심층 질의에도 대응할 수 있는 철저한 준비가 필요해졌다. 더구나 월 단위로 이뤄지던 업무가 한 주 안에 이뤄져야 하는 만큼 약 4배로 많아진 업무량을 소화해야 하는 실무자들의 변화관리가 쉽지 않았다.

S&OP 회의를 위한 포털 시스템도 구축했다. 엑셀로 자료를 준비할 때와 비교해 보면, 회의 자료 준비 시간을 단축하고 짧은 시간에도 더 효과적인 의사결정을 할 수 있게 됐다. S&OP 프로세스뿐 아니라 수요와 공급에 관련된 핵심 프로세스를 중심으로 기준정보를 표준화하고 샘플 주문 프로세스, 긴급 주문 프로세스 등에 소요되는 시간을 단축하기 위한 프로세스 혁신에도 중점을 뒀다. 프로세스 측면에서 주 단위 S&OP를 통한 판매 생산 동기화 체제를 구현했다면, 시스템 측면에서는 SCM 효율을 높이는 데 초점을 두고 전사 시스템을 재설계했다. 2008년부터 ERP 시스템을 개선하고 3개 해외 법인에 이를 확대 구축했으며, MES와 수요관리를 위한 S&OM 시스템, 공급관리를 위한 SCP 시스템을 순차적으로 구축했다.

실시간으로 정확히 현장의 정보를 빠르게 공유하고 의사결정에 활용하기 위해서였다. 지난해까지 전 공장에 걸쳐 MES 확산과 수요 공급 시스템 확산이 완료됐다. 납기약속 시스템도 구축해 영업이 주문을 입력하는 즉시 해당 제품의 생산 일정과 납기 일정을 실시간으로 확인할 수 있도록 했다. 납기 회신에 대한 리드타임을 단축하고 불필요한 소통 시간을 줄였다.

"다양한 시스템의 정확한 정보를 결합해 향후 방향을 수립하고 S&OP 회의를 통해 의사를 결정하게 된다"며 "사실 시스템보다 중요한 것은 프로세스 혁신"이라고 강조했다. 시스템을 통해 확보한 정확한 데이터들을 도구로 S&OP 회의에서 문제점별 원인을 정확히 지적하고 개선하는 것이 핵심이다. 올해에는 주요 데이터를 모아 한눈에 보여주는 경영자정보시스템(EIS)도 구축해 의사결정이 보다 잘 이뤄질 수 있도록 한다는 계획이다.

출처: etnews, 2010. 1. 18.

제품군 단위로 총괄하여 수립되며 제품별 단위의 생산계획은 대일정계획에서 수립된다. 그리고 대일정계획은 자재소요계획과 상세일정계획의 기초자료가 된다.

2) 총괄생산계획의 전략적 대안

수요의 변화에 대응하여 공급계획을 수립하기 위한 전략으로는 크게 추종전략(chase strategy)과 평준화전략(level strategy)으로 분류할 수 있다.

추종전략은 수요변화에 맞추어 고용수준을 변화시키면서 공급하는 전략이다. 재고나 기타 공급관리 수단을 사용하지 않으며 고용수준의 증감이 자유로운 미숙련 노동력이나 일상적인 직무에 적합한 전략이다.

평준화전략은 생산수준과 고용수준을 일정하게 유지하되 수요변화에 대해서는 재고, 잔업, 외부소싱 등의 수단으로 대응한다. 이 전략은 고도의 숙련 노동이나 복잡한 직무에 적합한 전략이다.

① 고용수준 조정

수요의 변화에 따라 고용인원을 탄력적으로 변화시킴으로써 수요변화에 대응한다. 따라서 고용시장에서 채용과 해고의 부담이 적어야 하며 신규채용 시 숙련된 인력이 확보되지 않으면 교육훈련비용이 추가로 발생할 수 있음을 감안해야 한다.

② 평준화 생산

그림 8-5 처럼 생산율을 일정하게 유지하되 재고를 이용하여 수요변동에 대비하는 방법이다. 재고를 유지할 경우 재고유지비용이 발생하고 재고가 부족할 경우 품절비용(stockout cost)이나 추후납품비용(backlogging cost)이 발생함을 감안해야 한다.

③ 외부소싱 및 잔업

수요의 부족분에 대하여 내부적으로 초과근무시간에 잔업을 수행하거나 외부에 소싱을 의뢰하여 대응하는 방법이다.

그림 8-5 평준화 생산

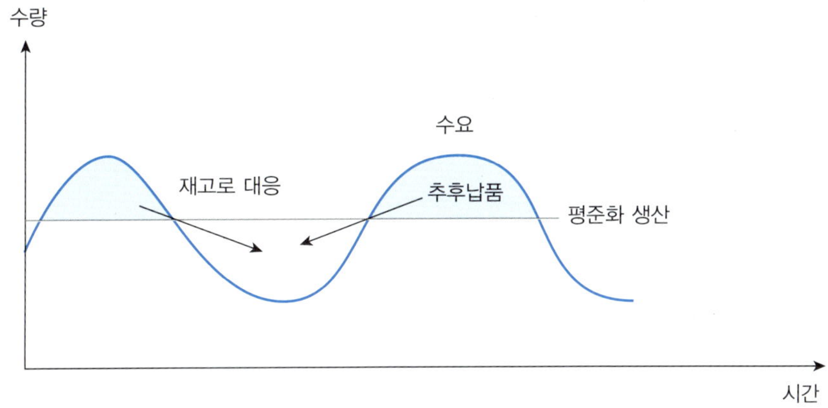

3) 총괄생산계획의 수립과 평가

향후 6개월간의 총괄생산계획을 수립하고자 하는 A기업의 기본자료가 표 8-6, 표 8-7과 같다. A기업은 3가지 대안을 고려하고 있는데, 대안 1은 필요에 따라 인원을 고용하거나 해고하는 방안이다. 대안 2는 재고와 추후납품으로 대응하는 방안이며 대안 3은 현 인원을 유지하면서 필요에 따라 외부소싱을 활용하는 방안이다.

표 8-6 A기업의 기본자료

현재 고용인원 : 6인	작업소요시간 : 1시간/단위
현재 재고수량 : 500단위	외부소싱비용 : 1,500원/단위
1일 작업시간: 8시간	채용비용 : 30,000원/인
제조비용 : 10,000원/단위	해고비용 : 50,000원/인
재고유지비용 : 500원/단위 · 월	정규임금 : 10,000원/시간
추후납품비용 : 1,000원/단위 · 월	

표 8-7 월별 수요 및 작업일수

월	수요량	생산소요량	누적생산소요량	작업일수	누적작업일수
1	1,000	500	500	22	22
2	1,200	1,200	1,700	19	41
3	1,500	1,500	3,200	21	62
4	1,700	1,700	4,900	22	84
5	1,100	1,100	6,000	20	104
6	1,000	1,000	7,000	21	125
합계	7,500	7,000		125	

그림 8-6 총괄생산계획 수립전략

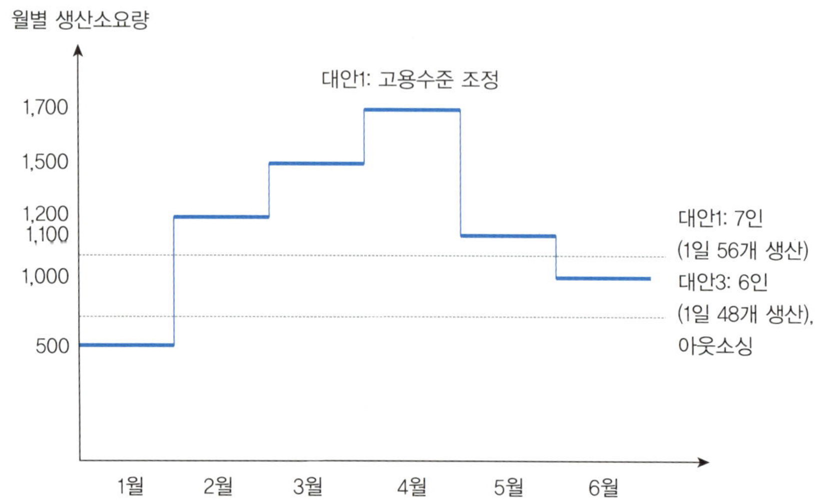

대안 1 : (추종 전략) 고용인원을 조정하여 매월 생산소요량만큼을 생산한다.

대안 2 : (평준화 전략) 고용인원을 늘려 일정하게 유지하면서 재고와 추후 납품으로 대응한다.

6개월 일정 고용인원 = (누적생산소요량×작업소요시간) / (작업일수×1일 작업시간) = (7,000×1)/(125×8) = 7인

따라서 6개월 고용인원을 7인으로 유지하기 위하여 1월 초에 1인을 신규로 고용한다.

대안 3 : 현재 고용인원을 유지하되 부족한 부분은 외부소싱으로 대응한다.

① 대안 1의 총괄계획비용

대안 1은 생산요구량에 맞추어 고용인원을 조정하는 방법이다. 따라서 매월 생산요구량을 작업일수와 작업시간으로 나누면 필요한 고용수준을 계산할 수 있다.

필요한 고용수준 = (생산요구량×작업소요시간)/(작업일수×1일 작업시간)

예를 들어 1월의 경우 = (500×1)/(22×8) = 2.84 ≒ 3인이 필요하고 현재 인원이 6인이므로 1월 초에 3인을 해고한다. 이와 같은 방식으로 매월 고용인원과 해고인원을 산출하여 총비용을 계산하면 표 8-8 에서와 같이 73,920(천 원)이 소요됨을 알 수 있다.

표 8-8 대안 1의 총괄계획비용 (단위: 1,000원)

	1	2	3	4	5	6	합계
① 생산요구량	500	1,200	1,500	1,700	1,100	1,000	7,000
② 작업일수	22	19	21	22	20	21	125
③ 필요한 고용수준(①/②×8)	3	7	9	10	7	6	
④ 제조비용(= ①×10)	5,000	12,000	15,000	17,000	1,100	10,000	70,000
⑤ 정규작업임금(= ③×8×10)	240	560	720	800	480	480	3,360
⑥ 고용인원		4	2	1			7
⑦ 해고인원	3				3	1	7
⑧ 고용비용(= ⑥×30)	0	120	60	30	0	0	210
⑨ 해고비용(= ⑦×50)	150	0	0	0	150	50	350
총비용	5,390	12,680	15,780	17,830	11,710	10,530	73,920

② 대안 2의 총괄계획비용

대안 2는 6개월간의 생산수준을 일정하게 유지하는 전략이다. 6개월간 필요한 고용인원이 7인이므로 1월 초에 1인을 고용한 후 생산수준을 일정하게 유지한다.

1월과 2월 그리고 3월에는 재고가 남기 때문에 재고유지비용이 발생하고 4월과 5월에는 재고가 부족하여 추후납품비용이 발생한다. 따라서 매월 제조비용, 정규작업임금, 재고유지비용 그리고 추후납품비용을 계산하면 표 8-9 에서와 같이 74,562(천원)이 소요됨을 알 수 있다.

표 8-9 대안 2의 총괄계획비용 (단위: 1,000원)

	1	2	3	4	5	6	합계
① 수요	1,000	1,200	1,500	1,700	1,100	1,000	7,500
② 누적수요	1,000	2,200	3,700	5,400	6,500	7,500	
③ 고용수준	7	7	7	7	7	7	
④ 작업일수	22	19	21	22	20	21	125
⑤ 누적작업일수	22	41	62	84	104	125	
⑥ 생산량(= ③×④×8)	1,232	1,064	1,176	1,232	1,120	1,176	7,000
⑦ 누적생산량	1,232	2,296	3,472	4,704	5,824	7,000	
⑧ 초기재고량	500						
⑨ 누적재고량(= ⑦ − ② + 500)	732	596	272			0	1,600
⑩ 추후납품수량(= ② − ⑦ − 500)				196	176		372
⑪ 외부소싱수량							
⑫ 제조비용	12,320	10,640	11,760	12,320	11,200	11,760	70,000
⑬ 정규작업임금(= ③×8×10)	560	560	560	560	560	560	3360
⑭ 재고유지비용(= ⑨×0.5)	366	298	136			0	800
⑮ 추후납품비용(= ⑩×1)				196	176		372
⑯ 외부소싱비용							
⑰ 고용비용	30						
총비용	13,276	11,498	12,456	13,076	11,936	12,320	74,562

③ 대안 3의 총괄계획비용

대안 3은 현재고용인원 6인을 유지하면서 부족한 수량은 외부소싱으로 대응하는 전략이다. 매월 생산량의 과부족을 계산하면 1월과 2월에는 재고가 발생하고 3월, 4월, 5월 그리고 6월에는 생산량이 부족하며 부족한 수량만큼 외부소싱에 의존해야 한다. 따라서 매월 제조비용, 정규작업임금, 재고유지비용 그리고 외부소싱비용을 계산하면 표 8-10 에서와 같이 67,942(천원)이 소요됨을 알 수 있다.

대안 1, 2, 3의 총비용을 비교하면 대안 3이 총비용 관점에서 가장 바람직한 전략임을 알 수 있다.

표 8-10 대안 3의 총괄계획비용 (단위: 1,000원)

	1	2	3	4	5	6	합계
① 수요	1,000	1,200	1,500	1,700	1,100	1,000	7,500
② 누적수요	1,000	2,200	3,700	5,400	7,500	7,500	
③ 고용수준	6	6	6	6	6	6	
④ 작업일수	22	19	21	22	20	21	125
⑤ 누적작업일수	22	41	62	84	104	125	
⑥ 생산량(= ③×④×8)	1,056	912	1,008	1,056	960	1,008	6,000
⑦ 누적생산량	1,056	1,968	2,976	4,032	4,992	6,000	
⑧ 초기재고량	500						
⑨ 누적재고량(= ⑦ − ② + 500)	556	268					824
⑩ 추후납품수량(= ② − ⑦ − 500)							
⑪ 외부소싱수량			224	868	1,008	1,000	3,100
⑫ 제조비용	10,560	9,120	10,080	10,560	9,600	10,080	60,000
⑬ 정규작업임금(= ③×8×10)	480	480	480	480	480	480	2,880
⑭ 재고유지비용(= ⑨×0.5)	278	134					412
⑮ 추후납품비용(= ⑩×1)							
⑯ 외부소싱비용			336	1,302	1,512	1,500	4,650
⑰ 고용비용							
총비용	11,318	9,734	10,896	12,342	11,592	12,060	67,942

4) 총괄생산계획의 수학적 모형

앞에서 수립한 총괄생산계획은 3가지 대안 중에서 가장 좋은 방법을 찾았을 뿐이다. 따라서 최적의 총괄생산계획을 찾기 위해서는 수학적 모형을 이용해야 하며 다음과 같은 기호를 사용하도록 하겠다.

총괄생산계획 수립에 필요한 결정변수는 다음과 같은 기호를 사용하도록 하겠다.

R_t : 기간 t의 정규 고용인원 수
O_t : 기간 t의 잔업량
H_t : 기간 t의 채용인원 수
F_t : 기간 t의 해고인원 수
S_t : 기간 t의 외부소싱량
I_t : 기간 t말 재고량
P_t : 외부소싱을 포함한 기간 t의 총 산출량

비용과 관련된 기호는 다음과 같이 정의한다.

C_R : 단위당 정규임금
C_O : 단위당 잔업비용
C_S : 단위당 외부소싱비용
C_H: 1인 채용비용
C_F: 1인 해고비용
C_I : 단위당/기간당 재고유지비용
D_t : 기간 t의 수요

계획수립 기간 T 동안 수요를 만족시키면서 총비용을 최소화하는 수학적 모형은 다음과 같이 표현된다.

목적함수 : 총비용 = $\sum_{t=1}^{T}(C_R R_t + C_O O_t + C_S S_t + C_H H_t + C_F F_t + C_I I_t)$

제약조건 :

① **정규노동력**

$$R_{t-1} + H_t - F_t = R_t,\ t = 1, 2, \cdots, T$$

R_o : 현재의 정규 고용인원

R_T : 계획기간 말에 요구되는 정규 고용인원

② **산출량**

$$P_t = R_t + O_t + S_t,\ t = 1, 2, \cdots, T$$

③ **재고수준**

$$I_{t-1} + P_t - I_t = D_t,\ t = 1, 2, \cdots, T$$

I_o : 현재의 정규 고용인원

I_T : 계획기간 말에 요구되는 재고수준

3 | 손익분기점 분석

손익분기점(BEP: break even point)은 총비용과 총수입이 같은 지점을 의미하며 손익분기점 분석을 통하여 각 공급계획의 전략을 비교평가할 수 있다.

예를 들어 어떤 기업이 수요증가에 대비하여 기계의 추가구입을 고려하고 있다. 기계 1대의 구입비용은 10,000(천 원)이지만 2대, 3대의 경우는 할인을 받아 구입비용이 15,000, 18,000(천 원)이다. 각 기계는 월 200개의 생산능력을 가지고 있으며 각 기계를 이용한 제품의 생산비용은 대당 20(천 원)이고 판매수입은 60(천 원)이다.

표 8-11 의 자료를 바탕으로 손익분기점 분석을 수행한 결과는 그림 8-7 과 같다. 그림 8-7 에 의하면 기계 1대를 구입할 경우 구입비용이 판매수입보다 적어서 수익이 발생하지 않는다. 기계 2대를 구입할 경우 수요가 375~400개 사이에서 수익이 발생하고 기계 3대를 구입할 경우는 수요가 450개 이상인 경우에 수익이 발생함을 알 수 있다.

표 8-11 기계 구입비용과 생산량

기계	구입비용(천원)	생산능력(개/월)	비용구조(X는 생산량)
1대	10,000	200	10,000 + 20X
2대	15,000	400	15,000 + 20X
3대	18,000	600	18,000 + 20X

그림 8-7 손익분기점 분석

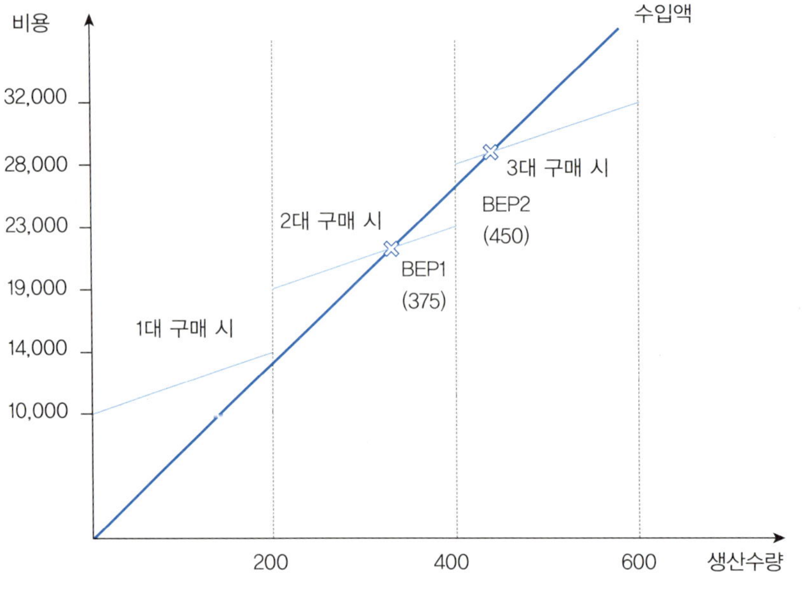

표 8-11 의 자료를 바탕으로 손익분기점 분석을 수행한 결과는 **그림 8-7** 과 같다. **그림 8-7** 에 의하면 기계 1대를 구입할 경우 구입비용이 판매수입보다 적어서 수익이 발생하지 않는다. 기계 2대를 구입할 경우 수요가 375~400개 사이에서 수익이 발생하고 기계 3대를 구입할 경우는 수요가 450개 이상인 경우에 수익이 발생함을 알 수 있다.

포스코, 글로벌 통합경영시스템 포스피아 3.0 본격 가동 - 국내 계열사 및 해외생산법인 통합관리 체제 구축

포스코가 글로벌 통합경영체제인 포스피아(POSPIA) 3.0을 본격 가동했다.

미래형 통합 경영체제인 포스피아 3.0은 전사 차원의 176개 시스템을 혁신해 최적화된 포스코 고유의 경영시스템이다. 이를 통해 생산현장인 제철소부터 이를 지원하는 구매 · 판매 · 마케팅 · 기획 · 재무까지 모든 업무를 글로벌 표준화해 스마트폰 하나로 세계 어디서든 실시간으로 업무처리가 가능하게 됐다. 전사통합시스템인 포스피아는 △생산 · 구매 · 판매 등의 데이터를 종합해 관리하는 전사자원관리(ERP) △철강 조업활동을 관리하는 생산관리시스템(MES) △영업과 생산의 효율성을 위한 공급망관리(SCM) △컴퓨터나 스마트폰으로 원격 협업 업무가 가능한 스마트워크플레이스(SWP) 등으로 구성돼 있다.

포스피아 3.0은 지난 2011년부터 기존 시스템인 포스피아 2.0을 개선한 결과물로, SWP는 2012년 말부터 포스코를 대상으로 시범 운영됐고, ERP · MES · SCM은 이날부터 종합 가동됐다. 포스피아 3.0은 기존 포스피아 시스템이 포항과 서울 포스코센터만이 연계돼 가동됐던 것과는 달리 각 포스코 계열사와 세계 각지에 있는 생산법인들과 통합운영할 수 있는 시스템이다. 이 시스템의 도입으로 포스코는 향후 전 세계 법인의 수주 · 생산 · 출하 실적이 하나의 데이터베이스로 통합돼 글로벌 차원에서 투명하고 최적화된 의사결정이 가능하게 됐다.

특히 경영 여건에 따라 대안을 마련하고, 각각에 대한 손익분석과 생산성 점검 등 정확하고 실시간 데이터기반의 시뮬레이션을 통해 수익성 중심의 통합판매생산계획을 수립할 수 있을 전망이다. 이와 함께 원료와 제품의 모든 경로와 위치를 실시간으로 추적이 가능해 고객사 도착정보까지 관리할 수 있고, 생산자 중심의 납기가 아닌 고객이 체감하는 납기 체제로 전환이 가능하게 됐다.

포스코는 "해외생산법인까지 포스피아 3.0을 종합가동함으로써 조강 생산력과 일하는 방식을 포항과 광양제철소 수준으로 끌어올릴 수 있게 됐다"고 설명했다.

2012년 말부터 시험가동했던 SWP가 도입된 후 포스코는 월 평균 1만4,000건의 정보를 포스코 임직원 간에 공유했고 그 결과 의사결정 시간이 평균 60% 단축됐다.

포스피아 3.0 도입으로 원가절감 효과도 기대되고 있다. 글로벌 통합구매, 통합 물류, 공유서비스센터(SSC, Shared Service Center) 등을 통해 재무운영비용의 경우 약 20% 이상 절감할 것으로 예상되고 있다.

한편, 포스코가 전사 경영시스템이 처음 도입한 것은 1999년으로, 당시 포스코는 대규모 프로세스 혁신(PI) 프로젝트를 통해 세계 철강 업계 최초로 IT를 접목한 포스피아를 선보였다. 포스코는 포스피아 가동 1년 만에 투자비를 웃도는 3,000억 원 이상의 비용 절감 효과를 거뒀다.

출처: 아시아투데이, 2014. 1. 1.

8장

연습문제

1 총괄생산계획의 의미와 역할을 설명하시오.

2 총괄생산계획의 수립전략 중에서 추종전략과 평준화전략의 장 · 단점을 비교하여 설명하시오.

3 수요와 공급의 불균형으로 발생하는 문제점을 설명하시오.

4 다음은 OO 기업의 공장후보지에 대한 자료이다. 손익분기점 분석을 통하여 최적의 공장입지를 선정하시오.

후보지	설립비용(천원)	생산비용(원/개)
A	10,000	100
B	15,000	40
C	18,000	20

5 다음은 OO 기업의 현재 재고량과 6개월 간의 생산소요량이다. 아래의 2가지 전략에 따른 생산비용을 계산하여 최적의 대안을 선택하시오.

	1월	2월	3월	4월	5월	6월
생산소요량	600	900	1,200	1,000	700	600

- 현재 고용인원: 4인
- 현재 재고수량: 200단위
- 1일 작업시간: 8시간
- 제조비용: 10,000원/단위
- 재고유지비용: 500원/단위 · 월
- 추후납품비용: 1,000원/단위 · 월
- 작업소요시간: 1시간/단위
- 외부소싱비용: 20,000원/단위
- 채용비용: 300,000원/인
- 해고비용: 500,000원/인
- 정규임금: 10,000원/시간
- 월별 작업일수: 20일

전략1: 고용수준을 일정하게 유지하며 재고와 추후납품으로 대응한다.

전략2: 현재 고용인원을 유지하되 부족분은 외부소싱으로 대응한다.

6 규모의 경제와 규모의 비경제가 발생하는 사례를 들어보시오.

7 주변에서 수직적 통합의 사례를 들어보시오.

8 수직적 통합과 '문어발 확장'의 차이점을 설명하시오.

CHAPTER

9

일정계획

01 간트차트에 의한 일정계획 **02** 작업순서결정방법과 평가기준 **03** 2대 기계의 일정계획

04 소진기간법 **05** 기계-작업 할당문제 **06** 균형선법에 의한 일정통제

엔에이티는 생산 일정을 관리하고 납기일을 예측할 수 있는 스케줄링 솔루션 '액티브 APS 1.1'을 출품했다. 이 제품은 엔에이티가 자체 개발한 스케줄링 기법을 이용해 최적의 납기일을 예측한다. 제조업체가 주문을 받으면 스케줄링으로 제조 현장의 자원을 효율적으로 활용할 수 있다. 스케줄링 기준 데이터를 골라 간편하게 사용할 수 있어 중소 제조업체의 실정에 적합하다.

액티브 APS를 이용하면 고객 주문에 대한 납기일을 확실하게 할 수 있는게 장점이다. 제조 자원을 효율적으로 관리할 수 있다는 것이 회사 측의 설명. 업무 담당자 직관에 의지한 무계획적인 생산계획 수립 방식이 현장에서 빈번하게 이뤄지고 있는데 이를 탈피해 제조 현장에 있는 해당 자원의 가동률 및 소요량 등을 체계적 관리가 가능하다. 또 긴급 주문을 스케줄에 반영해 생산 계획을 자동 재조정할 수 있어 고객 주문에 대한 즉각 대처가 가능해진다.

액티브 APS 패키지 내에는 제조 현장의 자원을 효율적으로 관리하기 위한 △생산달력 관리 △설비 관리 △기준 제품 관리 △자재 관리 △작업패턴 관리 △제품별 공정시간 관리 △생산 계획 △스케줄 모듈 등으로 구성돼 있다.

이를 통해 제조 현장의 전반적인 사항을 관리할 수 있는 것이다. 이 중에서 스케줄링 모듈에는 여러 가지 조건을 지정해 최적의 생산 계획을 수립할 수 있는 기능이 있다.

이 외에도 엔에이티에서 개발한 '액티브 POP'와 같은 생산실적 관리 시스템과의 연계로 관리가 가능해 이를 통해 생산성을 평가할 수 있다.

국내에 수많은 제조업체가 기존 생산 시스템의 한계를 극복하지 못하고 있는 실정에서 액티브 APS는 가뭄에 단비 같은 제품이다. 국내 제조업체의 생산성 향상과 고객만족을 도모할 수 있도록 지속적인 지원을 아끼지 않을 것이라고 회사 측은 설명했다.

"기존의 생산 관련 프로그램은 가격이 비싸고 도입 시간이 긴 외산 제품에 의존했습니다. 긴급 주문이 들어와 생산 계획이 변경되면 대응 속도가 미흡했던 것도 사실입니다. 이런 시스템의 한계를 극복하고자 액티브 APS를 개발해 생산 계획 시스템의 새로운 접근 방식을 제공했습니다."

액티브 APS는 기업이 고객의 신규 주문이나 주문 변경에 대응하기 위해 자원 및 생산 능력을 고려해 실현 가능한 납기를 계산하고 생산 계획을 수립함으로써 정시 납품을 가능하게 한다.

"액티브 APS는 낮은 가격과 짧은 도입 시간이 장점"이라며 "결품이 발생하고 공정 재고 등이 줄지 않는 상태에서 부품 공급 시기를 알 수 없었던 예전과는 확연히 다른 시장 환경을 만들 수 있을 것"이라고 출품 소감을 밝혔다.

또한 "이 제품은 중소기업의 업종별 특성에 맞는 커스트 마이징이 가능하다"며 "생산 운영 특성을 반영해 지금보다 시간이 적게 들도록 지속적인 업그레이드를 할 예정이며 스케줄링 엔진 연구 개발에 착수할 것"이라고 덧붙였다.

출처: etnews, 2008. 1. 22.

일정계획은 생산시스템을 효율적으로 운용할 수 있도록 상세하게 작업순서를 결정하는 도구이다.

총괄생산계획이 보통 1년 이상을 대상으로 하는 장기적 공급계획을 결정하는 데 반하여 일정계획은 무엇을, 언제, 어디서, 어떤 장비를 가지고 구체적으로 생산할지를 결정하는 월/주/일 단위의 단기계획이다. 일정계획은 특정 작업을 수행하는 데 필요한 기계의 계획된 시작시간과 완료시간을 알려주고 고객의 납기 약속을 계획하는 기초자료로 활용될 수 있다. 일정계획 수립이 어려운 이유는 계획수립자가 작업시간의 변동성, 작업준비시간, 작업 간의 종속성 등 생산현장의 다양한 제약조건을 고려해야 하기 때문이다. 그리고 작업이 많을수록 고려해야 할 경우의 수가 많고 계획수립자의 업무부담이 증가하므로 일정계획 시스템을 도입하는 기업이 많아지고 있다.

일정계획은 다양한 작업순서결정방법과 이를 적용할 경우의 평가기준을 다루고 있다.

1 | 간트(Gantt) 차트에 의한 일정계획

1900년대 헨리 간트(H. Gantt)가 도입한 간트차트는 부하할당과 일정계획을 도식적으로 보여준다. 예를 들어, 어떤 기계 제작소가 3가지 작업(1,2,3)의 일정계획을 수립하고자 하는데 각 작업에 필요한 설비와 작업시간 그리고 납기는 **표 9-1** 에 나타나 있다.

아래 자료에 대하여 간트차트를 이용한 작업별 일정계획 수립결과는 **그림 9-1** 과 같다.

표 9-1 일정계획 예제

작업	설비/작업시간(일)	납기(일)
1	A/2, B/3	6
2	B/4, C/4	8
3	C/6, A/3	10

그림 9-1 일정계획 결과

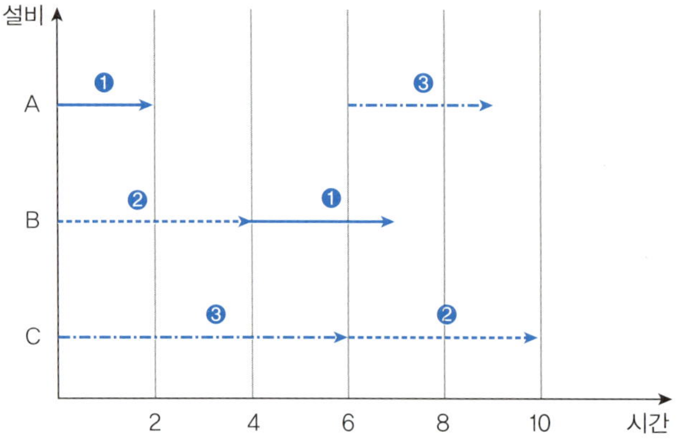

작업	대기시간(일)	작업시간(일)	흐름시간(일)	완료시간(일)	납기지연(일)
1	2	5	7	7	1
2	2	8	10	10	2
3	0	9	9	9	0

작업 1은 A설비에서 2일간 작업을 마치고 B설비로 이동한다. 그런데 B설비는 4일간 작업 2를 수행하므로 작업 1은 2일간 대기한 이후에 B설비에서 작업이 가능하다. 작업 3은 C설비에서 6일간 작업 이후에 A설비로 이동한다. 따라서 A설비는 작업 1이 완료된 이후 작업 3이 도착할 때까지 4일간 유휴시간을 갖는다. 전체 작업이 완료되는 시점은 10일이며 작업 1, 2는 납기지연이 각각 1, 2일 발생함을 도식적으로 보여준다.

2 | 작업순서결정방법과 평가기준

1) 작업순서결정방법

작업의 순서를 결정하는 문제는 작업과 작업장의 수, 작업장 순서 그리고 작업순서 결정의 목적에 따라 표 9-2 처럼 다양한 방법을 사용할 수 있으며 작업순서규칙은 상황에 따라 복합적으로 혼용하여 사용할 수 있다. 예를 들어 1순위는 최소납기일법을 적용하되 납기일이 동일한 작업이 복수로 발생할 경우 2순위는 최단작업소요시간법을 적용할 수 있다.

표 9-2 작업순서 규칙

규칙	내용
선입선출법 (FIFO: first in first out)	작업장에 도착한 순서가 빠른 작업의 순서를 우선한다.
최단작업소요시간법 (SPT: shortest processing time)	작업소요시간이 짧은 작업의 순서를 우선한다.
최장작업소요시간법 (LPT: longest processing time)	작업소요시간이 긴 작업의 순서를 우선한다.
최소납기일법 (EDD: earliest due date)	납기가 짧은 작업의 순서를 우선한다.
최소여유시간법 (LSTR: least slack time remaining)	여유시간이 짧은 작업의 순서를 우선한다. 여유시간은 납기까지의 시간에서 잔여 작업소요시간을 뺀 값으로 정의한다.
긴급률 규칙 (critical ratio test)	주어진 시점을 기준으로 납기일까지의 여유시간과 작업소요시간의 비율로 긴급률을 정의하고 긴급률이 적은 순서를 우선한다. 긴급률이 음수값을 가지면 이미 납기를 초과하였음을 의미하고 긴급률이 1보다 작으면 현 시점에 작업을 시작하여도 납기를 충족할 수 없음을 의미한다. 긴급률 = (납기일–현재일)/작업소요시간

표 9-3 작업순서 규칙과 적용결과

작업	A	B	C	D	E
작업소요시간(일)	6	12	9	3	8
납기(일)	15	25	17	8	19
여유시간(일)	9	13	8	5	12
긴급률	1.5(9/6)	1.08(13/12)	0.88(8/9)	1.67(5/3)	1.5(12/8)

예를 들어, 5개 작업(A,B,C,D,E)의 작업정보가 **표 9-3** 과 같이 주어졌을 때 각각의 작업순서결정방법에 따른 작업순서 결과는 다음과 같다.

최단작업소요시간법 우선순위 : D–A–E–C–B
최소납기일법 우선순위 : D–A–C–E–B
최소여유시간법 우선순위 : D–C–A–E–B
긴급률 규칙 우선순위 : C–B–A–E–D 또는 C–B–E–A–D

2) 일정계획의 평가기준

현재시점에 n개의 작업이 대기상태에 있다고 가정하고 각 작업에 대하여 아래와 같이 납기와 완료시간을 정의한다.

C_i **: 작업물** i**의 완료시점,** $i = 1, \cdots, n$
D_i **: 작업물** i**의 납기,** $i = 1, \cdots, n$

일반적으로 일정계획 결과를 평가하는 기준은 **표 9-4** 와 같다.

표 9-4 일정계획 평가기준

총완료시간(makespan)	모든 작업이 완료되는 시점으로 마지막 작업이 완료되는 시점을 의미한다.(max$(C_1, C_2, \cdots, C_n)$)
흐름시간(flow time)	n개의 작업이 시스템에 체재한 시간의 합을 의미. 각 작업물의 대기시간과 가공시간을 더한 것으로 각 작업의 완료시간의 합과 같다.($\sum_{i=1}^{n} C_i$)
평균완료시간	n개 작업의 평균완료시간으로 각 작업의 완료시간 합을 n으로 나눈 값이다.($\sum_{i=1}^{n} C_i/n$)
평균작업 수	총완료시간 동안 시스템에 존재하는 작업물의 평균을 의미한다. 이는 흐름시간을 총완료시간으로 나눈 값과 동일하다. ($\sum_{i=1}^{n} C_i/\max(C_1, C_2, \cdots, C_n)$)
평균납기지연	납기지연시간은 납기를 초과한 시간을 의미하여 납기지연시간의 합을 n으로 나눈 값을 평균납기지연이라 한다. ($\sum_{i=1}^{n}(C_i - D_i)^+/n, (C_i - D_i)^+ = \begin{cases} C_i - D_i, & C_i > D_i \\ 0, & C_i < D_i \end{cases}$)

그림 9-2 최단작업소요시간에 따른 일정계획

표 9-3 의 예제에서 최단작업소요시간법 우선순위를 적용할 경우의 작업순서는 D–A–E–C–B가 된다. 이때, 총완료시간, 흐름시간, 평균완료시간을 **그림 9-2** 를 이용하여 각각 계산하면 다음과 같다.

총완료시간 = max(9,38,26,3,17) = 38

흐름시간 = 9 + 38 + 26 + 3 + 17 = 93

평균완료시간 = (9 + 38 + 26 + 3 + 17)/5 = 18.6

그림 9-3 은 시간에 따른 작업 수의 변화를 보여주고 있다. 따라서 평균작업 수는 그림의 면적을 총 완료시간으로 나눈 값이 된다.

그림의 면적은 38 + 26 + 17 + 9 + 3 = 93, 총 완료시간은 38이므로 평균작업 수는 93/38 = 2.48개가 된다.

각 작업의 납기지연을 계산하면 표 9-5 와 같으며 평균납기지연은 (0 + 13 + 9 + 0 + 0)/5 = 4.4일이 된다.

그림 9-3 시간에 따른 작업 수의 변화

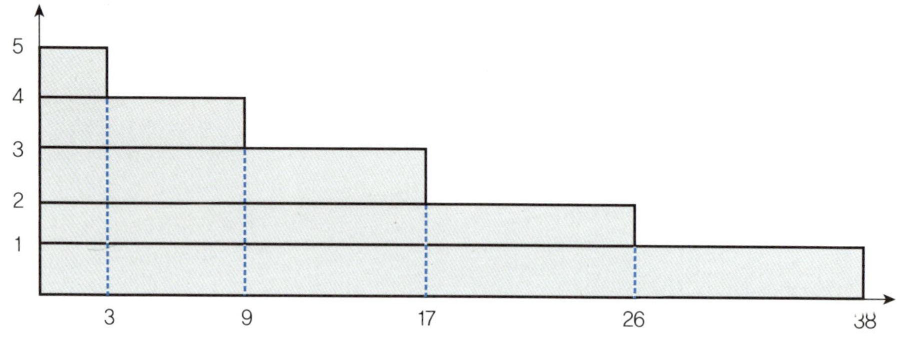

표 9-5 납기지연 계산

작업	A	B	C	D	E
납기	15	25	17	8	19
완료시간	9	38	26	3	17
납기지연	0	13	9	0	0

3 | 2대 기계의 일정계획

존슨(Johnson)이라는 학자는 2대의 기계나 2개의 연속적인 작업장에서 총 작업완료시간을 최소화하는 일정계획 알고리즘을 개발하였다. 각 작업은 작업장 2로 이동하기 전에 반드시 작업장 1에서 필요한 작업을 완료해야 하는 경우, 총 작업완료시간을 최소화하는 존슨규칙은 다음과 같다.

단계1: 아직 순서가 결정되지 않은 작업 중에서 작업소요시간이 가장 짧은 작업소요시간을 찾는다. 가장 짧은 작업소요시간이 작업장 1이면 가능한 앞순위에 놓는다. 반대로 가장 짧은 작업소요시간이 작업장 2이면 가능한 뒷순위에 놓는다.

단계2: 모든 작업의 순서가 정해질 때까지 단계1을 반복한다.

예제)

작업	작업소요시간(일)	
	작업장 1	작업장 2
A	15	3
B	6	20
C	18	5
D	25	7
E	10	15
F	20	25

예제에서 작업소요시간이 가장 짧은 시간은 작업 A의 작업장 2에서 소요되는 3일이므로 작업 A를 맨 뒤로 순서를 정한다. 그 다음 작업 A를 제외한 작업 중에서 작업소요시간이 가장 짧은 시간은 작업 B의 작업장 1에서 소요되는 6일이므로 작업 B를 맨 앞으로 순서를 정한다. 작업 A, B를 제외한 작업 중에서 작업소요시간이 가장 짧은 시간은 작업 C의 작업장 2에서 소요되는 5일이므로 작업 C를 작업 A 직전으로

순서를 정한다. 위 순서를 모든 작업의 순서가 정해질 때까지 반복할 경우 총완료시간을 최소화하는 작업순서는 B-E-F-D-C-A이며 총완료시간은 97일이 된다.

그림 9-4 존슨법칙 적용결과

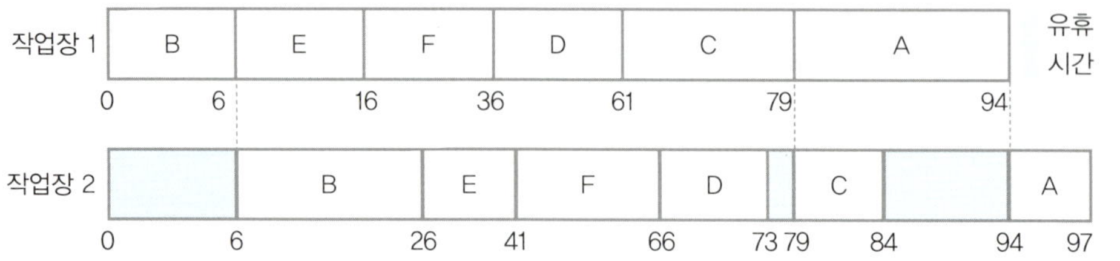

4 | 소진기간법

소진기간법은 단일설비로 여러 개의 제품을 순환하여 생산해야 하는 다중모델의 일정계획에 사용하는 방법이다. 소진기간법은 외부로부터의 추가적인 보충이 없을 경우 제품의 재고가 소진될 때까지 걸리는 기간, 즉 '소진기간'을 계산한 후 소진기간이 짧은 제품을 우선적으로 생산하는 방법이다.

소진기간 = 현 재고량/수요량(단위기간)

현재시점에서 각 제품의 소진기간을 계산하면 A,B,C 각각 2주, 2.5주, 1.5주이므로 소진기간이 가장 빠른 C를 우선적으로 최소생산량을 만족하는 기간 동안(즉, 1주일) 생산한다. 그리고 1주 후 각 제품의 예상재고와 소진구간을 구하면 A가 가장 빠르므로 A의 최소생산량 600개를 0.5주 동안 생산한다. 마찬가지로 1.5주 후 예상재고와 소진구간을 구하면 B가 가장 빠르게 되며 이와 같은 방법을 반복하여 생산순서와 생산기간을 결정하는 방법을 소진기간법이라고 한다.

표 9-6 소진기간법 예제

제품	현재고	수요(개/주)	최소생산량(개)	생산능력(개/주)
A	1,000	500	600	1,200
B	2,000	800	900	500
C	900	600	900	900

표 9-7 소진기간법 계산결과

	현재		1주 후		1.5주 후	
	재고	소진기간	재고	소진기간	재고	소진기간
A	1,000	2주	500	1주	850	1.7주
B	2,000	2.5주	1,200	1.5주	800	1주
C	900	1.5주	1,200	2주	900	1.5주

5 | 기계-작업 할당문제

n개의 작업이 존재하고 이를 수행할 수 있는 n개의 기계가 있다. 각 작업은 어떤 기계에서든지 작업이 가능하지만 작업소요비용은 서로 다르다. 하나의 기계에는 하나의 작업이 할당되어야 하는 경우 각 작업과 기계를 어떻게 할당해야 총 작업소요비용을 최소화할 것인지 결정할 필요가 있다.

예를 들어 각각 3개의 작업(A,B,C)과 기계(1,2,3)가 있고 **표 9-8** 과 같이 작업소요비용이 다르다고 할 경우 모든 가능한 방법은 3! = 6가지가 가능하고 예를 들어 작업과 기계가 A:1, B:2, C:3과 같이 할당할 경우의 총 작업소요비용은 2 + 4 + 5 = 11이 되고 A:2, B:3, C:1과 같이 할당할 경우의 총 작업소요비용은 4 + 7 + 6 = 17이 된다.

n개의 작업과 기계가 주어진 경우 모든 가능한 할당방법은 $n!$이 되므로 모든 가능한 경우를 나열하여 비교하는 것은 효과적인 해법이 될 수 없다. 이 문제의 경우 헝가리안

표 9-8 작업소요비용(n=3)

작업 \ 기계	1	2	3
A	2	4	3
B	5	4	7
C	6	8	5

방법(hungarian method)에 의하여 쉽게 해결할 수 있는데 헝가리안 방법은 기계-작업 할당문제에서 다음 2가지 특성을 이용하여 최적의 할당방법을 찾는 해법이다.

특성1 : 모든 행과 열에서 동일한 값을 빼거나 더해도 최적 할당방법은 변하지 않는다.

특성2 : 모든 작업소요비용이 비음(non-negative)인 조건에서 총 작업소요비용의 합이 0인 할당결과는 최적의 할당방법이다.

헝가리안 방법

단계1 : 각 행(또는 열)에서 가장 작은 값을 선택하여 해당 행(또는 열)에서 가장 작은 값을 동일하게 뺀다.

단계2 : 모든 행과 열에서 0의 값이 나타나도록 단계1을 반복한다.

단계3 : 단계2의 결과에서 0의 값을 지우는 최소의 수직선 또는 수평선의 수가 전체 행(열)의 수와 같으면 특성2에 의하여 최적의 할당방법이 도출되었음을 확인할 수 있다.

단계4 : 단계3에서의 수직선 또는 수평선에 포함되지 않는 곳에서 가장 작은 값을 선택하고 각 행(또는 열)에 대하여 가장 작은 값을 뺀 후, 음수가 나타나는 행(또는 열)에 대하여는 비음이 되도록 가장 작은 값을 더해 주는 과정을 수행한 후 단계3으로 간다.

예를 들어 아래와 같이 4대의 기계와 작업에 대한 할당문제를 헝가리안 방법으로 구하는 절차는 다음과 같다.

표 9-9 작업소요비용($n=4$)

작업 기계	1	2	3	4
A	6	4	3	2
B	8	6	7	4
C	7	8	5	3
D	6	3	4	8

단계1 : A행에서 가장 작은 값 2를 A행에서 모두 뺀다. B행에서 가장 작은 값 4를 B행에서 모두 뺀다. C행에서 가장 작은 값 3을 C행에서 모두 뺀다. D행에서 가장 작은 값 3을 D행에서 모두 뺀다.

표 9-10 단계1 적용결과

작업 기계	1	2	3	4
A	4	2	1	0
B	4	2	3	0
C	4	5	2	0
D	3	0	1	5

단계2 : 열 1과 3에는 0의 값이 나타나지 않는다. 따라서 1열에서 가장 작은 값 3을 1열에서 모두 빼고 3열에서 가장 작은 값 1을 3열에서 모두 뺀다.

표 9-11 단계2 적용결과

작업 기계	1	2	3	4
A	1	2	0	0
B	1	2	2	0
C	1	5	1	0
D	0	0	0	5

단계3 : 단계2 결과에서 0을 지나는 최소의 수평선과 수직선을 구하면 작업 D를 지나는 수평선 1개, 기계 3과 4를 지나는 수직선 2개가 모든 0의 값을 지나가고 수평선과 수직선의 합이 3개이므로 최적단계가 아니다. 따라서 단계4로 간다.

표 9-12 단계3 최적 여부 판단

작업 \ 기계	1	2	3	4
A	1	2	0	0
B	1	2	2	0
C	1	5	1	0
D	0	0	0	5

단계4 : 단계3에서의 수평선과 수직선이 지나지 않는 값 중에서 가장 작은 값 1을 선택하여 B행의 모든 값에서 뺀다. 그런데 B행 4열의 값이 −1이 되므로 4열에 대하여 모두 1의 값을 더해준다. 그런데 C행에는 0의 값이 없으므로 C행에서 가장 작은 값 1을 C행에서 모두 뺀다.

표 9-13 단계4 적용결과

작업 \ 기계	1	2	3	4
A	1	2	0	1
B	0	1	1	0
C	0	4	0	0
D	0	0	0	6

단계3 : 0값을 지나는 최소의 수평선과 수직선의 합이 4개이므로 A:3, B:4, C:1, D:2 할당의 총 작업비용의 합이 0임을 알 수 있다.[1] 따라서 특성2에 의하여 최적의 할당방법임을 알 수 있으며 A:3, B:4, C:1, D:2 할당결과를 처음 작업비용으로 환산할 경우 총 작업비용의 합은 3 + 4 + 7 + 3 = 17이다.

1) A:3, B:2, C:4, D:2 방법도 총 작업비용의 합은 0이므로 최적 할당방법은 복수 개 있을 수 있다.

기계-작업 할당문제의 수학적 모형은 다음과 같다. 우선, 기계-작업 할당문제에 대한 수학적 모형을 위해 다음과 같은 기호를 사용하겠다.

n : 기계(작업)의 수

C_{ij} : 작업 i를 기계 j에 할당할 경우 발생하는 비용, $i, j = 1, \cdots, n$

X_{ij} = 1, 작업 i를 기계 j에 할당할 경우

= 0, 작업 i를 기계 j에 할당하지 않는 경우

목적함수 : 총비용 = $\sum_{i=1}^{n}\sum_{j=1}^{n} C_{ij}X_{ij}$

제약조건 :

① 각 작업은 1대의 기계에만 할당

$$\sum_{j=1}^{n} X_{ij} = 1,\ i = 1, 2,\ \cdots, n$$

② 각 기계에는 1개의 작업만 할당

$$\sum_{i=1}^{n} X_{ij} = 1,\ j = 1, 2,\ \cdots, n$$

표 9-8 의 예제에 대한 수학적 모형은 다음과 같다.

Minimize $2X_{11} + 4X_{12} + 3X_{13} + 5X_{21} + 4X_{22} + 7X_{23} + 6X_{31} + 8X_{32} + 5X_{33}$

S.T
$X_{11} + X_{12} + X_{13} = 1$
$X_{21} + X_{22} + X_{23} = 1$
$X_{31} + X_{32} + X_{33} = 1$
$X_{11} + X_{21} + X_{31} = 1$
$X_{12} + X_{22} + X_{32} = 1$
$X_{13} + X_{23} + X_{33} = 1$
$X_{11}, X_{12}, X_{13}, X_{21}, X_{22}, X_{23}, X_{31}, X_{32}, X_{33} = 0$ 또는 1

6 | 균형선법에 의한 일정통제

균형선법(LOB : line of balance)은 완제품을 구성하는 자재나 반제품의 계획량과 실적을 체계적으로 비교하여 작업진행 상황을 파악하고 일정을 통제하는 방법이다. 균형선은 검토시점을 기준으로 완제품, 자재, 반제품의 계획량을 이어 주는 선을 의미한다.

표 9-14 와 그림 9-5 는 ○○완구의 생산계획 정보와 제품조립도이다. 그림 9-5 를 보면 완제품 A를 생산하기 위해 반제품 B와 C가 1주 이전에 확보되어야 한다. 반제품 C를 조립하기 위해 원자재 E가 2주 이전에 확보되어야 하며 반제품 B를 조립하기 위해 원자재 D는 1주 이전에 확보되어야 한다.

1주 말을 기준으로 생산실적을 검토하면 다음과 같다. 완제품 A는 10개 생산되어야 하며 반제품 B와 C는 25개가 완료되어야 한다. 그리고 반제품 B가 25개 완료되기 위해서 자재 D는 35개 완료되어야 하며 반제품 C가 35개 완료되기 위해서 자재 E는 50개 완료되어야 한다. 이를 균형선으로 표현하면 그림 9-6 과 같다.

그림 9-6 을 통해서 완제품 A의 생산계획을 차질없이 진행하기 위해 검토시점에 필요한 완제품, 반제품, 자재수량과 검토시점의 생산수량을 비교함으로써 생산일정에 차질이 발생할지의 여부를 판단할 수 있다. 그림 9-6 의 경우 1주 말 검토시점을 기준으로 자재 E, 그리고 반제품 B와 C가 계획 대비 실적이 부족함을 확인할 수 있다.

표 9-14 완제품 A의 생산계획

기간	1주	2주	3주	4주
생산계획량	10	15	10	15
누적생산계획량	10	25	35	50

그림 9-5 제품 조립도

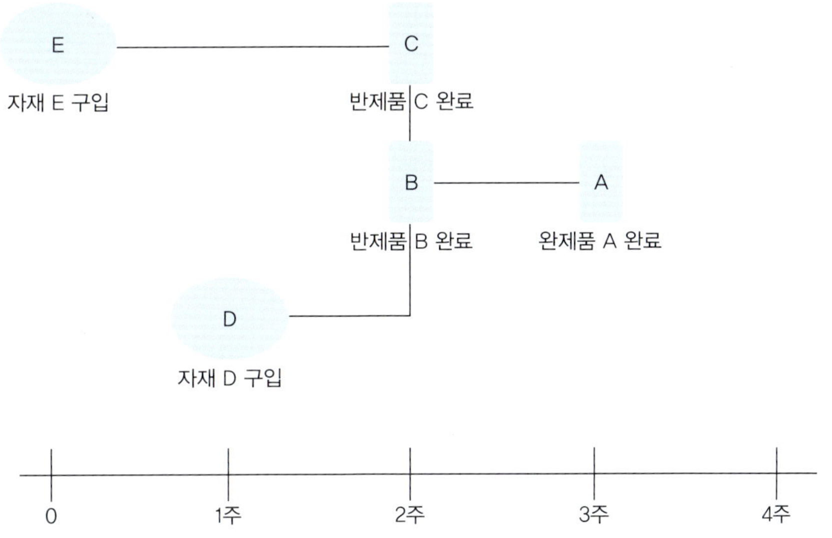

그림 9-6 생산계획 목표와 작업실적

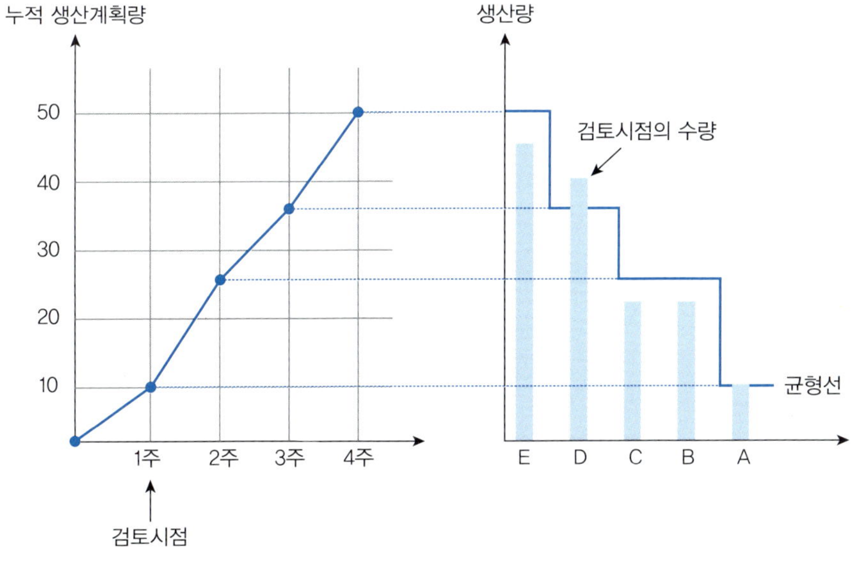

한국야구위원회에서는 다음과 같은 제약 요소를 고려하여 프로야구의 일정계획을 수립한다.

• **운영 조건(Organizational Requirement)**

O1. 경기장 가용 여부

– 지역 아마추어 대회 또는 구장 보수와 같이 일정 기간 동안 홈구장을 사용할 수 없는 경우가 있다.

O2. 홈 경기장 공유

– 홈구장을 공유하는 두 구단은 동시에 홈경기를 가질 수 없다.

O3. 개막전

– 당해 리그 개막전은 전년도 상위 4팀의 홈에서 진행되며, 2번째 period는 반드시 하위 4팀의 홈에서 진행되어야 한다.

• **선호 조건(Attractiveness Requirement)**

A1. 연속 홈/원정 경기

– 지방 팀의 경우 원정 비용을 줄이기 위하여 많은 팀이 밀집되어 있는 수도권에서 연속 원정 경기를 갖기를 원하며, 모든 팀은 홈에서 연속 경기를 갖기를 원한다.

A2. 특정 팀과 경기 간격

– 각 팀은 특정 팀과 경기 간격을 일정 기간으로 유지하기를 원한다.

A3. 홈 경기 선호

– 각 팀은 특정 기간에 홈에서 경기하기를 원한다.

A4. 흥행 경기

– 각 팀은 흥행 가능성이 높은 경기를 주말에 홈구장에서 하기를 원한다. TV 중계권자와 팬들은 흥미를 유발하는 경기가 같은 period에 몰리지 않기를 원한다.

• **형평성 조건(Fairness Requirement)**

F1. 주말 홈 경기 균등 배분

– 각 팀의 주말 홈 경기 수는 균등하게 배분되어야 한다.

F2. 강/약팀 연속 경기 제한

– 강팀과 약팀이 연속적으로 경기하여 특정 팀에게 유리하거나 불리하지 않도록 일정이 계획되어야 한다.

F3. 지역 할당

– 수도권 팀 간 경기는 원정 효과를 반감시킨다. 따라서 지방 팀과 수도권 팀 간 형평성을 고려해 수도권 팀 간 경기를 일정 수로 제한해야 한다.

출처: 공경수 · 이영호, 최적화 기법을 활용한 프로야구 일정 계획, 한국경영과학회 추계학술대회, 2008.

국내 공급망관리(SCM)시장 'ILOG' 바람

대형 기업용 애플리케이션 업체들이 주도하고 있는 국내 공급망관리(SCM) 시장에서 프랑스 아일로그(ILOG)사의 플래닝 및 스케줄링 툴인 '아일로그옵티마이제이션스위트'가 돌풍을 일으키고 있다.

이 제품의 국내 독점총판인 KSTEC은 최근 1년여 동안 포스코, LG전자, 삼성코닝, 삼성중공업, 대우조선, 삼성전자(TFT-LCD 및 메모리반도체부문) 등의 SCM 프로젝트를 수주했다. 또 최근에는 i2테크놀로지, 아스프로바 등 세계적인 SCM 공급업체와 경쟁해 한솔제지의 통합생산관리시스템 프로젝트를 따내기도 했다.

애플리케이션이 주도하는 SCM 시장에서 이 솔루션이 돌풍을 일으키는 가장 큰 배경은 이 제품의 엔진이 지니고 있는 탁월한 기능 때문이라는 게 이 회사의 자평이다.

ILO optimization suite는 산업공학, 경영공학의 최적화이론을 엔진으로 구현해 놓은 개발도구. 이 엔진을 이용할 경우 전자, 반도체, 제지 등 제조업계에서 SCM을 구현할 때 필요로 하는 계획 및 스케줄링시스템을 구축할 수 있다.

이 개발도구에 포함된 다양한 컴포넌트를 이용해 '최적화 애플리케이션'을 개발할 경우 자원과 업무 절차를 최적화함으로써 장비 배치, 자본, 인력관리, 자원관리, 시간과 장비관리를 효율적으로 할 수 있는 장점이 있다.

이 때문에 유명 글로벌 애플리케이션도 이 개발도구를 이용해 개발된 경우가 많다. SAP의 SCM 모듈인 'APO'와 오라클의 'APS'의 핵심엔진도 ILO optimization suite를 기반으로 만들어진 것이다.

여기에 국내 제조산업의 독특한 환경 때문에 고객들의 다양한 커스터마이징 요구를 충족시켜주기 위해서 'ILO optimization suite'를 찾는 경우도 많아지고 있다. 이 경우 SAP나 오라클의 SCM 솔루션을 이용하더라도 아일로그 제품에서 제공하는 카트리지를 활용해 패키지에서 제공하지 못하는 기능을 구현할 수 있다.

KSTEC은 올들어 SCM 시장에 대한 수요가 늘어나고 있어, ILO optimization suite를 활용한 독자적인 생산관리시스템 구축 프로젝트나 글로벌 ERP 패키지 업체와 연계한 공동마케팅을 활발하게 추진해 나갈 계획이다.

이승도 KSTEC 사장은 "기존 SCM 패키지는 장기 계획 수립에 적합하지 생산현장의 단기 생산 스케줄링이나 실시간 스케줄링에는 한계가 있다"며 "이런 수요를 적극 공략, 올해 SCM 사업에서만 10여 개의 신규 프로젝트를 수주할 수 있을 것으로 기대한다"고 말했다.

출처: 디지털타임스, 2003. 2. 19.

9장

연습문제

1 일정계획의 중요성을 설명하시오.

2 작업장에서 처리해야 할 6개 작업(A~F)에 대한 작업소요시간과 납기일은 다음과 같다.

작업	작업소요시간(일)	납기일(일)
A	7	22
B	2	15
C	13	28
D	5	21
E	9	26
F	6	30

1) 최소납기일 규칙에 따른 작업순서를 구하시오.

2) 최소납기일 규칙에 따른 작업완료시간, 평균완료시간, 평균작업물 수, 평균납기지연을 각각 구하시오.

3) 최단작업시간 규칙에 따른 작업순서를 구하시오.

4) 최단작업시간 규칙에 따른 작업완료시간, 평균완료시간, 평균작업물 수, 평균납기지연을 각각 구하시오.

5) 평균완료시간 측면에서 최소납기일 규칙과 최단작업시간 규칙의 결과를 비교하시오.

6) 평균납기지연 측면에서 최소납기일 규칙과 최단작업시간 규칙의 결과를 비교하시오.

3 다음과 같은 5개 작업(A~E)은 반드시 작업장1에서 완료된 이후에 작업장2로 이동한다.

작업	작업장1(일)	작업장2(일)
A	3	6
B	5	2
C	7	11
D	8	4
E	10	9

1) 존슨 규칙을 이용하여 작업순서를 구하시오.

2) 작업장2에서 최종 작업이 완료되는 시간은 언제인가?

3) 작업장2의 유휴시간은 얼마인가?

4 다음은 3개 작업(A,B,C)을 작업장(가,나,다)에서 생산하는 데 소요되는 비용을 의미한다. 총비용을 최소화하도록 작업과 작업장을 할당하시오.(단, 1개의 작업은 1개의 작업장에만 할당되며, 1개의 작업장에도 1개의 작업만이 할당되어야 한다.)

	가	나	다
A	12	15	7
B	9	11	12
C	10	13	8

5 항공과 철도의 일정계획 수립 시 고려해야 할 요소는 무엇인가?

6 종합병원 간호사의 근무일정을 수립할 때 고려해야 할 중요 요소는 무엇인가?

7 다음의 3개 작업을 단일설비에서 순환생산하고자 한다. 소진기간법에 의한 생산일정을 수립하시오.

제품	현 재고	수요(개/주)	최소생산량(개)	생산능력(개/주)
A	800	200	300	600
B	1200	400	800	1200
C	600	300	450	450

O P E R A T I O N S M A N A G E M E N T

CHAPTER

10

품질경영

01 품질의 정의 02 품질의 중요성 03 품질비용

04 품질관리의 발전 05 설비보전과 신뢰도 06 시스템 가용도

도입사례

복잡성의 덫에 빠진 도요타

2009년부터 2010년 3월까지 미국에서 도요타 리콜사태가 있었다. 세계시장에서 품질을 인정받아온 도요타였기에 리콜사태는 생산, 전략 분야의 연구에 많은 시사점을 남겼다.

많은 전문가들은 도요타 사태의 요인으로 무리한 원가절감 정책과 과도한 해외생산 규모의 확대를 지적한다. 즉, 도요타는 글로벌 경쟁이 심화됨에 따라 선도 기업으로서의 위치를 유지하고자 원가절감에 노력해 왔지만 지나친 원가절감으로 설계, 부품조달, 조립에 이르는 전 과정에서의 품질관리에 소홀하게 됐다는 것이다.

또 국내 위주의 품질경영 기조를 해외 확장 경영으로 전환함에 따른 공급망관리(SCM)의 실패 역시 원인으로 지적된다. 해외 라인에서의 비용절감을 위해 현지 생산라인을 가동하며 부품을 현지에서 조달했는데 이 과정에서 해외 부품업체들에 대한 체계적이고 효율적인 통제가 이뤄지지 못하면서 품질관리에 실패했다는 것이다. 이처럼 도요타의 실패를 분석한 다양한 이유들이 나오는 가운데 최근 하버드 비즈니스 리뷰(HBR)를 통해 제시된 또 다른 원인이 주목받고 있다.

HBR은 지난 10여 년간 지속된 도요타의 성장이 복잡성을 증가시켰음을 지적하면서 "도요타는 스스로가 만든 복잡성의 덫에서 빠져나오지 못했다"고 분석했다. 과거의 도요타는 단순하고 효율적인 경영 방식의 대가로 타 기업의 벤치마킹 대상이었다. 이랬던 도요타가 어떻게 스스로 만든 복잡성의 덫에 빠져 대규모의 리콜사태를 겪게 됐을까?

첫째, 도요타는 선진시장 중심의 급속한 양적 성장과 더불어 고급화, 하이브리드차 개발 등으로 설계가 복잡해졌다. 고유가로 소형차 수요가 증대했음에도 불구하고 중대형/고급차종을 집중 출시했다. 2003~2007년 소형차종은 18개 신모델을 출시했지만, 중대형/고급차종은 2배인 37개 신모델을 출시했다. 고급차종은 엔진사이즈도 커지고 각종 편의 장비들이 장착되기 때문에 설계가 한층 복잡해진다.

둘째, 과거 도요타의 조직구조는 매트릭스 형태로 조직 내 활발한 커뮤니케이션이 가능했다. 하지만 2000년 이후 조직이 급격히 비대화됐고, 글로벌 확대과정에서의 지나친 해외 생산 규모의 확대로, 그동안 도요타의 강점이었던 강력한 중앙 통제능력과 그에 따른 특유의 일사불란함이 약화됐다.

마지막 복잡성의 덫은, 한때 생산 프로세스의 모범답안으로 불렸던 JIT, KANBAN으로 대표되는 간결하고 정확한 생산 프로세스가 수요 불확실성 증가로 인한 수요 및 판매예측 실패로 제 기능을 하지 못한 것이다.

출처: 하버드 비즈니스 리뷰, 2010. 2. 24.

치열해지는 글로벌 경쟁 환경에서 기업의 경쟁우위를 확보하고 지속적인 성장의 기반이 되는 것은 품질이다. 품질은 원가, 납기, 유연성과 함께 생산관리의 4대 목표 중의 하나이지만 품질개선 없이는 원가, 납기, 유연성의 개선을 기대하기 어렵다.

그리고 제품이나 서비스에 불만을 느낀 고객은 재구매를 하지 않을 뿐만 아니라 고객의 불만사례가 주변사람에게 SNS를 비롯한 '입소문'으로 퍼지게 되므로 기존고객뿐만 아니라 잠재고객을 잃을 수 있다.

품질경영기법은 시대에 따라 변해 왔는데 불량품을 잘 찾아내는 '검사중심'에서 불량품을 원천적으로 생산하지 않도록 하는 '예방중심'으로 패러다임이 바뀌어 왔다.

1 | 품질의 정의

1) 쥬란(J.M. Juran)의 정의

쥬란은 품질을 '용도에 대한 적합성(fitness for use)'으로 정의하고 있다. 여기에서 "용도"란 생산자가 아닌 최종 소비자가 결정하는 것으로 소비자의 요구와 선호도 등에 따라 설정되는 성능, 기능, 신뢰도, 가격, 등급 등을 의미하며, "적합도"는 이 용도를 제품의 기술적 특성으로 구체적으로 표시해냈을 때의 일치 여부를 나타낸다. 즉, 최종 소비자의 요구사항에 대하여 생산자가 제품을 정확하게 제공하는지를 의미한다.

2) 데밍(W.E. Deming)의 정의

데밍은 설계품질, 적합품질, 판매 및 서비스 기능의 품질로 구분하여 설명하고 있다.

① **설계품질** : 제품의 설계단계에서 결정되는 품질특성으로 소비자의 요구와 선호도, 제품가격, 그리고 생산공정의 기술수준 등을 감안하여 결정

② **적합품질** : 생산된 제품과 설계기준과의 일치 여부를 의미하며 생산공정의 기술능력, 설비의 보수 · 점검, 품질검사 시스템의 운영상태 등 여러 가지 요소에 의해 영향을 받는다.

③ **판매 및 서비스 기능의 품질** : 소비자가 제품을 구입하는 과정의 편의성, 구입 이후 A/S 편의성 그리고 실제 사용과정의 만족도를 포함하는 개념

3) 가빈(D. Garvin)의 정의

가빈 교수는 논문 '품질의 8가지 차원에 근거한 경쟁'에서 품질의 8가지 측면을 다음과 같이 논하였다.

① **성능**(performance) : 자동차의 경우 가속, 조향, 속력 및 안락성 같은 특성을 포함하며, TV는 음향, 화질, 색상 및 수신력

② **특징**(features) : 제품이나 서비스에서 꼭 필요한 것은 아니지만 편리한 특성으로 기본기능을 보충하는 차별화된 특성

③ **신뢰성**(reliability) : 한 제품이 특정 기간 동안에 고장이 나지 않을 가능성

④ **적합성**(conformance) : 제품설계나 제조특성이 이미 설정된 표준에 적합한지의 정도를 나타내는 품질특성

⑤ **내구성**(durability) : 내구성은 제품을 획득하고 사용하여 못쓰게 될 때까지의 사용기간. 고장이 자주 발생하면 신뢰성은 낮지만 수리를 통해 오래 사용하면 내구성은 높다.

⑥ **서비스 능력**(serviceability) : A/S 처리속도, 정중함, 용이성, 서비스 소요시간, 서비스 약속을 지키는 적시성, 서비스 직원과의 관계 및 문제해결

⑦ **심미감**(aesthetics) : 소비자의 오감(시각, 청각, 촉각, 맛, 향기)에 의한 주관적 판단

⑧ **고객이 느끼는 품질**(perceived quality) : 제품에 대한 이미지, 광고, 브랜드, 평판 등에 형성된 주관적 선입관

2 | 품질의 중요성

생산관리의 운영목표는 원가, 품질, 납기, 유연성을 들 수 있다. 이 중에서 품질은 원가, 납기, 유연성 등의 운영목표에 밀접한 관련성을 갖고 있기 때문에 품질의 중요성은 더욱 높아져가고 있다.

1) 원가절감

품질비용은 매출액의 30% 내외로 추정되므로 품질의 향상은 제조원가의 절감으로 이어진다. 반대로 불량률의 증가는 투입원자재 및 관리시간의 증가로 제조원가의 증가로 이어진다.

2) 납기약속 및 시간단축

불량률의 증가는 제조시간의 증가로 이어지며 완료시간에 대한 불확실성의 증가로 인해 납기약속 및 시간단축의 어려움을 야기한다.

3) 유연성 향상

불량률의 증가는 생산공정의 불확실성이 증가하여 운영능력이 떨어지게 되므로 다양한 소비자의 요구를 반영할 수 있는 유연성이 떨어질 가능성이 높다.

그림 10-1 품질과 기타 운영목표와의 관계

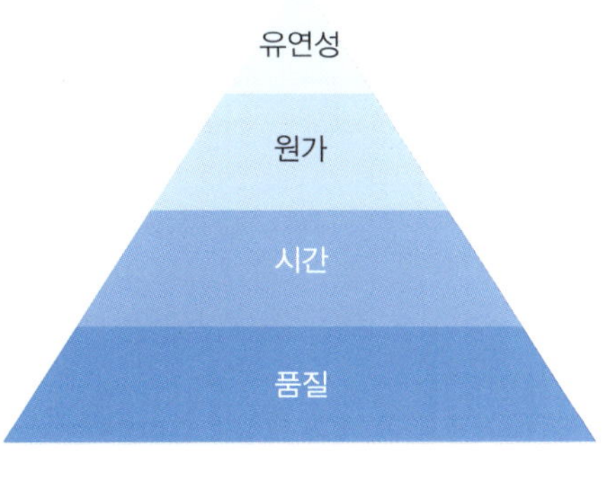

노동 재해의 발생 확률에 관한 법칙으로 '하인리히 법칙'이 있다. 미국의 손해보험회사에 근무했던 하인리히가 사고나 재해에 대해 실증 조사한 결과를 토대로 제시한 법칙으로 큰 재해 1건의 이면에는 29건의 가벼운 재해가 있으며, 또한 그 뒤에는 식은 땀이 흐를 것 같은 사례가 300건이 숨어 있다는 것이다.

실패에 대해서도 하인리히 법칙은 그대로 적용될 수 있다. 어떤 조직에서 신문의 기사거리가 될 만한 큰 실패가 있었다면 그 배후에는 반드시 작은 실패가 29건은 존재한다. 또 그 이면에는 실패라는 형태로 나타나지는 않더라도 조직구성원이 식은 땀을 흘릴 만한 체험이 300건은 있다고 보아야 한다.

출처: 장성근, LG경제연구원, weekly 포커스, 2010. 11. 16.

고객들이 가장 자주 느끼는 서비스 불만사항

1. 원하지 않는 서비스를 임의로 추가하여 요금을 더 청구하거나, 의도적으로 비용을 높게 부르는 부정적이며 불공정한 행위
2. 고객을 어리석거나 부정직한 사람으로 간주하여 거칠고 무례하게 대하는 행위
3. 구성원이 약속한 것과 다른 서비스를 제공하는 행위, 부주의하고 실수투성이의 서비스
4. 고객의 문제를 해결하고자 하는 의지와 능력이 없는 구성원의 무능력
5. 카운터엔 구성원이 없고, 긴 줄에서 많은 고객들이 기다릴 때
6. 인간적인 면이 전혀 없는 구성원의 비감성적인 서비스
7. 문제해결을 하고 싶어하는 고객과 대화하기를 꺼리는 서비스
8. 고객이 도움을 신청할 때 짜증스럽게 하는 서비스
9. 빈번한 그러나 어렵지 않은 고객의 질문에 대답하지 못하는 구성원
10. 기다리고 있는 고객들 앞에서 개인적인 일을 보고 있는 구성원

출처: Leonard L. Berry, 은종학 옮김, 초일류 서비스 기업의 조건, 김앤김북스, 1999.

3 | 품질비용

품질비용은 제품을 설계규격에 맞추어 생산하고자 할 때 필요한 예방적 비용과 생산된 제품이 설계규격에 미달될 때 발생할 수 있는 비용을 포함하고 있다.

불량으로 인한 원자재 폐기, 재작업, 검사, 보증 등의 품질비용은 쉽게 파악할 수 있는 반면에 불량으로 인한 설계변경, 납기지연, 제조시간 증가, 고객불만 증가, 매출기회 상실 등의 숨겨진 품질비용은 파악하기 어려우며 그 규모가 상대적으로 클 수 있다.

페드럴익스프레스社는 '1:10:100의 법칙'을 직원들에게 교육하고 있는데, 이는 불량이 생길 때 이를 즉시 고치면 1의 비용이 들지만, 책임소재나 문책 등 여러 가지 이유로 이를 숨기고 회사 밖으로 나갈 경우 이를 고치는 데 10의 비용이 들고 소비자의 사용 중에 문제가 생기면 이를 시정하는 데 100의 비용이 소요된다는 점을 강조하고 있다.

1) 실패비용

생산된 제품의 품질이 설계규격에 미달하거나 소비자의 만족감을 충족시키지 못했을 때 발생하는 비용으로, 제조과정에서 발생하는 비용과 완제품이 소비자에게 인도된 후에 발생하는 비용

① 내부적 실패비용(internal failure cost)

- 재작업비용
- 폐기물비용
- 재평가 및 재검사비용
- 설비가동손실비용 및 수율(yield) 감소

② 외부적 실패비용

- 소비자 불평의 처리비용

그림 10-2 품질의 중요성

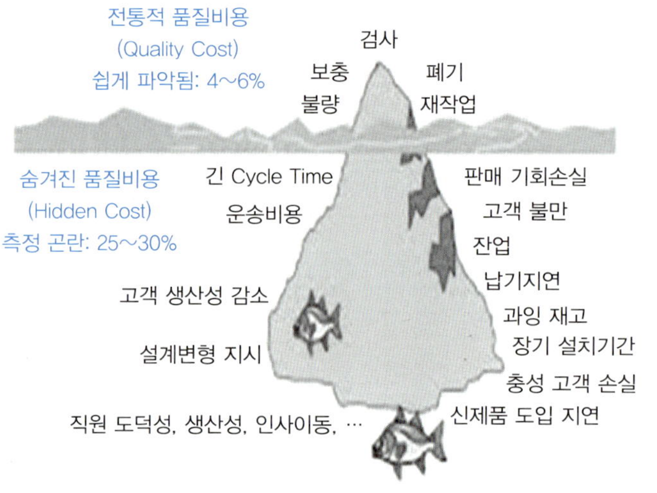

- 반품에 따른 처리비용
- 보증기간 내의 수리비용
- 무료공급량비용(allowance)

2) 평가비용

시험제작한 모형의 평가, 원자재 및 부품의 품질검사, 생산공정의 통제, 완제품 검사 등 품질의 직접적인 통제 및 분석에 소요되는 비용으로 관리도나 샘플링검사 등의 통계적 품질관리기법의 적용 및 운용에 관계되는 항목

- 수입자재 검사비용
- 검사 및 실험비용
- 실험설비의 보수 · 유지비용
- 실험자재 및 서비스비용
- 제품출고 시의 품질검사

그림 10-3 품질비용의 유형

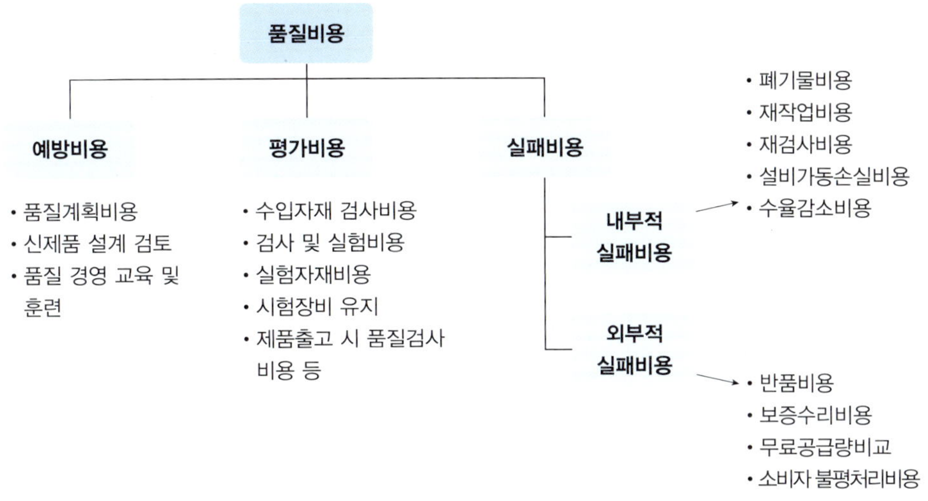

출처: 김태웅, 품질경영의 이해, 신영사, 2012.

3) 예방비용

불량품의 발생을 미연에 방지하기 위해 투자하는 비용으로 실패 및 평가비용을 줄이기 위해 필요한 활동에 소요되는 비용

- 품질계획의 수립 및 그 진행의 평가비용
- 신제품 설계의 검토 및 심사비용
- 품질경영기법의 교육 및 훈련비용
- 공정관리와 각종 인증(인가)을 위한 실험준비비용
- 품질개선을 위한 프로젝트비용

4 | 품질관리의 발전

1) 통계적 품질관리(SQC: statistical quality control)

① 전수검사와 샘플링검사

가) 전수검사 : 100% 검사라고도 부르는데, 로트 내의 모든 검사대상단위에 대해 검사를 수행하는 방법을 의미한다.

나) 샘플링검사 : 샘플링검사는 로트로부터 미리 결정된 방식에 따라 시료를 추출하고 시료에 포함된 제품들의 품질특성을 기초로 하여 로트전체의 합격 · 불합격을 판정하는 검사이다.

- 파괴검사를 필요로 하는 제품의 검사에서와 같이 전수검사가 불가능한 경우
- 간헐적인 거래 등으로 로트의 품질에 관한 사전정보가 부족할 때
- 품질수준은 반드시 만족하지는 않지만 전수검사를 필요로 할 정도도 아니고, 나쁜 로트만을 전수선별하여 평균적인 품질의 개선을 도모하고자 하는 경우
- 상당히 많은 양의 유사제품을 검사해야 하는 경우 검사원의 피로와 단조로움을 줄이며 결과적으로 검사과정에서의 실수를 줄이고자 하는 경우

② 생산자 위험과 소비자 위험

가) 생산자 위험 : 합격으로 판정해야 할 로트를 불합격으로 처리하는 오류의 가능성을 생산자 위험 또는 Type I 오류라 부르고 일반적으로 α로 표시한다.

나) 소비자 위험 : 불합격으로 판정해야 할 로트를 합격으로 받아들이는 오류의 가능성을 소비자 위험 또는 Type II 오류라 부르고 일반적으로 β로 표시한다.

③ 합격품질수준과 불합격품질수준

가) 합격품질수준(p_0) : 검사하는 로트를 가능한 한 합격시키기 위한 로트의 불량률

그림 10-4 검사특성곡선

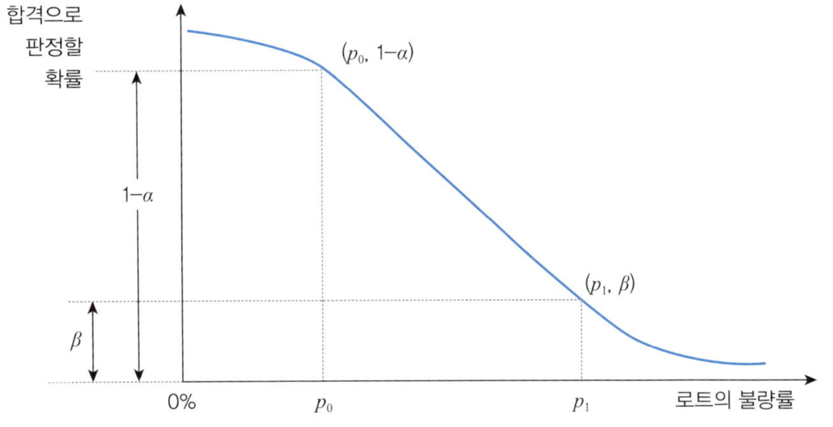

상한이다. 예를 들어, p_0가 5%라면 로트가 검사를 통과하기 위해서는 불량률이 5% 이하가 되어야 함을 의미하고 생산자 위험은 p_0수준의 로트를 불합격으로 판정할 오류가능성을 의미한다.

나) **불합격품질수준(p_1)** : 가능한 한 불합격시키고 싶은 로트의 불량률 하한이다. 예를 들어, p_1이 8%라면 불량률이 8% 이상인 로트는 검사를 통과하지 못하게 됨을 의미하고 소비자 위험은 p_1 수준의 로트를 합격으로 판정할 오류가능성을 의미한다.

④ 검사특성곡선(OC Curve)

검사특성곡선은 n과 c가 주어졌을 때 다양한 로트의 불량률에 대한 합격판정 확률을 그래프로 표현한 것이다. 그림 10-4 처럼 샘플링 검사는 생산자와 소비자의 합의에 의해 결정된 (p_0, α)와 (p_1, β)를 충족시키는 시료의 크기 n과 불량품 허용한도인 c를 결정함으로써 이루어진다. 예를 들어 α = 005, β = 0.10인 계수 규준형 검사방법에서 p_0 = 2%, p_1 = 5%로 합의한 경우 부록의 계수 규준형 1회 샘플링 검사표에서 해당하는 셀을 찾으면 (300,4)로 나타난다. 즉, 로트에서 400개의 시료를 채취한 후 이 중에서 불량품 개수가 4개 이하면 해당 로트를 합격시키고 4개 초과하면 불합격시키도록 한다.

2) 종합적 품질경영(TQM: total quality management)

TQM은 "최고경영자의 열의와 리더십을 기반으로 끊임없는 교육훈련과 참여의식에 의해 능력이 개발된 조직구성원이 합리적 · 과학적 관리방식을 활용하여 조직 내의 모든 절차를 표준화하고 지속적으로 개선하는 과정에서 종업원의 욕구를 충족시키고 이를 바탕으로 고객만족과 조직의 장기적 성장을 추구하는 경영시스템"으로 정의하며 TQM의 특징은 다음과 같다.

- 소비자로부터 시작한다.
- 품질을 측정하고 자료를 정리한다.
- 폭넓은 시각에서 품질을 바라본다.
- 문제가 발생하면 바로 발생근원에서 해결하도록 한다.
- 표준화는 바람직한 처리방법을 유지시키며 같은 문제가 재발하는 것을 막는다.
- 실수를 미연에 방지할 수 있도록 작업과 작업환경을 설계한다.

미국은 1987년 말콤볼드리지(Malcolm Baldridge) 품질대상을 제정하여 우수기업에 시상함으로써 품질에 대한 인식이 제품에서 경영활동 전반으로 확대되는 계기가 되었으며 기업들의 생산성 향상뿐만 아니라, 거시적으로 미국 경제를 되살리는 데 결정적인 역할을 한 것으로 평가받고 있다. 말콤볼드리지상 평가기준은 표 10-1 과 같이 7개 범주와 19개 항목으로 구성되어 있다. '리더십'은 최고경영자들과 조직의 리더십 시스템이 어떻게 조직의 가치와 방향 및 경영혁신을 조직 내에 전파하는가에 대해서 평가한다. '전략계획'은 기업의 장단기 경영계획이 어떻게 합리적으로 수립되고 있는지를 평가한다. '고객 및 시장중시'는 각 기업의 고객의 소리와 현장의 소리를 이해하려는 정도와 방법을 평가한다. '정보와 분석'은 기업의 모든 업무프로세스를 정보시스템이 지원하는가에 대해 평가한다. '인적 자원 중시'는 기업이 기업의 목적에 따라 종업원의 잠재능력을 개발하고 홍보하는 방법의 효율성을 평가한다. '프로세스 관리'는 모든 프로세스의 고객중심 설계 여부, 제품 및 서비스 전달 프로세스, 지원 프로세스, 협력업체 관련 프로세스의 효율성을 평가한다. '사업성과'는 회사가 수용했던 모든 프로세스와 프로그램이 품질 및 성과향상에 실질적으로 기여했는지에 대해서 평가한다.

표 10-1 말콤볼드리지상 평가기준과 내용

범주(Category)	항목(Item)
1. 리더십 (125점)	1.1 조직의 리더십 (85점) 1.2 사회적 책임과 시민의식 (40점)
2. 전략계획 (85점)	2.1 전략개발 (40점) 2.2 전략전개 (45점)
3. 고객 및 시장중시 (85점)	3.1 고객과 시장지식 (40점) 3.2 고객만족과 고객관계 (45점)
4. 정보와 분석 (85점)	4.1 조직성과의 측정 (40점) 4.2 조직성과의 분석 (45점)
5. 인적 자원 중시 (85점)	5.1 업무시스템 (35점) 5.2 종업원 교육, 훈련 및 개발 (25점) 5.3 종업원복지 및 만족 (25점)
6. 프로세스 관리 (85점)	6.1 제품/서비스 프로세스 (55점) 6.2 지원프로세스 (15점) 6.3 공급업체와 협력업체 프로세스 (15점)
7. 사업성과 (450점)	7.1 고객중심의 성과 (115점) 7.2 재무 및 시장성과 (115점) 7.3 인적자원관리 성과 (80점) 7.4 공급업체 및 협력업체 성과 (25점) 7.5 조직 유효성 실적 (115점)

출처: 윤종훈 외, 경영학원론, 학현사, 2013, p. 184.

한국은 1975년 일본의 데밍상을 모델로 국가품질상을 운영해왔으나 1993년부터는 말콤볼드리상을 벤치마킹하여 심사기준을 보완하고 있으며 삼성전자, 현대자동차 등 국내 유수의 기업들이 품질혁신을 통해 세계 수준의 경쟁력을 확보하는 데 기여하였다고 평가받고 있다.

3) 6시그마 품질경영

1987년 모토로라가 6시그마 경영을 창안한 이후, Texas Instrument, 얼라이드 시그널, GE, IBM, AMEX 등 주요 기업들이 도입하였으며 GE가 6시그마 경영을 1995년 도입하여 가시적 성과를 낸 것이 확산을 촉발시켰다. 컨설팅업체인 SSQ(Six Sigma Qualtec)의 조사 결과, 미국 주요 대기업의 20% 이상이 6시그마를 도입했거나 계획 중이고 국내는 1996년에 삼성SDI, LG전자 등이 도입한 것이 선도적 사례이며, 삼성전자,

표 10-2 6시그마의 통계적 의미

±σ(sigma)	% 양품률	PPM 불량률	공정능력지수 C_{pk}
±2σ	95.45%	45,500PPM	C_{pk} = 0.67
±3σ	99.73%	2,700PPM	C_{pk} = 1.00
±4σ	99.994%	60PPM	C_{pk} = 1.33
±5σ	99.99994%	0.6PPM	C_{pk} = 1.67
±6σ	99.9999998%	0.002PPM	C_{pk} = 2.00

*PPB : Parts Per Billion(십억 개 중 불량 개수)
*±6σ 관리 : 모토로라사의 6-Sigma 계획(2PPB = 0.002PPM)

현대차, 포스코 등 주요 대기업뿐만 아니라 공기업과 정부조직에서도 도입하고 있다.

6시그마 경영은 통계적 품질관리를 기반으로 하여, 각종 경영혁신 운동의 정신과 기법이 접목되어 있는데, 과거의 통계적 품질관리, 현장의 무결함운동, 프로세스 혁신(BPR), 고객만족(CS), 지식경영 등 기존 혁신활동이 모두 6시그마 경영에 통합되어 있다.

6시그마 경영의 가장 큰 특징은 회사 내 모든 부문에서 불량을 발생시키는 원인을 근본적으로 제거하는 것으로 과거의 품질관리가 생산현장의 불량을 최소화하는 데 초점을 맞춘 것에 비하여 6시그마 경영은 현장 품질개선이나 경영혁신의 차원을 넘어서 전사적인 경영시스템으로 정착되고 있다.

GE는 6시그마를 "The way we work", 즉 일하는 방식 그 자체로 정의하며 「경영활동은 곧 6시그마 활동」으로 인식하고 기업 활동에서 발생하는 모든 문제를 6시그마식 사고를 통해 해결할 것을 장려하는 등 혁신이 체화된 기업문화를 지향하고 있다.

6시그마 경영은 '불량을 통계적으로 측정 · 분석하고 그 원인을 제거함으로써 6시그마[1)] 수준의 품질을 확보하려는 전사 차원의 활동'의 의미를 가지고 있다. 6시그마 품질수준은 제품 100만 개당 불량품이 3.4개[2)] 발생하는 경우로서 양품률 99%와 비교할 때 불량이 3,000분의 1로 줄어드는 것을 의미한다.

6시그마 경영은 전문적인 훈련을 받은 핵심인력들이 팀을 이루어 혁신활동을 전개

1) 시그마(σ)는 원래 통계학 용어로 평균값을 중심으로 흩어진 정도(散布度), 즉 '표준편차'를 의미하는데 품질관리에서는 시그마가 제품 품질수준(불량 정도)을 표시하는 척도로 사용.

2) 통계학적으로 6σ의 양품률은 100만개 중 3~4개보다 적은값이나 공정 분포가 평균값을 기준으로 $\pm1.5\sigma$ 이동하는 경우를 감안하여 양품률을 100만개 중 3~4개 순으로 제시함.

그림 10-5 DMAIC 방법론

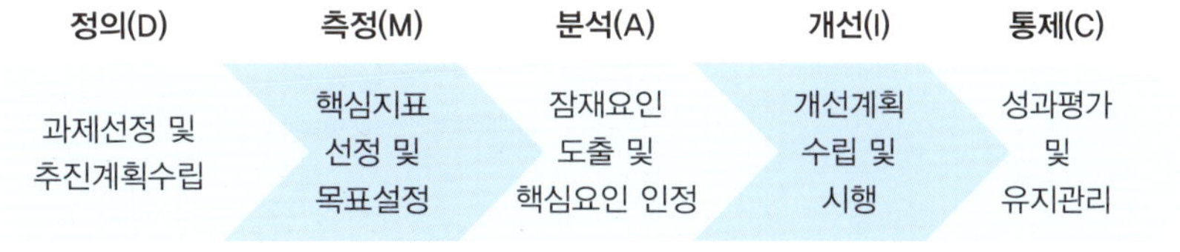

하는데 6시그마 경영의 추진요원은 역량과 역할에 따라 ① 챔피온, ② 마스터 블랙벨트(MBB), ③ 블랙벨트(BB), ④ 그린벨트(GB), ⑤ 팀원 등으로 구분된다. CEO가 챔피온들의 상위에 위치하며 6시그마 활동에 직접 관여하고 추진과정에 있어 가장 핵심적인 요원인 블랙벨트(BB)는 프로젝트 팀의 구성, 구성원에 대한 교육, 문제해결을 위한 컨설팅 등의 역할을 수행하는 프로젝트 리더 역할을 수행한다.

가장 일반적인 6시그마 품질경영 추진 방법론인 DMAIC은 다음과 같다.

① **정의**(Define) : 품질혁신의 첫 단계로 CTQ(critical to quality)에서 가장 중시되는 점에 영향을 주는 중요한 프로세스를 발견하고 프로젝트의 범위를 설정한다. 프로젝트 주제와 범위 선정 시에는 경영진의 관심영역, 비전과 경영방침과의 연계성, 명확하고 구체적인 목표, 가시적 성과 가능성, 단기간 내 해결 가능성, 참가자의 전문성 등을 종합적으로 고려할 필요가 있다.

② **측정**(Measure) : 전 단계에서 선정한 프로세스를 대상으로 CTQ와 대비시켜 발생한 결함을 측정한다. 이때 결함은 허용한계 외의 CTQ라고 정의한다. 다시 말하면 이 단계는 6시그마 활동의 대상범위를 정의하는 데서 시작한다고 볼 수 있다.

③ **분석**(Analysis) : 결함이 왜 발생하는가를 이해한다. 각 프로젝트의 우선순위를 매기기 위해서 파레토도와 같은 공통된 분석수단을 먼저 사용하고, 이어서 결함의 원인이 되는 주요변수를 알아내기 위해서 통계수단을 사용한다.

④ **개선**(Improve) : 주요변수를 설정하고 그 변수가 CTQ에 미치는 영향을 수량화하고 주요변수의 최대허용한계 영역을 설정한다. 평가시스템이 주요변수의 불규칙한 산포를 측정할 수 있는지의 여부를 확인하고 허용한계 영역 내에 불규칙한 산포가 들어가도록 프로세스를 변경한다.

⑤ **통제**(Control) : 개선결과 정착을 위한 관리단계로 지속적으로 변화하는 환경에 맞추어 개선결과가 조직 내의 표준으로 정착하도록 유도해야 한다.

그림 10-6 6시그마 추진 단계별 역할과 Tool

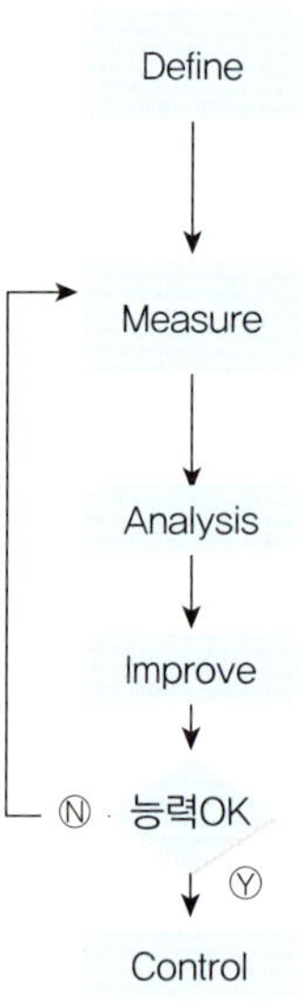

단계	역할	주요 Tool
1. CTQ선정 2. CTQ(Y)의 표준규명 3. 측정시스템 확인(Y)	• Business Issue 명확화	• Process Map • Pareto Chart • Gage R&R
4. 현재공정능력 확인(Y) 5. 목표설정 6. 원인 인자 추출	• Baseline 구축	• 공정 능력 지수 • Brainstorm
7. Vital Few 도출	• "Root Cause" 도출	• 가설 검정
8. 최적 조건 설정 9. 인자의 오차 설정	• Implement	• 실험계획법
10. 측정시스템 확인(X) 11. 현재공정능력 확인(X) 12. 관리시스템 구축	• Make it Stick	• Control Method

이상으로 6시그마 품질경영의 특징을 요약하면 다음과 같다.[3)]

① 통계 데이터에 근거한 철저한 분석

6시그마는 모든 결과를 통계적 데이터에 근거하여 처리한다. 과거의 품질관리기법이 엄밀한 방법론이 수반되지 못하여 구호적인 운동으로 끝나는 경우가 많았다. 또한 6시그마 경영은 프로젝트를 수행하면서 통계적 방법을 기반으로 측정, 분석, 성과계산 등을 철저하게 계량화함으로써 객관적 타당성을 확보하며 추진목표까지도 명확하게 계량화하므로 목표관리와 개선작업이 용이하다. 이 같은 특성 때문에 경영관리 수준이 낮거나 통계적 데이터를 축적 · 분석할 수 없는 기업은 6시그마 경영을 도입하기가 어렵다.

3) 출처: 삼성경제연구소, "경영혁신 불황탈출의 엔진", CEO Information, 제401호, 2004.

② 고객만족에 초점

6시그마 경영은 고객 관점에서 품질에 영향을 미치는 핵심요소(CTQ)를 발견하고 이를 제거하는 데 초점을 맞춘다. 과거에는 규격에 적합한 것을 품질로 인식했으나, 6시그마 경영은 고객만족이 곧 품질이라는 생각으로 성과를 평가할 때 매출이나 이익보다 고객만족도를 중시한다. 또한 겉으로 드러난 문제뿐 아니라 잠재적 문제까지 개선과제에 포함시킨다. 최종제품의 불량을 줄이는 것은 물론, 불량을 발생시키는 원인을 철저히 규명 · 제거하여 궁극적으로 경영품질 전반을 향상시켜 모든 부서의 프로세스들을 대상으로 하여 전체 최적화를 추구하는 운동이다.

③ 재무성과로 연결

개선 프로젝트의 비용절감 효과를 정밀하게 분석하고, 재무부서가 그것을 공식적으로 인정하는 혁신운동이다. 기존의 품질경영활동은 부서별로 발의한 과제가 대부분으로 투자 대비 효과분석이 미흡한 단점이 있지만 6시그마 추진결과는 재무적인 성과로 표시되므로 참여자들이 프로젝트의 가치를 인식하고 매진하는 효과를 가져올 수 있다.

표 10-3 경영혁신 활동의 특징 비교

특징	SQC	TQM/TPM	BPR	6시그마
업종	제조업	제조업	제조업/서비스업	제조업/서비스업
대상영역	생산	생산	사무간접	생산+사무간접+개발
도구/방법론	통계기법	통계기법 /설비보전지식	정보기술프로세스 분석기법	다양한 기법 체계화된 로드맵
추진주체	품질부서	현장종업원 (품질분임조)	외부 컨설턴트 Task Force 팀	내부전문가 (벨트제도)
추진방식	Bottom-up	Bottom-up → Top-down	Top-down → Bottom-up	Top-down

출처: 삼성경제연구소, "경영혁신, 불황탈출의 엔진", CEO Information, 제461호, 2004.

현대자동차의 대표적 히트차종 중 하나인 준중형 아반떼XD 출시를 앞두고 있던 2000년 4월 중순. 현대차의 과장급 이상 임직원들은 정몽구 그룹 회장에게 한 통의 각서를 제출했다. 각서의 내용은 이랬다. "앞으로 출시되는 신차에서 조금이라도 결함이 발견되면 어떠한 책임도 달게 받겠다." 각서에는 마케팅부문을 제외한 연구개발 및 생산분야 등 모든 임직원들의 자필 서명이 담겨졌다. 정몽구 회장이 "지금까지 리콜된 차량들은 문제삼지 않겠다. 하지만 향후 신차에서 품질상 하자가 나타나면 그 때는 간과하지 않겠다"는 엄명을 내렸고, 이에 대한 즉각반응으로 임직원들이 아반떼XD의 출시에 맞춰 '각서'라는 방식으로 각오를 되새겼다.

86년 엑셀신화를 창조하며 미국시장에 화려하게 데뷔했지만 '품질이 형편없는 값싼 차'라는 오명을 감내해야만 했다. 엑셀 론칭 이후 승승장구하던 기세도 3년을 넘기지 못했다. 현대차는 '품질이 낮고 싼 차'라는 이미지가 굳어지면서 미국시장 판매대수가 되레 급격히 감소하는 등 심각한 위기를 맞기도 했다. 세계 자동차시장의 메카인 미국에서 도태되지 않기 위해서라도 현대차는 해외업체와의 품질격차 해소에 전력해야만 했다. 결국 이러한 노력에 힘입어 최근 몇 년간 현대차에 대한 해외시장, 특히 미국 소비자들의 평판이 눈에 띄게 달라지기 시작했다. 미국 내 자동차품질 평가기관인 JD파워가 신차구입 후 3개월간 사용한 고객을 대상으로 엔진 변속기 승차감 스타일 등 8개 항목에 걸쳐 매년 실시하는 상품성만족도(appeal) 조사결과는 최근 수 년간 현대차가 질적으로 어떻게 변해왔는지를 잘 설명해준다. 현대차는 99년 '어필' 조사에서 전체 37개사 중 최하위권인 36위를 차지하는 수모를 겪었다. 그러나 2000년에는 34위로 올라섰고 2001년엔 30위, 2002년엔 28위로 해마다 순위를 높였다. 그러던 것이 올들어선 1,000점 만점에 847점의 평가점수를 얻어 랭킹순위가 21위로 무려 7단계나 점프, 일본 도요타자동차(853점)의 만족도를 위협하는 수준에 이르렀다.

99년 그는 현대차에 6시그마 품질혁신 운동을 전격적으로 도입했다. 현대차에선 그동안 TQC(전사적 품질관리), VE(가치공학), TPM(전사적 예방보전), CR(원가절감) 등 다양한 품질개선 운동이 전개돼왔다. 그러나 미국 소비자들의 인식, 즉 '품질이 낮은 싸구려 차'라는 이미지에서 탈피하기 위해 특단의 조치가 필요했고, 정 회장이 비장의 카드로 제시한 게 바로 6시그마 혁신운동이었다. "6시그마 경영은 불가능에 도전하는 새로운 경영기법이자 21세기 무한 경쟁에서 살아남기 위한 현대차의 생존방안"이라며 극찬을 아끼지 않았을 정도다. 현대차에선 99년 11월부터 6시그마운동이 본격화했다. 4년이 지난 지금은 블랙벨트와 그린벨트를 망라해 3,500명의 개선전문가가 양성됐고 3,800건의 프로젝트 추진과 1,800억 원의 비용절감 등 성과도 구체화됐다. 6시그마는 현대차뿐만 아니라 협력사에도 확산돼 협력회사의 품질보증표준까지 마련됐다. 또한 연구소 부분의 DFSS(Design for Six Sigma)활동과 현대 · 기아차의 제조부문과 협력사부문의 6시그마 간 업무통합으로 현대차그룹의 6시그마 활동은 이제 신차 개발단계에서 사무부문의 업무 프로세스 개선활동에 이르기까지 전사적 영역으로 확산되는 수준에 이르렀다.

출처: 이데일리

④ 6시그마 전문인력이 주도

6시그마 전문인력(BB급 이상)이 프로젝트 개선을 전담하여 혁신을 추진하므로 종래의 Bottom-Up식 활동보다 훨씬 전략적으로 진행이 된다. Full Time 전문인력인 MBB와 BB는 철저한 전문교육과 현장경험을 통해 양성되는데, GE의 잭 웰치 회장은 6시그마를 추진할 당시에 제일 먼저 Full Time 인원수(數)를 챙겼으며 나중에는 MBB, BB들의 승진율까지 관리하였다.

⑤ Top-down식 전개

종래의 품질경영은 경영자가 추진자에게 일임하는 형태로 진행되어 주로 현장 종업원들의 분임조 활동과 제안에 치중한 반면에 6시그마는 경영층 및 관리자 계층이 중심이 되는 Top-down식 활동으로 경영방침과 전략을 구체적인 활동단위로 분해하여 개선을 추진한다.

4) 품질관리 도구

① 관리도

1924년 슈하르트(W.A. Shewhart)에 의해 개발된 관리도는 표본시료의 특성치 변화를 시간순으로 나타낸 것으로 특성치의 변화 흐름을 분석하여 공정이 정상적으로 가동되고 있는지, 즉 이상요인의 존재 여부를 판단하는 데 많이 이용되는 기법이다.

제품을 생산하는 생산공정에는 어느 정도의 변동이 있기 마련인데 변동에는 우연

그림 10-7 관리도

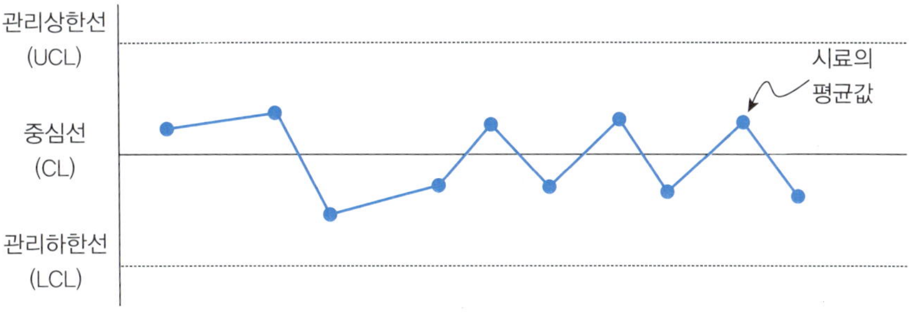

요인에 의한 공통변동과 이상요인에 의한 이상변동이 있다. 공통변동은 모든 공정에서 발생하기 때문에 쉽게 원인을 발견하여 제거하기 어려운 반면에 이상변동은 특정한 시점, 기계, 원자재, 작업자, 작업조건에서 발생하므로 신속하게 원인을 규명하고 제거해야 할 변동이다.

② 특성요인도

특성요인도(cause and effect diagram) 또는 피쉬본차트(fishbone chart)라고도 불리는 데 불량의 유형과 이에 영향을 미친다고 생각되는 모든 요인 간의 관계를 구조적으로 이해하고 근본요인에 대한 해결책 제시를 통해 문제의 근본을 해결하는 데 이용한다. 표 10-4 처럼 문제에 대한 원인을 지속적으로 반문하여 문제의 근본원인을 찾아 이를 해결하려는 노력이 중요하다. 특성요인도는 최종적인 이슈 또는 문제를 화살표 오른쪽 끝에 표시하고 그 원인들을 유형별로 계층적으로 표시한다. 그림 10-8 은 대전광역시가 운영하는 자전거 대여시스템 '타슈'의 이용자 불만에 대한 특성요인도 작성 사례이다.

그림 10-8 특성요인도 사례

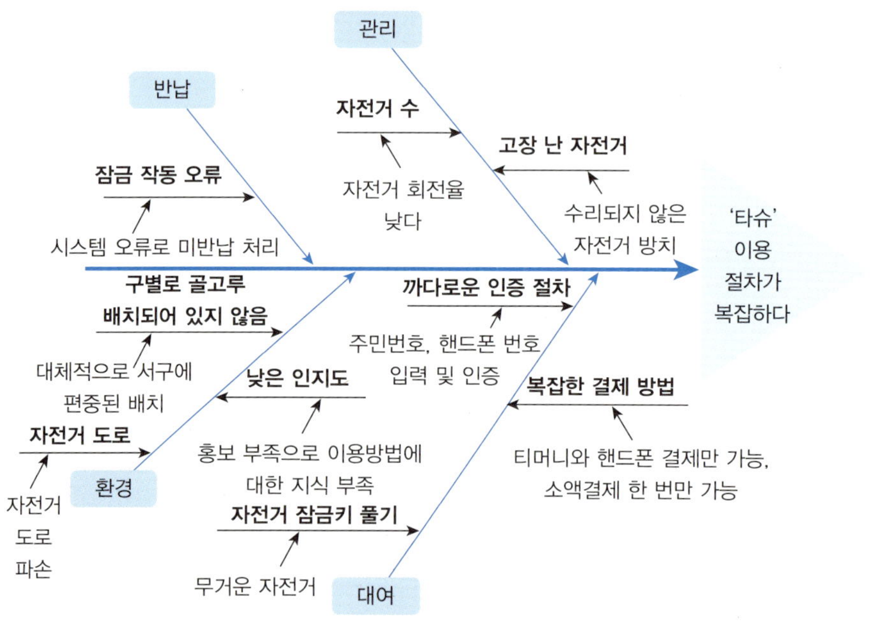

표 10-4 도요타생산시스템의 5WHY

문제점: "육안 검사 시 간과하는 일이 발생한다"		
횟수	왜 (WHY)	원인
1	왜 간과하는가?	제대로 보지 못하는 경우가 있다.
2	왜 제대로 못 보는가?	잘 안보인다.
3	왜 잘 안 보이는가?	조명이 어둡다.
4	왜 조명이 어두운가?	조명 위치가 안 좋다.
5	왜 조명 위치가 안 좋은가?	작업장의 조명위치에 대한 기준이 없다.
해결책 : 작업장의 조명위치, 밝기 기준을 정하고 이를 '표준화'한다.		

출처: 이스이 마사미쓰, 도요타 생산방식 입문, 동양문고, 2005.

③ 작업환경 개선

불량이 발생하는 원인 중의 하나는 현장 작업자의 실수로부터 발생한다. 도요타생산시스템은 작업자의 실수를 방지하기 위해 "foolproof"의 용어를 사용하고 있으며 작업환경 개선을 위해서 항상 현재의 문제를 발견하고 개선하는 습관을 갖도록 하기 위해 "왜?를 5번 반복한다"라는 문구가 있다.

"foolproof"는 작업자의 실수가 현장에서의 '착각'에서 출발하므로 작업자의 '착각'이 발생하지 않도록 작업도구나 방법 그리고 작업환경을 "모양, 크기, 위치, 색깔" 등으로 바보가 아닌 이상 착각을 하지 않도록 작업환경을 개선하는 의미를 담고 있다. 또한 현장에서의 낭비와 오류가 몸에 배지 않도록 항상 현재 상태를 부정하고 끊임없이 의문을 가지도록 하기 위해 "왜?"를 5번 반복하여 진정한 원인을 찾도록 한다.

④ 5S 운동

5S 운동은 1970년대 일본에서부터 시작된 생산성 향상 운동으로 우리나라에도 도입되어 현재까지 대부분의 기업에서 적극적으로 추진하고 있다. 5S란 S로 시작되는 다섯 가지 일본어 어휘인 SEIRI(정리), SEIDON(정돈), SEISO(청소), SEIKETSU(청결), SHITSUKE(습관화)를 말한다.

5S 운동으로 기대되는 효과는 준비시간제로(다품종화), 불량제로(품질향상), 낭비제로(원가절감), 지연제로(납기준수), 재해제로(안전향상), 고장제로(가동률 향상) 등을 들 수 있다.

표 10-5 5S 운동

	할 일	장점
정리	필요없는 것을 처분한다. – 고민되는 것은 버려라.	공간이 생긴다.
정돈	원하는 것을 누구나 바로 꺼낼 수 있는 상태로 만든다. – 배치 – 놓는 방법의 규칙	물건 찾을 때의 시간을 단축할 수 있다.
청결	정리 · 정돈을 유지하기 위해 필요한 일 – 관리자의 임무 – 잘못이 있으면 즉시 지적	정리 · 정돈 의식이 작업자에게 뿌리 박힌다.
청소	청소하면서 점검한다. – 청소 = 점검	기계고장 등의 뿌리를 뽑을 수 있다.
습관화	세세한 규정을 반복해서 실시 – 오류를 발견하면 개선으로 연결	

출처: 이스이 마사미쓰, 도요타 생산방식 입문, 동양문고, 2005.

지난 31일 대구역 KTX 3중 충돌 사고는 여러 인적(人的) 실수 · 오류에 이런 실수와 오류가 곧장 대형 사고로 이어질 수밖에 없게 만든 허술한 시설물 설치가 겹치면서 일어났다. 대구역 대기(待機) 차선에 정차해 있던 무궁화호 여객전무는 KTX용 파란불 신호를 대기 차선 신호로 착각해 기관사에게 출발하라고 알렸다. 이 여객전무는 노조가 휴일근무를 거부해 내근(內勤)을 하다 임시로 여객전무 일을 보고 있었다. 무궁화호 기관사는 여객전무의 말만 듣고 자기가 직접 신호등을 확인하거나 관제센터에 알려 허락받지 않고 열차를 출발시켜버렸다. 대구역 관제실은 무궁화호에 KTX가 지나간다는 사실을 알리지 않았다. 대구역은 대기 차선 신호등과 주행 차선 신호등이 혼동되지 않도록 위치 · 형태 · 각도를 조절해 설치하지 않았다.

이걸 보면 이번 사고는 '착각'→'확인 부재(不在)'→'규정 위반'→'공지(公知)사항 불이행'→'설계 허점' 등이 동시다발로 터져나와 빚어진 사고다. 어느 한 단계에 허점(虛點)이 있어도 사고로 연결되는 열차 운행이 이런 상태였으니 사고가 날 수밖에 없다.

출처: 조선일보, 2013. 9. 3.

포드에서 만든 마취약 조절밸브는 시계방향으로 돌려야 하는 데 반해 GM의 경우는 반시계방향으로 돌리게 되어 있어서 의사들이 착각하는 경우가 많이 발생하게 되었고 이후 두 기업은 밸브의 회전 방향을 표준화하여 문제를 해결하였다.

출처: 조지프 핼리넌, 우리는 왜 실수를 하는가, 문학동네, 2013.

5 | 설비보전과 신뢰도

1) 설비보전의 의미와 방식

설비보전은 넓은 의미에서 생산시스템 혹은 특정 설비를 가동 가능한 상태로 유지하여 고장손실을 줄이고 생산시스템의 신뢰도를 높이기 위한 대책을 의미하며 설비보전의 방식은 다음과 같다.

① **예방보전**(PM: preventive maintenance) : 설비의 고장으로 인한 손실을 최소화하기 위하여 고장발생 이전에 검사 · 조정 등의 보전활동을 의미한다.

SAS코리아(대표 조성식)는 포스코의 후판 공장과 냉연 공장에 'SAS® 예지보전시스템' 구축에 착수했다고 13일 밝혔다.

포스코는 'SAS® 예지(豫知)보전시스템(SAS®Predictive Asset Maintenance)'을 도입, 공장의 설비정보를 분석하여, 교체시점과 고장원인을 조기에 알림으로써 설비의 가동 상태를 원활히 하고, 교체에 소요되는 비용을 절감한다는 계획이다. 이번 프로젝트는 오는 5월까지 완료할 예정이다.

SAS코리아는 제조업의 경우, 사용하고 있는 기기 및 설비의 고장 여부, 교체 주기를 사전에 파악하는 것이 생산 설비의 가동 시간을 증가시키고 불필요한 부품 교체 비용에 대한 낭비를 줄이게 된다고 강조. 이에 따라 'SAS® 예지보전시스템' 솔루션에 대한 수요가 설비 자산의 운영이 필수적인 제조업 중심으로 늘고 있다고 전했다.

'SAS® 예지보전시스템'은 GE에너지(에너지, 미국), 로체(의료기기 제조, 스위스), SR 테크닉스(항공정비, 스위스), 코노코 필립스(정유사, 미국) 등 해외 선진 제조 기업들이 도입했으며, 특히 미국의 종합 에너지 회사인 코노코 필립스는 이 솔루션으로 약 7억 달러의 운영비용을 절감했다고 SAS코리아측은 밝혔다.

SAS코리아 조성식 대표는 "SAS 솔루션 도입으로 제조업들은 보다 효율적으로 설비관리를 할 수 있게 되며, 비용 절감까지 실현할 수 있게 될 것이다"라고 전했다.

출처: IT데일리, 2009. 1. 13.

② **일상보전**(RM: routine maintenance) : 열화나 마모를 방지하도록 주기적으로(매일, 매주) 점검 · 급유 · 청소 등의 활동을 의미한다.

③ **교정보전**(CM: corrective maintenance) : 설비고장 시에 단지 수리하는 것뿐만 아니라 보다 좋은 부품교체 등을 통하여 설비의 열화, 마모의 방지는 물론 수명의 연장을 기하도록 하는 활동이다.

④ **사후보전**(BM: breakdown maintenance) : 수리부품을 준비하거나 수리를 외주에 맡길지 또는 예비기계를 설치할지 등 수리에 대한 여러 대책을 수립하는 활동이다.

⑤ **예측보전**(PdM: predictive maintenance) : 진동분석기, 광학측정기 등의 계측기를 기계 고장의 발생이 쉬운 곳에 설치하여 고장의 징후를 예측하여 고장에 대비하는 보전활동을 의미한다.

2) 기존 예방보전 방식의 문제점[4)]

① 설비설명서에 대한 높은 의존도

설비 공급업체로부터 제공받은 지정 일정에 의존하기 때문에 더 정확하게 분석하였다면 불필요했었던 부품교체 등이 발생할 소지가 있고 이로 인해 추가비용이 발생한다.

② 무차별식 데이터 측정

개별 설비에 부착된 모니터를 통해 모든 부분을 측정하지만 모니터에는 분석기능이 내재되지 않기 때문에 문제가 발생할 경우 설비를 개별적으로 확인해야 하므로 설비 전체의 상태에 영향을 미치는 인자 간의 교호작용 등을 파악하기 어려운 한계점이 있다.

③ 시간 및 자원 소요

모든 설비에 모니터링 시스템을 갖추어야 하지만 시스템별로 다른 방식을 채택하는 경우 이로 인한 업무의 비효율성 및 비용 증가가 발생한다.

---

4) 출처: LG CNS Management Report, 2012.

④ **오탐지 가능성 존재**

설비에 부착된 많은 센서가 경보를 울릴 경우 이로 인한 업무부하가 가중될 우려가 있으며 체계적인 분석에 의존하지 않고 경험이 많은 관리자의 지식과 주관적 판단에 의존할 경우 직관만으로 고장의 근본 원인을 파악하는 데 한계가 있다.

이와 같은 문제점을 극복하기 위하여 최근에는 예측보전에 대한 관심이 높아지고 있다. 설비에 대한 종합적이고 체계적인 분석을 지원하여 핵심 설비의 가동률을 높이고 고장의 징후를 예측하여 사전에 대응할 수 있도록 한다.

3) 고장률 모형

고장률은 단위기간 동안의 평균고장횟수를 의미하며 고장률을 시간에 따른 함수로 나타낸 곡선을 고장곡선으로 부른다. 일반적으로 제품이나 설비의 고장곡선 형태가 그림 10-9 와 같은 욕조의 형태를 보이기 때문에 욕조곡선(bathtube curve)이라고 부른다. 그림 10-9 에서 보는 것처럼 욕조곡선은 초기고장 단계, 우발고장 단계, 마모고장 단계로 나누어 볼 수 있다.

그림 10-9 욕조형 고장률 모형

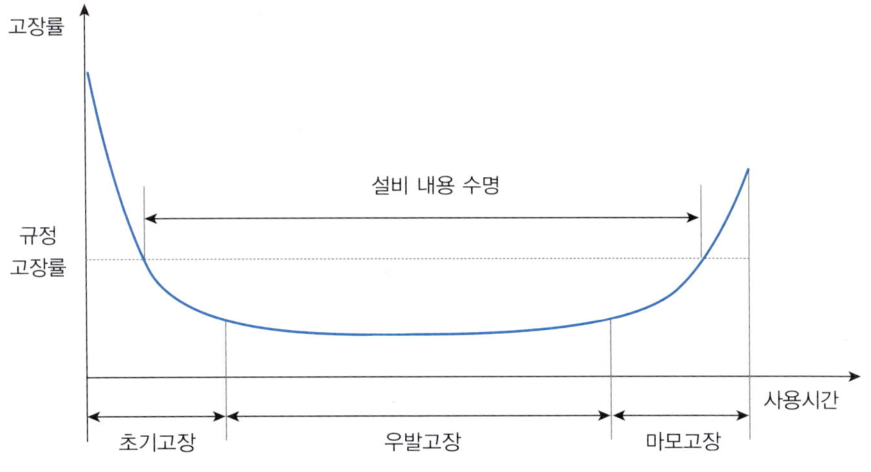

① **초기고장 단계** : 주로 설계, 부품, 가공, 조립, 사용자 오류에 의해서 초기고장과 결함이 발생하는 단계이다.

② **우발고장 단계** : 초기고장 단계에서의 결함을 제거한 이후 고장률이 감소하고 일정한 단계이지만 우발적인 고장이 발생한다. 예방보전활동이나 사용자 교육 등으로 고장률을 줄일 수 있지만 근본적인 개선은 설계변경을 통하여 가능하다.

③ **마모고장 단계** : 장시간 사용으로 기계적 변화와 열화 등이 발생해 고장률이 점차 증가하는 단계이다. 설비의 보전계획을 수립할 경우, 설비의 고장률과 고장특성을 분석하여 특정 시점에 고장이 발생할 확률과 빈도를 추정하여 고장에 대비한다.

4) 시스템 신뢰도

신뢰도는 일정기간 정상적으로 제 기능을 발휘할 확률을 의미하며 시스템 신뢰도는 부품의 신뢰도와 배열방법(직렬, 병렬, 혼합)에 따라 달라진다.

① **직렬구조** : 각 부품이 직렬로 연결되어 있는 경우 모든 부품이 정상작동을 해야만 하므로 시스템 신뢰도는 각 부품의 신뢰도 곱이 된다. 직렬로 연결된 2개 부품의 신뢰도를 R_1, R_2라 할 경우 시스템 신뢰도는 $R_1 \times R_2$가 된다.

시스템 신뢰도 = $R_1 \times R_2$

② **병렬구조** : 각 부품이 병렬로 연결되어 있는 경우 적어도 하나의 부품만 정상작동을 하면 되므로 시스템 신뢰도는 1에서 모두 부품이 고장나는 확률을 빼준 값이 된다. 병렬로 연결된 2개 부품의 신뢰도를 R_1, R_2라 할 경우 시스템 신뢰도는 다음과 같다.

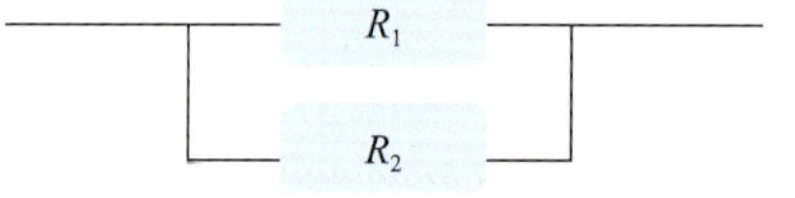

시스템 신뢰도 = $1-[(1-R_1)\times(1-R_2)]$

③ **혼합구조** : 각 부품이 직렬 또는 병렬구조로 혼합된 경우는 직렬 또는 병렬 구조의 신뢰도 계산을 반복 적용하여 시스템 신뢰도를 구할 수 있다. 4개의 부품이 혼합구조로 연결된 경우의 시스템 신뢰도는 다음과 같다.

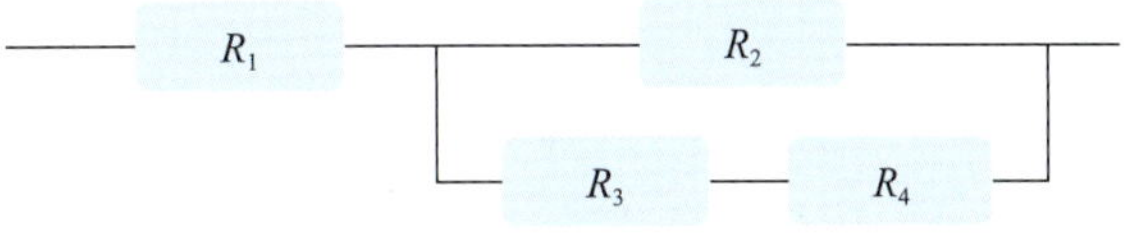

$$\text{시스템 신뢰도} = R_1 \times [1-(1-R_2) \times (1-R_3 \times R_4)]$$

6 | 시스템 가용도

시스템 가용도(availability)는 시스템이 고장 없이 정상적으로 작동하는 시간의 비율을 의미한다. 시스템 가용도를 측정하기 위해서 평균고장간격(MTBF: mean time between failure), 평균고장시간(MTTF: mean time to failure), 평균수리시간(MTTR: mean time to repair)의 용어를 사용한다.

MTTF는 고장 수리 후 다음 고장까지의 평균시간을 의미하며 MTTR은 평균수리시간을 의미한다. MTBF는 고장 발생 후 다음 고장이 발생할 때까지의 평균시간을 의미하는데 그림 10-10 에서 보는 바와 같이 아래와 같은 상관관계가 성립된다.

MTBF = MTTF + MTTR

가용도 = MTTF/(MTTF + MTTR) × 100 = MTTF/MTBF × 100

표 10-6 은 새롭게 개발 중인 하드디스크의 고장 및 수리시간을 기록한 자료이다. 이 자료를 바탕으로 하드디스크 가용도를 계산하면 다음과 같다.

MTTR = (30 + 20 + 25 + 15 + 10 + 20)/6 = 20분

MTTF = (180 + 150 + 220 + 120 + 80 + 210)/6 = 160분

MTBF = MTTR + MTTF = 180분

시스템 가용도 = 160/180 × 100 = 88.89%

그림 10-10 MTBF, MTTF, MTTR의 상관관계

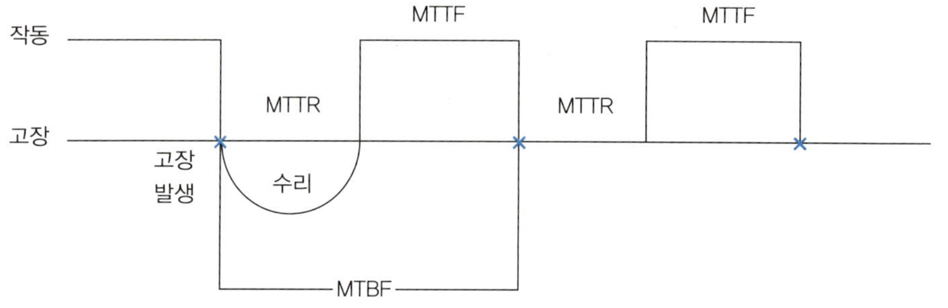

표 10-6 하드디스크 고장 및 수리 내역

6:00 작동시작			
9:00	첫 번째 고장발생	18:25	네 번째 고장발생
9:30	첫 번째 수리완료	18:40	네 번째 수리완료
12:00	두 번째 고장발생	20:00	다섯 번째 고장발생
12:20	두 번째 수리완료	20:10	다섯 번째 수리완료
16:00	세 번째 고장발생	23:40	여섯 번째 고장발생
16:25	세 번째 수리완료	24:00	여섯 번째 수리완료

"공장설비 고장 미리 알려준다"… AI기반 설비 보전 서비스 확대

LG유플러스가 인공지능(AI)을 활용해 산업용 설비의 고장 · 장애 여부를 진단 · 예측하는 'AI 기반 설비 예지보전' 서비스 확대에 나선다.

LG유플러스는 산업용 AI 솔루션 전문 업체인 '원프레딕트'와 업무협약(MOU)을 체결하고 설비 예지보전 서비스의 범위 확대를 약속했다고 18일 밝혔다.

설비 예지보전은 스마트팩토리에서 AI 활용이 가장 활발한 분야로 AI를 통해 설비 운영 효율성을 높여주는 기술이다.

원프레딕트의 솔루션은 산업 설비에서 발생하는 진동과 소음 등의 데이터를 AI 기술로 분석해 상태를 진단하고 고장 발생 시기와 잔존수명을 예측한다. 해당 솔루션은 베어링, 감속기, 펌프, 팬, 블로워, 압축기, 터빈 등 다양한 설비의 예지보전에 활용할 수 있다.

LG유플러스는 원프레딕트와의 협업을 통해 기존 모터 등 일부 설비에만 제공했던 설비 예지보전 서비스의 범위를 다양한 구동 기계로 확대할 방침이다.

또한 5G 네트워크와 통합 관제 플랫폼을 AI 예지보전 솔루션과 결합해 다양한 산업에 적용할 계획이다. 양사는 올 상반기부터 적용 범위를 넓힌 AI 기반 예지보전 서비스를 내놓을 예정이다.

서재용 LG유플러스 스마트인프라사업담당 상무는 "설비 예지보전은 스마트팩토리의 핵심 서비스 중 하나"라며 "설비 빅데이터를 AI로 분석해 정확한 진단 및 예측 결과를 제공함으로써 고객의 유지보수 비용 절감과 설비 안정성을 향상 시키는 효과를 얻을 수 있을 것"이라고 말했다.

출처: news1, 2021. 2. 18.

10장 연습문제

1 다음 용어를 설명하시오.

1) 생산자 위험 2) 소비자 위험 3) 검사특성곡선 4) 5S운동 5) foolproof

2 품질비용을 유형에 따라 설명하시오.

3 종합적 품질경영의 등장배경을 설명하시오.

4 6시그마 품질운동의 차별화된 특징을 설명하시오.

5 주변에서 품질이 우수한 제품(서비스)과 그렇지 못한 제품(서비스) 사례를 찾아서 비교하고 바람직한 개선방안에 대하여 설명하시오.

6 작업 중에 실수를 하는 원인과 실수를 예방하기 위한 조치에 대하여 설명하시오.

7 6시그마 품질운동이 국내 기업의 품질향상에 기여한 부분은 무엇인가?

8 설비보전의 유형을 설명하시오.

9 고장률 욕조모형에 대하여 설명하시오.

10 다음과 같은 부품구조를 갖는 제품의 신뢰도를 계산하시오.

1)

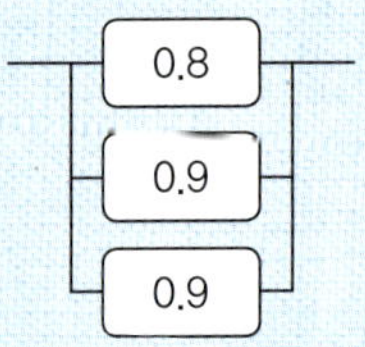

2)

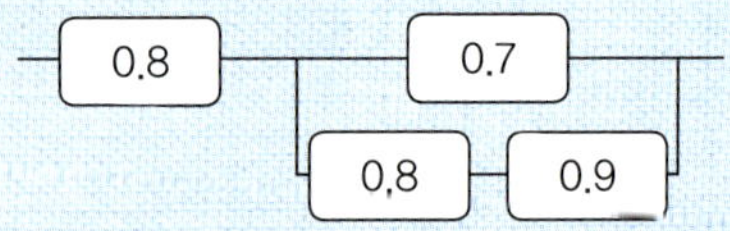

3)

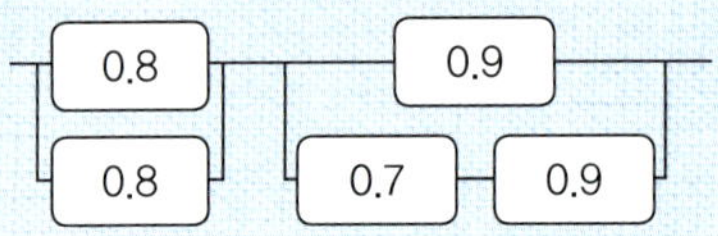

11 다음은 OO 전자제품의 고장 및 수리기록이다. 가동시작 시각은 00:00이다.

첫 번째 고장발생 시각	2:30	다섯 번째 고장발생 시각	15:00
첫 번째 수리완료 시각	2:50	다섯 번째 수리완료 시각	15:10
두 번째 고장발생 시각	4:00	여섯 번째 고장발생 시각	17:00
두 번째 수리완료 시각	4:30	여섯 번째 수리완료 시각	17:10
세 번째 고장발생 시각	9:20	일곱 번째 고장발생 시각	21:30
세 번째 수리완료 시각	9:30	일곱 번째 수리완료 시각	21:50
네 번째 고장발생 시각	12:00	여덟 번째 고장발생 시각	23:20
네 번째 수리완료 시각	12:20	여덟 번째 수리완료 시각	23:40

1) MTTF를 계산하시오.

2) MTTR을 계산하시오.

3) MTBF를 계산하시오.

4) OO 전자제품의 가동률을 계산하시오.

12 식당에서의 음식 배달 오류에 대한 특성요인도를 작성하시오.

O P E R A T I O N S M A N A G E M E N T

CHAPTER

11

JIT 생산시스템

도입사례

생산 혁명 '도요타' vs 기술의 '혼다' …장인정신이 車왕국 만들다

• 선친 유지 받들어 자동차 국산화

도요타 기이치로의 아버지 도요타 사키치는 1876년 일본 시즈오카현의 시골마을 야마구치에서 가난한 목수의 아들로 태어났다. 사키치가 주목한 것은 베틀이었다. 쓰기 편한 직기를 만들겠다고 결심한 사키치는 연구에 몰두해 1894년 두 손으로 사용하던 베틀을 한 손으로도 작동할 수 있게 만든 '도요타식 목제인력직기'를 내놓았다. 사키치는 1926년 도요타자동직기제작소를 설립했지만 4년 뒤인 1930년 사망했다. 사키치는 1920년대 사업을 위해 미국과 유럽을 오가며 자동차가 새로운 산업으로 부상할 것이라는 점을 알고 있었다. 그는 죽기 전 'G형 자동직기' 특허권을 영국 회사에 팔아 100만 엔을 손에 넣었다. 사키치는 죽기 전 아들 기이치로에게 자금을 물려주며 유언을 남긴다. "이 돈으로 반드시 국산 자동차를 만들어야 한다." 기이치로는 선친의 유지를 받들어 포드와 제너럴모터스(GM) 공장과 부품라인을 돌아본 뒤 '자동차사업부'를 만든다. 쉐보레 자동차 한 대를 구입해 연구하면서 자동차 개발에 들어간다. 그리고 사키치가 세상을 떠난 지 4년 만인 1934년 도요타 프로토타입 엔진 개발에 성공한다.

• 맨주먹으로 일으킨 혼다자동차

1906년 일본 시즈오카현에서 태어난 소이치로는 6세 때 마을 어귀에서 포드의 '모델T'를 본 뒤 자동차에 빠져든다. 아버지가 운영하는 철공소에서 자동차 수리업을 겸업하던 그는 자동차 정비 종업원을 모집한다는 구인광고 진단시를 보고 홀로 도쿄의 '아트상회'로 향한다. 허드렛일을 하며 어깨 너머로 정비기술을 배우다 정식 정비공이 됐다. 6년 후인 1928년(22세)에는 고향에 '아트상회 하마마쓰 지점'을 연다. 이 정비소는 3년 후 종업원 50명의 하마마쓰 최대 규모 정비공장으로 성장한다. 1937년 '동해정기중공업주식회사'를 설립하고 피스톤링을 만들던 그는 대량생산에 성공하면서 도요타에 납품한다. 제2차 세계대전이 끝난 뒤 공장을 도요타에 팔아버린 그는 1946년 10월 혼다자동차의 모태인 '혼다기술연구소'를 설립한다. '바타바타' 엔진을 개발, 모터사이클로 이름을 알린 혼다는 1962년 처음으로 스포츠카 'S300' 'S360' 등 S시리즈 자동차를 만들게 된다.

• 가이젠 vs 와이가야

기이치로는 조립라인에서 부품을 어떻게 이동시킬 것인지, 한 작업에 얼마나 많은 인원이 필요한지 연구하고 생산라인에 반영했다. 이는 도요타 생산방식의 근간인 'JIT(just in time · 적기 생산)'의 시초가 됐다. 제조업체가 부품업체로부터 부품을 필요한 시기에 수량만큼만 공급받아 재고가 없도록 해주는 시스템이다. JIT는 이후 수십년간 도요타 성장의 원동력이 됐고 많은 자동차회사들이 이를 벤치마킹했다. 도요타가 품질과 생산방식 부문에서 세계적으로 인정받았다면 혼다는 '기술의 혼다'로 불릴 만큼 높은 기술력으로 이름을 알렸다. 혼다의 기업문화 중 유명한 것이 '와이가야'다. '시끌벅적하게 떠든다'는 일본말 의성어다. 혼다에는 사무실이든 현장이든 어디에서나 사람들이 모여서 떠들 수 있는 공간이 마련돼 있다. 혼다는 세습경영을 하고 있는 도요타와 달리 혈통이나 인맥 등을 철저하게 배제했다. 소이치로는 세습경영을 거부하고 친인척은 물론 자식들에게조차 경영권을 물려주지 않았다.

출처: 한국경제, 2012. 5. 11.

1 | JIT 생산시스템

1) JIT 생산시스템 개요

적시생산시스템(JIT: just in time)은 일본의 도요타 자동차사에서 체계화시킨 생산 방식으로 '필요한 제품'을 '필요한 때'에 '필요한 양'만큼 생산하여 공급하는 것을 그 이념으로 한다. JIT 시스템은 제품의 가치에 기여하지 않는 모든 것을 '낭비'라고 보고 낭비의 근원을 모두 제거하여 지속적인 원가절감, 무결점, 무재고, 제품 다양성을 목표로 완벽을 추구한다.

도요타 자동차는 이와 같이 낭비를 철저히 제거하고 제조현장과 작업의 흐름을 슬림화하여 생산성 향상을 이룩하였다. JIT 생산시스템의 철학은 1996년 MIT가 중심이 되어 미국식 환경에 맞춰 재정립한 린(lean) 생산방식의 기초가 되었으며 린 생산방식은 자재 구매에서부터 생산, 재고관리, 유통에 이르기까지 모든 과정에 손실을 최소화하여 최적화한다는 개념이다. 린 생산방식은 시장조사, 제품설계, 부품조달, 공장운영, 마케팅, 사후관리에 있어서 과거의 대량생산방식과 비교하여 일본식 경영방식에 부여한 명칭으로 대량생산방식에 비하여 적은(lean) 것을 의미한다. 이는 제품의

린 생산 용어의 기원

제임스 워맥(James Womack)을 비롯한 MIT 연구진은 17개국 90개 이상의 자동차 조립공장을 비교 조사하여 "세상을 바꾼 기계"라는 책을 소개하였다. 연구 결과 일본 자동차 조립공장의 생산성이 미국 자동차 조립 공장에 비해 평균 48% 높았으며 제품 품질 또한 미국 공장에 비해 50% 우월하였다. 연구진은 이러한 차이를 대량 생산 모델을 등장시킨 자동차가 새로운 생산 모델로 향하는 길을 가르키고 있다고 결론을 내렸으며 이 모델은 고객 주도의 시스템으로서 고객이 원하고, 고객이 원하는 때에 고객이 기꺼이 지불하는 것만을 생산하는 시스템을 의미한다.

출처: 얼 어만, 린 경영전략, 가산북스, 2008, pp. 165-166.

종류는 다양하나 소요되는 노동력, 공장규모, 설비투자, 제품개발기간은 단축되고 불량, 재고 등이 현저하게 감소함을 의미한다.

JIT 시스템을 구성하는 요소로는 집중화 공장, GT(group technology), 작업자 중심 품질관리, 가동준비시간의 단축, 평준화 생산, 다기능작업자, 적시부품조달, 칸반(kanban) 시스템 등이 있다.

표 11-1 에서 보듯이 JIT 생산시스템과 MRP는 낮은 재고수준과 높은 생산성 그리고 고객서비스를 지향하는 측면에서 공통점을 가지고 있다. 그러나 MRP가 push 시스템 기반이라면 JIT 생산시스템은 pull 시스템을 기본으로 하며 MRP는 자재소요계획을 기반으로 운영되는 반면에 JIT 생산시스템은 간판을 이용하여 소요량을 판단한다. 또한 MRP는 경제적 발주량을 기반으로 운영되는 반면에 JIT 생산시스템은 준비비용을 줄이고 소로트 단위로 자주 발주하는 시스템이다.

JIT 생산시스템이 가지는 특징과 장점은 다음과 같다.

① 1개월부터 3개월까지의 월간 주일정계획으로 평준화되어 각 작업장이나 외주처가 생산계획을 수립할 수 있는 시간적 여유를 줄 수 있다.

② 작은 경제적 로트 크기를 사용하기 때문에 넓은 재고유지 공간이 필요하지 않아 공장 규모가 크지 않아도 무방하다.

③ 외주처와의 관계를 파트너 관계로 인식하기 때문에 외주처로부터 조달되는 부품은 검사가 필요하지 않을 정도의 완벽한 품질이 요구된다.

④ 생산준비비용과 시간을 경제적으로 통제한다.

그림 11-1 재고의 문제점

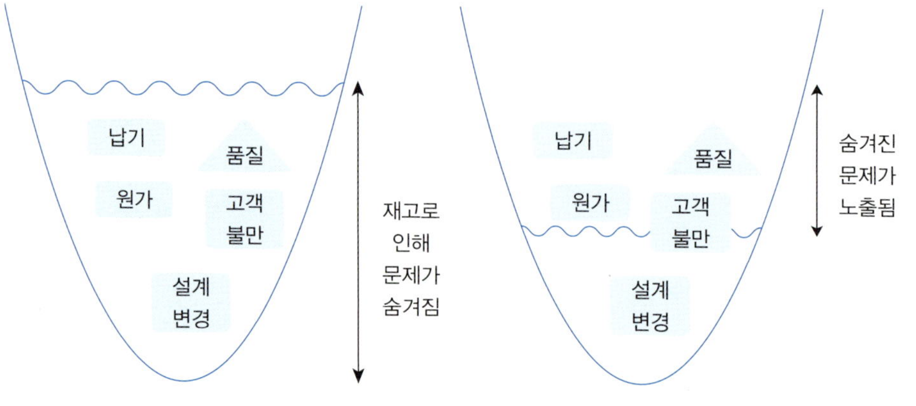

⑤ 다기능 작업자를 필요로 하며 품질분임조와 제안제도를 통해 모든 작업들이 문제해결에 적극 참여할 수 있는 환경을 조성한다.

⑥ 그룹테크놀로지의 개념을 사용하므로 공장 내에서 자재가 효율적으로 이동된다.

표 11-1 JIT와 MRP 시스템의 비교

구분	JIT 시스템	MRP 시스템
관리시스템	요구(주문)에 따라가는 pull system	계획대로 추진하는 push system
관리목표	낭비제거(최소의 재고)	계획 및 통제(필요시 필요량 확보)
관리도구	눈으로 보는 관리(간판)	컴퓨터 처리
생산시스템	생산 사이클타임 중심	MPS 중심
생산계획	안정된 MPS 필요	변경이 잦은 MPS 수용
자재소요판단	간판	자재소요계획(MRP)
발주(생산)로트	小로트(준비비용축소)	경제적 발주량(생산량)

포스코 QSS혁신 성공사례 - 대신메탈라이징

포항공장에서 활용도가 낮은 설비는 사용 빈도가 높은 광양 공장으로 옮기는 등 작업의 동선을 고려한 설비 재배치를 실시하여 물류 이동이 70% 감소하고 불필요한 설비 매각으로 공장의 여유 공간이 증가했다.

설비 자체에 소형크레인을 설치함으로써 지게차로 물건을 이동할 때 발생하는 낭비를 줄이고 작업 교체 시간을 크게 단축할 수 있었다.

작업자가 자주 사용하는 공기구는 공기구 보관 창고에서 설비주변에 재배치하여 작업자의 이동에 따른 낭비를 줄이고 작업자의 피로 감소와 생산성 향상을 가져왔다.

출처: 경북매일, 2014. 6. 26.

2) 7대 낭비요소

도요타 자동차는 생산현장의 7대 낭비요소를 다음과 같이 정의하고 있으며 낭비요소를 줄이기 위한 노력을 강조하고 있다.

① 과잉생산의 낭비

필요하지 않은 제품을 미리 만들어 놓음으로써, 정체, 동작낭비, 가공 등의 1차적 낭비는 물론 운송차와 팔레트 등의 증가로 인한 2차적 낭비를 유발한다. 이에 대한 대책으로는 표준작업의 확립, 간판을 이용한 작업지시, 평준화 생산을 고려할 수 있다.

② 대기의 낭비

작업량과 작업설비의 불균형 등으로 인해 불필요하게 발생하는 대기시간 등의 낭비이다. 이에 대한 대책으로는 평준화 생산, 작업 재조정을 고려할 수 있다.

③ 운반의 낭비

거리가 먼 곳에 임시적재, 옮겨쌓기 등 설비배치와 운송 및 물류 구조로 인해 발생하는 낭비이다. 이에 대한 대책으로는 공정흐름분석, U자 생산라인을 고려할 수 있다.

④ 과잉처리의 낭비

공정의 진행이나 가공품의 정밀도에 기여를 하지 않는 불필요한 가공으로 인해 발생하는 낭비이다. 이에 대한 대책으로는 공구의 자동화, 가치분석을 고려할 수 있다.

⑤ 재고의 낭비

시장예측의 부정확 또는 불확실성에 대비하기 위해 보관하는 재고로 인한 낭비이다. 이에 대한 대책으로는 간판시스템, 평준화 생산을 고려할 수 있다.

⑥ 과대동작의 낭비

생산활동에서 부가가치를 만들어 내지 않는 작업자의 과대동작으로 발생하는 낭비이다. 이에 대한 대책으로는 표준작업, 공구의 자동화를 고려할 수 있다.

⑦ 불량의 낭비

불충분한 작업자 교육, 불량자재 등으로 인해 발생하는 품질불량과 재작업으로 인한 낭비를 의미한다. 이에 대한 대책으로는 'foolproof', 'Jidoka'를 고려할 수 있다.

표 11-2 7대 낭비요소 원인과 대책

낭비요소	원인	대책
과잉생산	필요하지 않은 제품을 미리 만들어 놓음으로써, 정체, 동작 낭비, 가공운반의 낭비는 물론 운송차 팔레트 등의 증가로 인한 이차적인 낭비	표준작업의 확립 간판을 이용한 작업지시 평준화 생산
대기	작업량과 작업설비의 불균형으로 인해 불필요하게 발생하는 대기	평준화 생산 작업의 재조정
운반	거리가 먼 곳에 임시적재, 옮겨쌓기 등 운송 및 물류의 구조로 인해 발생	공정흐름분석 U자 생산라인
과잉처리	공정의 진행이나 가공품의 정밀도에 기여를 하지 않는 불필요한 가공으로 인해 발생	공구의 자동화 가치분석
재고	시장예측의 부정확 또는 불확실성에 대비하기 위해 보관하는 재고	간판시스템 평준화 생산
과대동작	생산활동에서 부가가치를 만들어 내지 않는 작업자의 과대동작으로 발생	표준작업 공구의 자동화
불량의 낭비	불충분한 작업자 교육, 불량자재 등으로 인해 발생하는 품질불량과 재작업으로 인한 낭비	FoolProof(Poka Yoke) Jidoka

도요타 자동차는 재고를 낭비(waste)로 보았고, 미국은 보험(insurance)으로 생각하였다. "미국인들은 머피의 법칙(불운의 연속)에 사로잡혀, 조업중단 등의 불확실성을 재고로 대비한다는 것이다. 반면에 일본인들은 기계의 고장, 부품의 결함 등은 방지될 수 있으며 재고는 단지 문제를 숨길 뿐 목표달성에 장애가 된다"고 생각하였다.

2 | JIT 생산시스템 구성요소

1) 집중화 공장(focused factory)

모든 일을 수행할 수 있는 대형 공장을 건설하는 것보다 전문화된 소규모 공장을 수직적으로 통합된 네트워크를 구성하는 것이 낭비를 줄일 수 있다. 왜냐하면 조직이 방대할수록 관료화되고 공장 관리비용이 증가하기 때문이다. 스키너(Skinner)는 이를 '집중화 공장'으로 부르며 생산활동의 집중화 전략으로 제시하였다.

하나의 공장에서 다수의 제품을 생산할 경우 제품별로 요구되는 특성(수량, 납기, 품질, 설비배치, 작업 숙련도 등)의 차이를 반영하기 어려우므로 제품별 특성에 맞춘 소규모 공장(공장 내 공장 : plant within plant)을 운영함으로써 생산운영의 효율성을 추구한다.

2) 작업자에서부터의 품질관리(Jidoka)

Jidoka는 "잘못된 문제를 발견하면 즉시 모든 것을 멈춰라"는 뜻을 가지고 있다. 현장의 문제를 발견하기 위해 다른 검사 인원을 고용하는 대신에 작업자 스스로 문제를 찾아서 해결하도록 한다. 즉 작업자 스스로 자기가 생산한 제품의 품질에 대해 책임지도록 하는 것이다. 작업과정에 불량을 발견하거나 생산속도를 따라가지 못하거나 안전의 위험을 느끼는 경우 작업장에 설치된 Jidoka 단추를 누르게 되면 조립라인이 일시적으로 정지하게 되고 현장에서 문제가 해결될 때까지 작업은 진행되지 않는다. 그동안 나머지 작업자들은 기계를 정비하는 등 다른 준비작업을 하도록 한다. Jidoka는 작업자들로 하여금 제품의 품질이나 작업의 집중력과 신중함을 요하게 된다. 또한 품질분임조와 제안제도를 통해 모든 작업들이 문제해결에 적극 참여할 수 있는 환경을 조성한다.

도요타 자동차는 현장에서의 품질 및 라인관리를 위해 안돈 시스템을 운영하고 있다. 안돈(行燈)이란 '눈으로 보는 관리'의 대표적 예로서 생산현장에 걸린 '라인 정지 표시판'이며 안돈에는 4가지 종류가 있다.

그림 11-2 진도 안돈 예시

생산진도현황

금일목표	14500	진도율	6%	가동설비
현생산량	3465	완료율	6%	15/36
LINE	작업시간	진도율	완료율	가동설비
A LINE	15:42	44.6%	44.6%	4/9
B LINE	15:42	44.6%	44.6%	5/9
C LINE	15:42	44.6%	44.6%	3/9
D LINE	15:42	44.6%	44.6%	3/9

① '호출' 안돈은 특별한 용무로 감독자를 호출하거나 부품을 요구하는 안돈을 말한다.

② '이상' 안돈은 불량발생이나 시간 내 생산이 어려울 때 사용하는 안돈이다.

③ '가동' 안돈은 기계의 가동상태를 나타내며 가동, 고장, 준비교체, 계획정지 등을 표시하는 안돈이다.

④ '진도' 안돈은 생산계획 수량과 실 생산현황을 실시간으로 알려주는 안돈이다.

3) 가동준비시간(setup time)의 최소화

소규모 로트생산을 지원하기 위해서는 가동준비시간이 최소화되어야 한다. 왜냐하면 가동준비시간이 오래 걸리게 되면 생산성 하락으로 이어지기 때문이다.

표 11-3 은 800톤 프레스의 가동준비시간을 국가별로 비교한 것인데 도요타 자동차는 다른 선진국가에 비하여 가동준비시간이 10분으로 매우 짧기 때문에 로트크기를 작게 운영할 수 있고 따라서 외부환경 변화에 신속한 대응이 가능한 장점이 있다.

표 11-3 가동준비시간의 비교(Hood&Fender 800톤 프레스)

	도요타 자동차	미국	스웨덴	독일
가동준비시간	10분	6시간	4시간	4시간
가동준비횟수/일	3	1	–	0.5
로트크기	1일	10일	1개월	–

출처: 강석호, 생산운영관리 5판, 경세원, 1998.

LG전자 구미공장의 TV생산라인의 경우 32인치 제품을 조립하다가 52인치 제품으로 바꿀 때 자재나 공장라인에 차이가 나기 때문에 생산품목을 바꿀 때 상당히 많은 시간이 걸린다. 이를 해결하기 위해 각종 계측기나 설비를 다양한 제품라인에서도 사용할 수 있도록 하고 부품 표준화를 시키면 버튼 하나만 눌러 쉽게 다른 제품을 조립할 수 있게 하였다. 실제 LG전자 구미공장의 경우 과거 생산모델 변경에 5~10분의 시간이 걸렸지만 지금은 30초 안에 가능하다.

출처: 김남국 외, 공정혁신 통한 원가절감 성공 사례,
동아비즈니스리뷰, Vol. 4, 2008, p. 25.

4) 칸반시스템

Pull 시스템은 후속공정에서 필요한 만큼 선행공정으로부터 가져오는 방식으로 공정별 자재의 양을 최소로 관리함으로써 낭비를 제거하는 대표적인 기법이며 JIT는 Pull 시스템 방식의 자재흐름을 채택한다. 이와 대비되는 시스템으로 Push 시스템이 있다. 표 11-4 는 Push 시스템과 Pull 시스템의 차이점을 설명하고 있다.

칸반(kanban)은 JIT 시스템에서 생산허가와 자재이동을 위한 방법을 의미한다. 일본어로 칸반은 연속된 공정을 거치는 작업의 순서를 통제하는 데 사용되는 카드(card)를 의미하며, 후속공정에서 선행공정에 부품을 요청하는 신호로서 사용된다. 칸반시스템의 목적은 부품이 더 필요하다는 신호를 그 부품이 다음 공정에 지장을 초래하지 않도록 적시에 생산되어야 함을 알리는 데 있다. 칸반은 그 기능에 따라 인출칸반(withdrawal kanban)과 생산칸반(production kanban)으로 구분된다. 그림 11-3 에서 보듯이 칸반에는 부품명, 부품번호, 수량, 공급업체 등의 정보 등을 기재한다.

표 11-4 Push vs. Pull 시스템

Push 시스템	Pull 시스템
가능한 많은 수량을 생산	필요한 수량을 필요한 시기에 생산
수요변화를 재고로 대처	수요변화에 따라 생산수량 조절
대형 Lot size	소형 Lot Size
일단은 생산 이후 불량은 재작업	불량발견 즉시 현장 개선
예) MRP 시스템	예) JIT 생산시스템

그림 11-3 칸반의 예시

<table>
<tr><td colspan="4">부품명</td><td colspan="2">부품번호</td></tr>
<tr><td colspan="4">Smoke-Shifter, left handed.</td><td colspan="2">14613</td></tr>
<tr><td>수량</td><td>20</td><td>조달기간</td><td>1주</td><td>주문일시</td><td>9/3</td></tr>
<tr><td>공급업체</td><td colspan="3">Acme Smoke-Shifter, LLC</td><td>납기</td><td>9/10</td></tr>
<tr><td rowspan="2">계획수립</td><td colspan="2" rowspan="2">John R.</td><td colspan="3">Card 1 of 2</td></tr>
<tr><td>위치</td><td colspan="2">Rack 183</td></tr>
</table>

칸반시스템에서 한 작업장의 운영에 필요한 컨테이너의 개수(n)는 아래 공식으로 구할 수 있다.

$$n = DT/C$$

여기서

n : 컨테이너의 개수

D : 후속 작업장의 수요

C : 컨테이너 1대에 담을 수 있는 부품의 수(보통 일간 수요의 10% 미만)

T : 컨테이너 1대가 한 번 순환하는 데 걸리는 시간, 즉 부품을 채우고 후속 작업장으로 이동하였다가 현재의 작업장으로 다시 돌아올 때까지 걸리는 순환시간을 의미한다.

예를 들어 후속 작업장의 부품 수요(D)가 1분에 4개, 컨테이너 1대에 담을 수 있는 부품의 수(C)가 25개, 컨테이너 1대가 후속 작업장에서 현재 작업장으로 돌아오는 데 걸리는 순환시간(T)이 50분인 경우 필요한 컨테이너 개수(n)는 8대가 된다.

$$n = DT/C = (4 \times 50)/25 = 8\text{대}$$

그림 11-4 칸반시스템의 운영

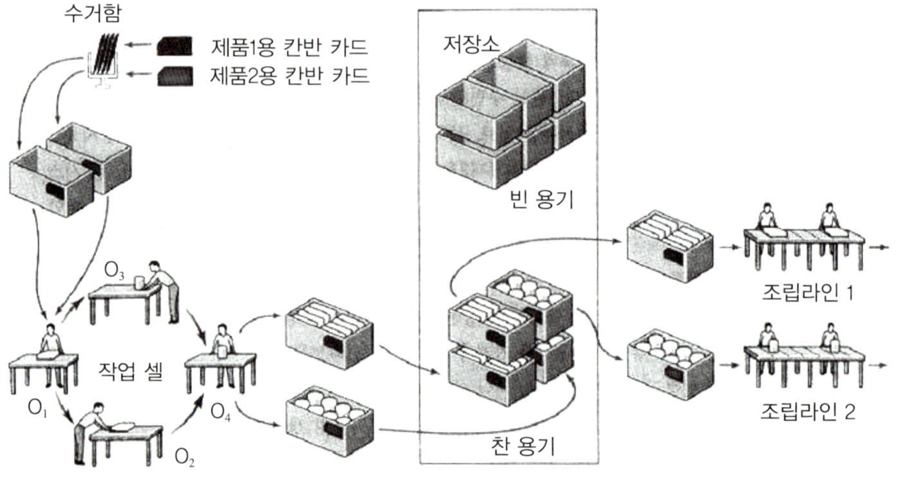

출처: 강종렬 외, 생산운영 관리의 기초, 시그마프레스, 2004.

칸반시스템의 운용포인트

- 재공에는 반드시 칸반을 붙일 것
- 후공정이 인수의 주체가 될 것
- 전공정은 생산지시 칸반에 의해 생산할 것
- 생산량을 평준화할 것

5) 다기능 작업자

설비의 고장이 발생하거나 특정 작업에 병목현상(bottleneck)이 발생할 경우 작업자 간의 협력을 통하여 신속하게 작업흐름을 원활하게 해야 하며 이를 위해서는 다양한 설비의 조작이나 작업이 가능한 다기능 작업자의 육성이 필요하다.

다기능 작업자가 많을수록 인력의 효율적 운영이 가능하고 설비에 종속된 역할보다는 설비를 지휘 · 통제하는 능동적 역할을 수행함으로써 작업의 지루함을 제거하고 작업에 대한 보람을 느낄 수 있는 효과를 기대할 수 있다. 예를 들어 작업자 10명이 1시간에 60개의 제품을 생산하였는데 상황이 바뀌어 30개의 제품만을 생산해야 할 경우 1명의 작업자가 1가지 작업만을 할 수 있다면 작업자 수를 줄일 수 없으며 작업자의 효율이 감소한다. 반면에 1명의 작업자가 다양한 작업을 수행할 수 있으면 작업자를 보다 효율적으로 운영할 수 있다.

그림 11-5 JIT 생산시스템

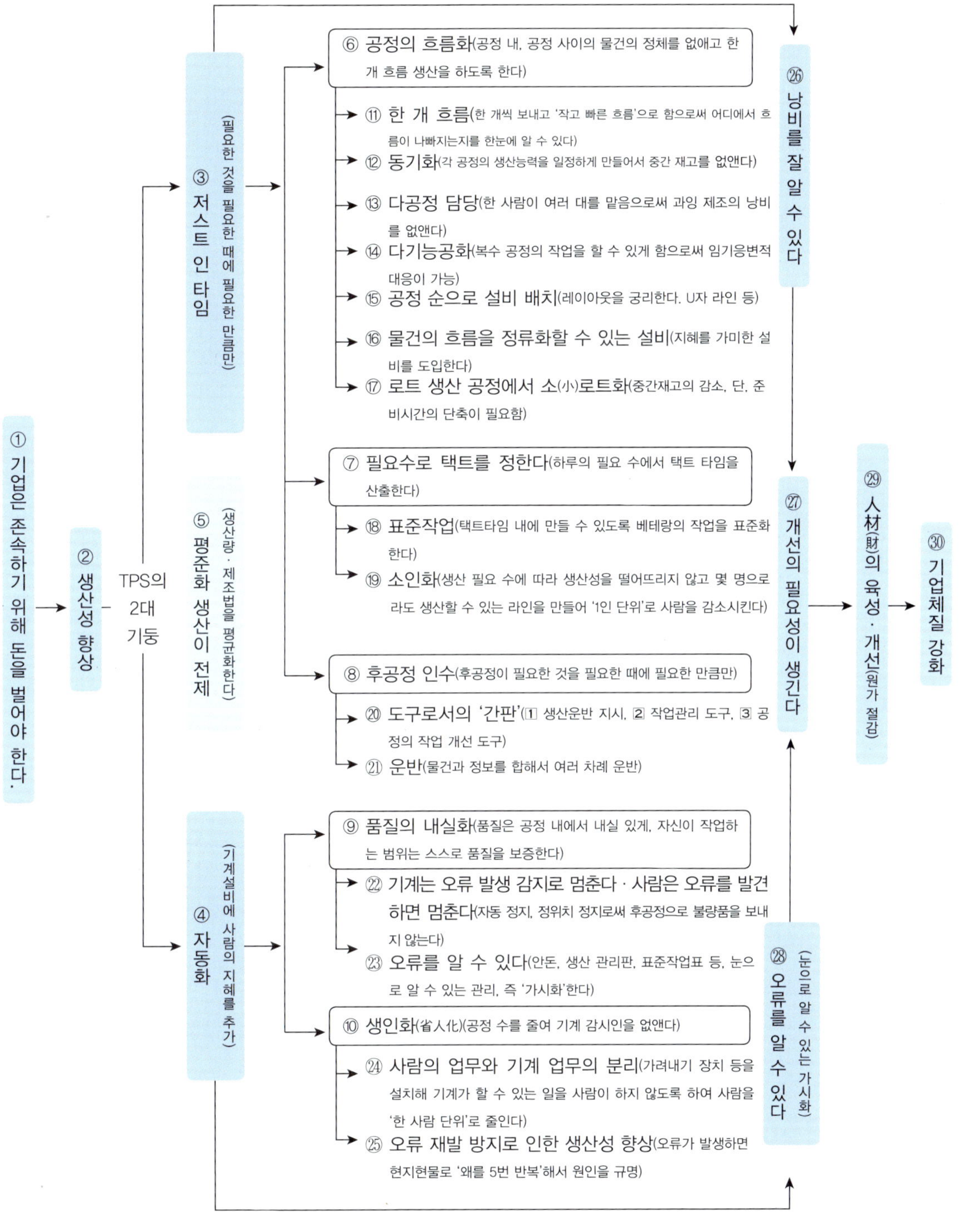

출처: 이시이 마사미쓰, 도요타 생산방식, 동양문고, 2005.

직서열 생산시스템 재고율 '0' 도요타 간반방식보다 뛰어나죠

"현대모비스의 직서열 생산시스템(JIS · Just In Sequence)이 도요타의 간반(看板)방식보다 우월하다고 자신합니다."

현대모비스 아산 공장의 각 모듈 생산 라인은 이날도 한치의 오차 없이 움직이고 있었다. 생산 라인을 따라 움직이는 트롤리 컨베이어는 각 조립 과정마다 필요한 부품만을 담아 이동한다. 오차 없이 해당 부품을 담아 나르는 바코드 시스템과 분류 시스템이 갖춰져 있다. 현대모비스가 시간당 모듈 생산량을 63대에서 66대로 끌어올릴 수 있었던 요인이다. 이곳에선 신형 '쏘나타'와 '그랜저', '쏘나타 하이브리드'의 핵심 모듈을 생산해 12㎞ 떨어진 현대차 공장으로 공급한다.

JIS 시스템은 현대모비스와 현대차의 생산 시간과 재고 부담을 대폭 줄여줬다. 현대모비스가 헤드램프와 범퍼 시스템 등 자동차 앞부분을 구성하는 '프런트 엔드 모듈(FEM)'을 조립한 후 현대차에 납품하기까지 걸리는 시간은 80분에 불과하다. 갓 생산된 모듈을 곧바로 트럭으로 실어 나르기 때문에 현대모비스 공장에는 재고를 쌓아두는 공간 자체가 없다. 모듈 조립 과정에서 내구성 검사와 기능 검사, 단단히 잘 조립됐는지를 판단하는 체결보증 검사도 수차례씩 이뤄진다. 대부분 사람이 아니라 바코드와 센서, 모니터, 전용 기기가 담당하는 검사다. 덕분에 현대모비스 아산공장의 불량 건수는 10만 대당 1~2건에 불과하다.

전력공급이 끊길 경우 8초 내에 공장 재가동이 가능한 비상발전시스템 등 비상사태에 대한 대응체계도 마련돼 있다. 아산공장을 견학하는 해외 자동차 업계 관계자들이 "어떻게 생산 라인이 중단되는 일 없이 끊임없이 돌아가느냐"고 신기해할 정도다. 현대모비스는 이 같은 품질경쟁력을 바탕으로 현대차그룹뿐만 아니라 외부 업체와의 협력도 강화하고 있다. 현대모비스 관계자는 "지난 2006년 크라이슬러에 섀시 모듈을 공급한 데 이어 BMW, 폭스바겐 등에 부품을 공급하는 등 시장을 확대하고 있다"며 "유럽 · 일본뿐만 아니라 인도나 중국 등 신흥시장도 개척할 것"이라고 설명했다.

△ 자동차 모듈(Module) : 개별 자동차 부품을 하나로 묶은 덩어리. 예를 들어 '운전석 모듈'은 오디오 · 에어백 · 공조시스템 · 계기판 관련 부품 44개로 구성된다. 덩어리째로 공급돼 완성차 업체는 차량 조립 시간을 단축할 수 있다.

△ 직서열 생산시스템(JIS) : 각종 모듈을 생산해 완성차 생산라인에 곧바로 공급하는 현대모비스의 납품 방식으로 완성차 조립 시간과 재고를 줄이는 데 기여한다. 도요타의 간반방식은 3~4시간 전의 생산계획을 부품업체와 공유하는 방식이어서 재고가 발생하지만 JIT는 완성차 생산 라인과 실시간으로 맞물려 있어 재고가 '0'이다.

출처: 서울경제, 2014. 6. 25.

6) 평준화 생산

평준화 생산은 품목 구성과 생산량을 항상 비슷하게 유지함으로써 작업장의 일별 수요를 균일하게 하는 것이다.

예를 들어 어떤 자동차 회사의 월간 생산목표가 A모델 2,000대, B모델 2,000대, C모델 1,000대라고 가정할 경우 일간 생산계획은 각 모델을 2:2:1의 비율로 생산한다. 즉, AABBC/AABBC/…의 순서로 생산하여 각 작업장의 부하를 균일하게 유지하며 소로트 생산으로 인한 평준화 생산의 장점은 다음과 같다.

첫째, 고객들이 원하는 것을 원하는 시간에 생산할 수 있는 유연성 때문에 재고를 많이 보유하지 않아도 되며 창고를 유지하는 비용을 줄일 수 있다. 둘째, 노동력과 장비의 활용을 균일하게 함으로써 효율적이고 균형 있는 작업이 가능하다. 셋째, 관련 공정과 부품업체에 대한 수요를 균일화시킴으로써 부품업체는 재고에 대한 부담없이 안정적인 주문을 받을 수 있다. 그러나 평준화 생산에서는 품목을 자주 변경해야 하기 때문에 작업준비시간이 많이 소요되어 생산성을 저하시킬 수 있다.

쉬어가기

"일본式 JIT 끝났다"… 美기업, 부품 재고 확대

소형 픽업트럭을 생산하는 미국 제너널모터스(GM)의 루이지애나주 시브리포트 공장은 최근 조업을 중단했다.

자동차 엔진의 공기량을 측정해 연료량을 조절하는 '에어플로'라는 부품을 일본 히타치 오토모티브로부터 공급받지 못해서다. 이 회사 제품이 세계 시장의 60%를 차지하고 있지만 일본 대지진 여파로 생산량은 평소의 절반 수준에 그치고 있다.

월스트리트저널(WSJ)은 2일 "부품을 필요할 때만 만들어 재고를 최소화한다는 일본 고유의 생산 방식인 '적시 생산 시스템'의 결점이 드러났다"며 "미국 제조업체들이 부품 재고 확보에 주력하고 있다"고 전했다.

GM은 최근 JIT 방식 탈피를 모색하고 있다. 니혼게이 자이신문에 따르면 GM 측은 "인기 차종 위주로 생산을 계속하면서 비인기 차종 생산은 잠시 줄이거나 중단하는 방식으로 부품 부족에 대처해 나갈 것"이라고 밝혔다.

미국 중공업회사 테렉스는 지난달 초부터 종전의 JIT 방식 생산을 포기했다. 크레인과 굴착기 등에 장착하는 특수 부품을 필요할 때마다 일본 업체로부터 수입해 썼으나, 지진 여파로 인해 부품이 조달되지 않자 감산할 위기에 처해서다. 지난달 국내외 15개 부품회사와 계약을 맺고 24시간 제품을 생산하면서 3개월치 물량을 확보하는 데 성공했다.

론 데피오 테렉스 최고경영자(CEO)는 "지진, 태풍 등과 같은 비상 상황에서 JIT 방식은 통하지 않는다"며 "내구성 강한 특수 부품의 경우 공급을 제때 받지 못하면 경영에 큰 타격을 준다"고 말했다.

잔디 깎는 기계를 생산하는 어라이언스는 올초 새로운 매장 4개를 내고 부품 공급업체 유치에 적극 나서고 있다. 일본에서 충전 드릴 등을 들여와 판매했지만 지진으로 인해 일본 거래업체가 부분 조업을 하면서 예년의 70~80%만 선적하고 있기 때문이다.

어라이언스 측은 "그간 JIT 방식으로 제품을 생산해왔는데 (일본의) 유통망이 손상되면서 창고가 텅 비었다"며 "자체 조달망을 구축해 재고량을 늘려 나갈 계획"이라고 설명했다.

일본 산업계가 연쇄적 부품 공급 차질로 비상이 걸린 가운데 공급망 정상화는 가을께나 이뤄질 것으로 보인다고 아사히신문이 이날 지적했다. 신문은 "업체별 재고 물량이 바닥을 드러내고 있고 대체 조달도 한계를 보이고 있어 여름까지 타격은 불가피할 것으로 보인다"며 "일본의 JIT 방식을 고수해온 수많은 제조업체들이 생산에 비상이 걸렸다"고 분석했다.

실제 일본 경제산업성이 지난달 말 발표한 산업동향 긴급조사에 따르면 오는 7월까지 부품이나 자재를 충분히 확보할 수 있다고 대답한 기업이 40%에 그쳐 완전한 공급망 회복은 가을에나 가능할 것으로 보인다.

이에 일부 기업들은 JIT 방식을 탈피하려는 움직임을 보이고 있다. 최근 도요타자동차 측은 "아직도 150개의 부품 공급이 제대로 이뤄지지 않고 있다"며 "JIT 방식을 보완해야 하는 시점에 있다"고 밝혔다.

출처: 한국경제, 2011. 5. 3.

7) 적시부품조달

매일 또는 시간단위로 정해진 스케줄에 따라 주문하고 납품하는 시스템으로 주문비용이 무시될 정도로 빈번하게 주문하여 재고보유를 최소화하고자 한다. 이러한 적시부품조달은 필요한 물품을 필요한 시기에 필요한 장소, 즉 현장에 제공하는 방법으로 최적의 재고관리를 통해 품절방지와 재고보충의 균형을 유지하여 재고비용을 절감하는 방식이다.

부품업체와의 정보공유와 품질향상을 위한 전략적 협력업체가 구축되어야 하며 적시부품조달로 인한 이윤을 공유하여야 한다.

'린 스타트업'이 뜬다

신사업이 이토록 어려운 근본적인 이유는 시장의 불확실성에 기인한다. 그러다 보니 쉽고 빠른 대안으로 M&A가 제안되지만 이 역시 절대 쉽고 빠른 대안이 아니라는 것을 뼈아픈 경험을 통해 배우게 된다.

이런 상황을 해소하고 더 적은 리스크로 신사업을 추진할 수 있는 방법은 없을까? 이것이 린 스타트업의 탄생 배경이다. 린 방법론은 1990년대 도요타로 대표되는 일본의 생산 시스템에 붙여진 이름으로, 낭비적 요소를 철저히 배제하고 프로세스를 최적화하는 방법론이었다. 이 개념을 신사업 개발 방법론에 적용해 2011년에 소개한 것이 린 스타트업(Lean Start-up)이다. 린 스타트업은 고객에게 가치를 주지 않는 모든 활동을 낭비라고 정의하고, 과학적이고 실험적 방법을 통해 고객가치를 철저하게 검증한다. 고객과의 인터뷰나 피드백이 단계별로 매우 중요한 역할을 하여 고객가치 제공이라는 목표에서 벗어나지 않게 한다. 가치를 검증할 수 있는 최소 기능의 제품으로 사업을 시작하므로 초기 투자부담이 적고, 사업 착수도 빠르다. 빠르면 며칠, 몇 주 내에 사업 착수가 가능하고, 기능 업데이트도 시간 단위나 일 단위로 일어난다. 업데이트에 대한 고객 반응을 철저히 분석해 가치 있는 것만 살리고 나머지는 버린다. 린 스타트업은 모험하지 않고 시장을 배워간다.

미국 스타트업 사이에서는 이 방법이 빠르게 전파되며 성공사례들이 나오고 있고, 빠르게 체계화되고 있다. 9억 달러에 아마존에 인수된 온라인 신발 판매업체인 자포스(Zappos)의 창업 스토리는 린 스타트업의 대표적인 사례다.

자포스의 창업자인 토니 셰(Tony Hsieh)는 사업을 시작하기 위해 시장조사도 하지 않았고, 사업계획서를 만들지도 않았다. 투자유치나 생산, 유통라인을 구축하기 위해 시간을 소모하는 일도 없었다. 그는 동네 신발가게에 들러 신발 사진을 찍는 것을 허락해 준다면 주문이 일어났을 때 그 집에서 신발을 구매하겠노라는 약속을 하고, 신발 사진을 인터넷에 올렸다. 과연 사람들은 인터넷에서 신발을 살 것인가라는 가장 핵심적인 가설을 검증하기 위해서다. 크라우드 펀딩 사이트인 킥스타터(Kickstarter)에는 제품도 없이 컨셉을 설명하는 간단한 동영상만으로 펀딩에 성공하는 사례가 적지 않다. 개인 클라우드 서비스인 드랍박스(Dropbox) 역시 컨셉 동영상만으로 초기 펀딩에 성공한 사례다. 그런 서비스를 원하는 사람들이 사전 신청을 하고 SNS를 통해 퍼뜨린다. 그렇게 잠재고객이 늘어갈수록 실제 서비스를 구축하기 위한 투자 유치는 쉬워진다.

출처: 디지털타임즈, 2014. 3. 10.

11장 연습문제

1 JIT 생산시스템의 7대 낭비요소에 대하여 설명하시오.

2 식당, 학교, 은행, 병원 등에서 발생할 수 있는 낭비요소를 나열하시오.

3 foolproof의 의미를 설명하시오.

4 JIT의 구성요소에 대하여 설명하시오.

5 JIT 시스템에서 준비시간의 단축의 중요성을 설명하시오.

6 Pull 시스템과 Push 시스템을 비교하시오.

7 Kanban 시스템의 원리를 설명하시오.

8 어떤 작업장의 부품수요는 시간당 200개이며 컨테이너의 순환시간은 2시간이다. 컨테이너에 담을 수 있는 부품 개수가 30개인 경우 필요한 컨테이너 개수를 구하시오.

CHAPTER

12

공급사슬관리

01 공급사슬관리 개요 02 공급사슬관리 혁신 방법 03 물류관리 04 공급사슬관리의 미래

도입사례

코로나19 사태가 글로벌 공급망에 미칠 변화의 방향

- 세계적인 제조회사들은 특정 국가 기반이 아닌 글로벌 기반으로 공급 및 유통망을 구축했다. 거미줄처럼 공급과 제조 그리고 유통이 연결된 거대 기업이 최대의 효율성을 가지기 위해서는 물건과 자본의 이동, 핵심 인력의 이동 등이 담보가 돼야 가능하며 이러한 조건을 최대한 많이 갖추는 것이 제조사를 유치하기 위해 노력했던 국가들의 경쟁력이 됐다. 특히 중국은 저렴한 인건비와 우수한 인프라 그리고 배후 소비시장의 역할까지 모두 갖추면서 글로벌 공급망에 핵심 국가로 성장해왔다. 중국이 단순 제조업에서 첨단 제조업까지 감당하는 질적 향상을 이루면서 그러한 공급망을 기반으로 물류 등의 서비스를 제공하는 회사들도 중국 내에서 함께 성장했다. 제조업 기반 산업의 중국 집중이 가속화됐으며, 이러한 시점에 미–중 간 무역분쟁 및 최근 코로나19 사태가 발생했다.
- 2019년 12월 중국 우한지역에서 시작된 코로나19로 인한 산업활동의 마비로 일부 부품공급이 중단되며, 완성품 제조에 차질이 생기는 경우가 다수 발생했다. 특히 자동차, 중장비 및 기계, 전자, 일부 화학제품 등 한두 가지 부품이나 성분의 공급이 부족해도 완제품 생산에 차질이 생기는 업종의 피해가 크다. 치열한 원가 경쟁으로 촉발된 국가별 분업화가 코로나19와 같은 범세계적 위기상황에 특히 취약한 구조임이 증명된 것이다.
- 원가 경쟁에 기반한 제조업 경쟁 결과 구축된 글로벌 분업화가 이번 사태에서 보여준 취약점은 글로벌 분업화가 위험관리에 불리하다는 것이다. 이번 사태로 공급망이 다변화된 업체와 그렇지 못한 업체 간의 희비가 엇갈리면서 결국 공급망 다변화 움직임이 시작될 것으로 예상된다. 저렴한 생산을 위해 해외로 나갔던 제조공장들의 Reshoring(자국으로 생산거점을 다시 옮기는 일)이 증가하고 재고관리 및 유통관리에 새로운 트렌드가 생길 것으로 보인다.
- 세계의 공장의 역할을 하던 중국에서 촉발된 이번 코로나19 사태로 인해 집중화된 글로벌 분업화에 대한 성장은 둔화될 것으로 보인다. 우수한 인프라와 제조설비 및 관리 능력을 확보한 한국 기업들은 리스크 관리를 장점으로 적극적인 중국 이탈 제조업 유치 노력이 필요하며 정부도 관련 규제들을 과감하게 재검토하는 노력이 필요하다. 또한 중국에서 한국으로 돌아오는(Reshoring) 기업들에 대한 지원을 고려해야 하며, 결국 자국에서 제조업을 유지하는 것이 단순 생산 비용 비교 외 추가적 효용이 있음을 이해해야 한다.
- 이번 사태로 인한 공급 차질과 그로 인한 생산, 물류, 유통에 미치는 파급효과가 지대함을 인지하고 대책 마련이 시급하다. 고객의 요청에만 의지하는 단순 물류서비스 제공에서 수요 예측, 공급망 다변화 및 재고관리에 이르까지 제조기업의 리스크를 분담할 수 있는 전문화된 물류기업 육성이 필요하다. 특히 리스크 관리 측면에서 제조업이 모든 리스크를 가져가는 것은 비용적으로 비효율적이고 필연적으로 비용절감에 우선순위를 두고 리스크를 소홀히 하는 악순환이 지속될 수밖에 없으며, 이번 코로나19 사태와 같이 리스크에 취약한 산업은 국가경제에도 악영향을 미친다.

출처: 코트라 해외시장 뉴스, 2020.3.

1 | 공급사슬관리 개요

1) 공급사슬관리의 의미

공급사슬(SC: supply chain)은 원자재 공급업체가 자재를 공급하면 부품업자가 부품을 제조하여 제품 생산업자에게 공급하고, 생산업자는 생산한 제품을 도매업자에게 인도하며, 도매업자는 소매업자에게, 소매업자는 최종 소비자에게 판매하는 일련의 과정을 의미한다.

공급사슬관리(SCM: supply chain management)는 자재의 조달에서 제조, 판매, 고객까지의 물류 및 정보의 흐름을 종합적으로 관리하고 전체적인 관점에서 생산과 공급을 최적화하는 것을 의미하는데 **표 12-1** 과 같이 다양하게 정의되고 있다.

제조업체는 재고수준을 감축하여 비용을 절감하고자 노력하지만 반대로 고객서비스수준이 낮아질 위험성을 가지고 있다. 이를 해결하기 위해 제조기업은 공급업체에게 높은 압력을 가하고 이로 인해 공급업체는 더 많은 재고를 보유하게 된다. 일반적으로 공급사슬상에서 한 기업의 재고 감소는 다른 기업의 더 많은 재고 보유를 초래하는 것이 보통이다. 결국 공급사슬상의 한 기업의 부분 최적화는 전체 공급사슬의

표 12-1 공급사슬관리의 정의

- 최종소비자의 니즈를 충족시키기 위하여 조직의 경계를 초월하여 이음새 없는(seamless) 부가가치 프로세스를 설계하고 관리하는 것 – The Institute for Supply Management
- 수요와 공급의 관리, 원자재와 부품의 조달, 제조 및 조립, 제품보관과 재고 추적, 수주 및 주문관리, 공급사슬 경로 간의 배송, 그리고 고객에게 배달하는 것 – The Supply Chain Council
- 고객의 요구를 만족시키기 위하여 출발점에서부터 소비점까지의 전 과정에 걸쳐 원재료, 재공품 및 완제품과 이와 관련된 정보의 효율적이고 비용효과적인 흐름과 보관을 계획 · 실행 · 통제하는 프로세스 – The Council of Logistics Management
- 고객서비스 수준을 만족시키면서 시스템 전반에 걸친 총비용을 최소화할 목적으로 제품이 적절한 수량으로, 적절한 장소와 적절한 시간에 생산되어 분배되도록 공급자, 제조업자, 창고, 물류센터, 소매업자들을 효율적으로 통합하는 데 이용되는 일련의 접근법

그림 12-1 공급사슬관리

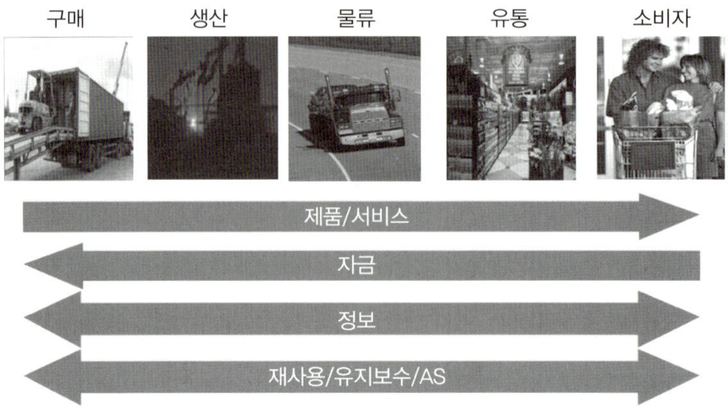

과대 재고를 가져오게 되어 민첩한 시장변화에 대한 적응력이 떨어지고 기업경쟁력도 낮아질 수 있다. 따라서 공급사슬상의 전체 최적화를 추구하여 고객서비스 수준을 향상시키면서도 재고를 감축할 수 있는 전략의 필요성이 대두되면서 SCM의 개념이 등장하게 되었다.

SCM은 흐름(flow)관리와 관계(relationship)관리가 중요하다. 그림 12-1 에서 보듯이 공급사슬의 흐름 유형은 물적흐름(physical flow), 정보흐름(information flow) 및 자금흐름(cash flow)이 있다. 물적흐름이 공급사슬의 상부(원자재 공급)에서 하부(최종 소비자)로 자재 및 제품이 이동하는 것을 의미한다면, 자금흐름은 반대로 공급사슬의 하부에서 상부로 이동하고 정보흐름은 양쪽 방향으로 이동한다. SCM은 흐름관리뿐만 아니라 관계관리 또한 중요하다. 공급사슬의 물적흐름 및 정보흐름이 잘 관리되어 공급사슬의 성과를 높이기 위해서는 신뢰에 기반을 둔 파트너십이 절대적으로 필요하다. 정확하고 신뢰할 수 있는 정보를 신속히 공유함으로써 공급사슬 전반에 걸쳐 수요와 공급을 동기화(synchronization)시키고 비용을 절감하는 것이 가능하다. 과거의 공급사슬 관계는 소위 말하는 '갑을관계'의 힘(power)을 기반으로 형성되는 경우가 많았으나 힘의 우위를 악용하려 할수록 이에 대한 저항이 발생하여 오히려 공급사슬 전체의 성과는 악화될 수 있다.

2) 채찍효과(bullwhip effect)

최종소비자의 수요변동에 대한 정보가 소매업체, 도매업체, 물류센터, 제조업체와 같이 공급자 방향으로 전달되는 과정에서 지연이나 왜곡현상이 발생하여 재고부족, 과잉재고 등의 문제가 발생하고 공급사슬의 후방으로 갈수록 수요변동이 증폭되는 현상을 채찍효과라고 부른다. 이는 최종소비자의 수요변동에 대한 정보가 신속하고 정확하게 전달되지 않고 정보왜곡이 발생하기 때문이다. 스탠포드대학의 Lee 교수[1)]는 공급사슬에 참여하는 기업의 수요변동 왜곡이 발생하는 원인으로 첫째, 수요예측 절차가 공급사슬 하류에서 상류쪽으로 단계적으로 진행된다. 둘째, 로트사이즈(Lot Size) 주문방식으로 인해 필요한 수량 이상을 주문한다. 셋째, 세일 등의 가격변동으로 단기간에 수요가 부풀러진다. 마지막으로 공급을 초과하는 수요에 대하여 구매자 간의 물량확보 경쟁이 발생할 경우 필요한 수량을 공급받기 위해 주문을 부풀릴 가능성이 많다는 점을 지적하였다. 그림 12-2 에서 보듯이 고객의 수요변동이 공급사슬 후방(고객→도매→물류창고→공장)으로 갈수록 수요변동의 폭이 증폭되는 채찍효과를 볼 수 있다.

Lee 교수는 채찍효과의 부작용을 해결하기 위해서 다음과 같은 해결책을 제시하고 있다. 첫째, 단계적 수요예측의 문제를 해결하기 위해 공급사슬 참여기업 간의 수요변동 정보가 신속하고 정확하게 전달되어야 한다. 이를 위해서 소매상의 POS를 통해 입수된 수요변동 정보를 정보시스템을 이용하여 다른 참여기업들이 공유할 수 있도록 한다. 둘째, 로트사이즈 주문의 문제를 해결하기 위해서는 필요한 수량을 필요할 때 자주 주문하는 JIT 주문방식을 고려할 필요가 있다. 셋째, 가격변동에 대한 단기간 수요변동을 해결하기 위해서는 월마트가 실행하고 있는 EDLP(Every Day Low Price) 가격정책을 도입할 필요가 있다. 마지막, 공급부족에 따른 구매자 간의 물량확보 경쟁은 물량배분의 원칙을 수립함으로써 구매자 간의 과열경쟁을 막도록 유도할 필요가 있다.

1) Lee, H. L. et al., "The Bullwhip Effect in Supply Chains", Sloan Management Review, 1997, pp. 93–102.

그림 12-2 채찍효과

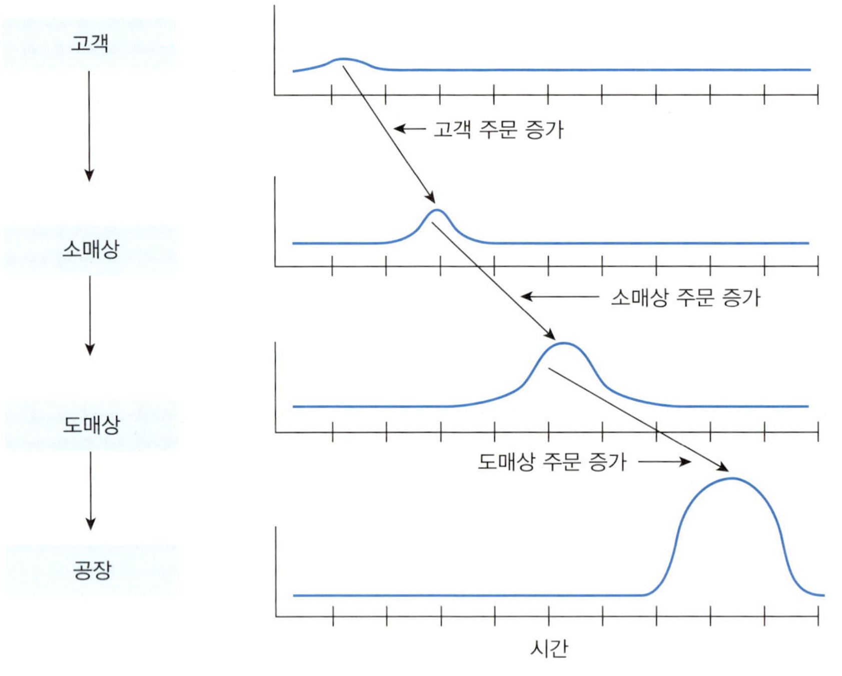

3) 리스크 풀링(risk pooling)

재고를 다수의 지역창고에 분산하여 보관하는 것에 비하여 소수의 중앙창고에 집중하여 보관하는 것이 보다 적은 재고수준을 유지하면서 수요변동에 의한 재고부족의 불확실성에 대응력을 높일 수 있다. 이를 직관적으로 설명하면 각 지역의 수요는 변동이 있을 수 있는데 한 지역의 과다수요와 다른 한 지역의 과소수요가 서로 상쇄되는 효과를 기대할 수 있다.

중앙창고에서 다수의 소매상에 제품을 제공하면 이러한 상쇄효과가 크게 발생할 수 있다. 그림 12-3 에서 보듯이 소매상 1과 소매상 2의 수요변화에 대한 개별적 안전재고의 합보다 소매상 1과 소매상 2의 통합수요에 대한 안전재고가 더 적다.

리스크 풀링의 시사점은 다음과 같다. 첫째, 중앙집중 재고시스템을 통해 안전재고

그림 12-3 리스크 풀링 효과

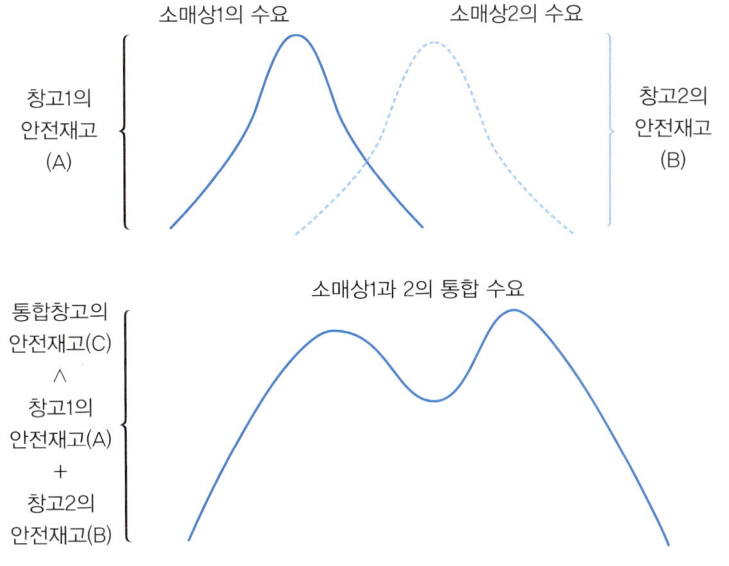

2000년 3월 노키아와 에릭슨에 동시에 부품을 납품하는 회사의 공장에 화재가 발생하였다. 이때 에릭슨은 부품을 대체하여 납품할 회사가 없어 부품조달의 차질이 발생하고 이로 인해 17억 달러의 손실을 입은 반면에 노키아는 네덜란드, 일본, 미국 등에서 긴급히 부품을 조달받아서 위기를 넘길 수 있었다.

출처: 매일경제신문사, 위기를 기회로 넘겨라, 2003.

와 평균재고가 감소한다. 둘째, 변동성계수[2)]가 높을수록 중앙집중화된 시스템 효과는 커진다. 셋째, 리스크 풀링의 이익은 시장수요에 영향을 주는 특정 시장의 수요행위에 달려 있다. 만약 2개의 시장에서 수요패턴이 양(+)의 상관관계를 가지면 리스크 풀링의 효과는 크지 않지만 수요패턴이 음(−)의 상관관계를 보이면 리스트 풀링 효과는 크다고 예상할 수 있다.

2) 변동성계수 = 표준편차/평균수요

4) 공급사슬의 시스템 사고

시스템 사고(system thinking)는 기능적이고 부분적인 관점의 시각에서 벗어나 전체 시스템의 최적화를 추구하는 사고방식을 의미한다.

공급사슬을 구성하는 구매, 생산, 영업 부서는 각 부서별 성과지표(KPI)를 목표로 설정하고 이에 따라 업무 프로세스를 진행하기 마련이다. 예를 들면 구매부서의 경우는 연간 구매비용 절감액, 생산부서의 경우는 공장 가동률, 영업부서는 연간 매출액 등의 성과지표를 달성하고자 노력을 할 것이다. 그러나 각 부서들이 부서의 KPI를 달성하기 위해 노력하는 과정에서 부서별 KPI가 상호 충돌하여 갈등이 발생할 수 있으며 전체 최적화 관점에서 이를 적절히 조정하는 조직과 프로세스가 필요하다. 그림 12-4 에서처럼 생산부서는 특정 부품의 부족으로 인해 발생하는 생산차질을 막기 위하여 부족한 부품에 대하여 신속한 구매를 구매부서에 요청하게 된다. 그러나 소량의 부품을 시급하게 구매할 경우 구매비용 절감이 어렵기 때문에 구매비용 절감을 추구하는 구매부서는 대량구매와 협상의 시간이 필요하다. 따라서 생산부서와 구매부서의 KPI가 충돌하고 갈등이 발생할 여지가 있다. 영업부서는 다양한 고객 주문에 대한 신속한 대응을 통하여 매출을 발생시키기 때문에 다양한 제품의 재고가 확보되고 주문한 제품이 신속하게 생산되어 납품되기를 희망한다. 그러나 제품 교체가 잦을수록 준비시간이 소요되고 이로 인한 가동률이 저하되기 때문에 가동률 극대화를 추구하는 생산부서는 기존에 생산하고 있는 제품을 지속적으로 생산하여 가동률을 높이고자 하므로 영업부서에서 주문한 제품이 신속하게 생산되지 못하게 되어 생산부서와 영업부서의 KPI가 충돌하고 갈등이 발생할 여지가 있다.

그림 12-4 시스템적 사고의 필요성

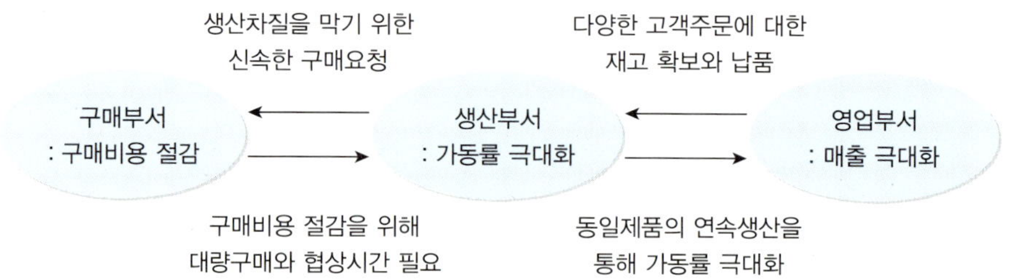

2 | 공급사슬관리 혁신 방법

우리 주변의 많은 제품들은 과거의 고도 성장기를 지나서 성숙기 및 저성장기의 일상재(commodity)로 자리 잡고 있다. 과거와 달리, 성숙기 및 저성장기는 공급과잉의 시대로 높은 수준의 고객 요구사항에 대하여 신속한 대응과 빠른 수배송이 경쟁업체와 차별화된 경쟁력을 확보할 수 있는 영역으로 바뀌고 있다. 즉, 공급사슬관리의 서비스 능력이 기업의 매출과 성장에 중요한 영향을 미치게 된다. 따라서 다양한 공급사슬 혁신 기법을 적극적으로 수용하고 활용하는 기업이 경쟁에서 살아남을 수 있다.

표 12-2 성장기별 고객니즈와 경쟁영역

	고도 경제 성장기	성숙기 · 저성장기
특징	만들면 팔리는 시대 소품종 대량 생산 대량 수배송	원하는 것이 없는 공급 과잉시대 다품종 소량 생산 개별/빠른 배송
고객 니즈	시간이 걸리거나 품질 조금 나빠도 눈감아 줬다.	필요한 것이 다 있는 시대에 빨리 배달해 주기를 바란다.
경쟁영역	제품의 기능 제품의 품질 제품의 가격	빠른 수배송 변화에 유연한 대응 높은 수준의 고객 서비스

출처: 이시카와 카즈유키, 엔지니어가 알아야 할 물류시스템의 '지식'과 '기술', 성안당, 2020.

1) 공급자재고관리(VMI: vendor managed inventory)

VMI는 제조업체의 창고관리를 부품 공급업체가 대신 관리하는 방식으로 공급사슬의 운영효율을 높이기 위한 협력사 전략 중의 하나이다. 공급업체 재고의 저장, 창고의 입출고 흐름의 통제, 보충주문의 수행 등을 포함하는 제조업체의 창고에 있는 재고에 대한 관리를 책임진다. 공급업체는 제조업체가 부품을 구매할 때까지 재고의 소유권을 갖기도 하며 또한 재고가 저장되는 창고에 공급업체의 직원이 파견되기도 한다. VMI는 고객의 수요정보나 재고정보, 혹은 생산계획정보 및 판촉정보를 공급자와 공유함으로써 공급자가 다수의 고객으로부터 발생하는 수요에 대한 가시성을 확보하여 수요예측의 정확도를 향상시킬 수 있으며, 이러한 정보에 기반한 효과적인 재고관리에 의해 공급사슬 전체의 재고수준 감소와 고객서비스수준의 향상을 가져올 수 있다. 따라서 VMI는 기존 공급사슬에서 발생하는 채찍효과를 감소시킬 수 있다. 그리고 제조업체는 VMI 효과를 높이기 위해서 공급업체와 장기적인 구매계약을 수립하고 판매 및 생산계획 정보를 공유한다.

VMI는 제조업체와 공급업체에게 다음과 같은 혜택을 제공한다. 첫째, 제조업체는 자재 및 구매관리에 필요한 인건비와 재고관리 비용을 절감할 수 있다. 둘째, 제조업체와 공급업체는 장기계약을 통해 안정적 물량확보가 가능하고 양쪽의 정보를 동시에 파악할 수 있어 예측에 따른 사전적 서비스 제공이 가능하다. 셋째, 공급업체는 제조업체의 생산과 물류 운영에 대한 비즈니스 이해력이 높아지고 긴급요청에 대한 대응력이 높아진다.

한편 VMI 운영에 있어서 재고소유권과 서비스수준을 명확하게 할 필요가 있다. 일반적으로 제조업체가 공급업체로부터 부품을 수령하면 재고에 대한 소유권이 이전되지만 제조업체가 제품을 판매하기 전까지는 공급업체가 재고에 대한 소유권을 가지는 경우도 있기 때문이다. 제조업체와 공급업체는 서비스수준에 대한 합의가 필요하다. 제조업체의 다양한 부품에 대한 충분한 재고를 보유하기를 원하는 반면에 공급업체는 재고부담을 줄이고자 하는 운영목표를 가지고 있다. 따라서 제조업체와 공급업체는 SLA(service level agreement)를 작성하여 서비스수준에 따른 VMI 운영비용에 대하

그림 12-5 VMI 운영

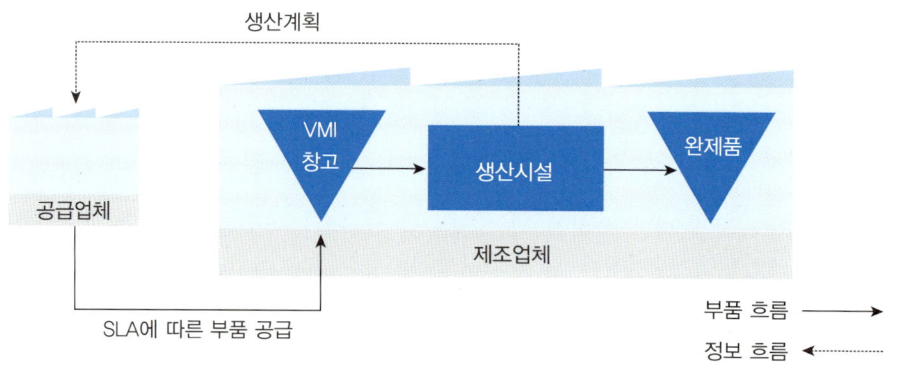

여 명시적으로 합의할 필요가 있다. 또한 VMI 운영에 있어 제조업체와 공급업체 간에 효과적인 정보공유가 필수적이다. 제조업체 생산계획의 변경정보가 신속하게 공급업체에게 전달되지 못할 경우 공급자는 일방적으로 재고부담을 감수해야 하기 때문이다. 따라서 정보공유를 효과적으로 지원하는 정보시스템이 필요하다.

2) 협력적 계획 · 예측 · 보충(CPFR: collaborative planning, forecasting and replenishment)

CPFR은 원자재의 생산과 공급에서 최종제품의 생산과 납품에 이르기까지 공급사슬에서 수행하는 주요 활동을 거래 당사자들이 함께 계획하고 예측하며 보충하는 과정을 의미하며 CPFR의 범위는 사업계획, 판매예측, 그리고 원자재와 완제품의 보충에 필요한 모든 업무를 포함한다. CPFR은 수요예측의 정확도 향상, 그리고 필요한 제품을 적시에 공급하고 공급망에 걸친 재고의 감축과 품절방지 그리고 고객서비스 수준 향상을 목적으로 한다.

표 12-3 은 CPFR 프로세스를 9단계로 제시하고 있는데 각 단계별 주요 내용으로는 협력협약 개발, 공동 사업계획 수립, 판매예측 수립, 판매예측 이상치(exception) 식

표 12-3 CPFR의 프로세스

1. 협력협약을 개발하라.
2. 공동 사업계획을 수립하라.
3. 판매예측을 수립하라.
4. 판매예측의 이상(exception)을 식별하라.
5. 협력을 통하여 판매예측의 이상사항을 해소하라.
6. 주문예측을 수립하라.
7. 주문예측의 이상(exception)을 식별하라.
8. 협력을 통하여 주문예측의 이상사항을 해소하라.
9. 확정주문을 생성하라.

출처: 김수욱 외, 공급사슬관리, 한경사, 2005.

그림 12-6 CPFR 개념과 이점

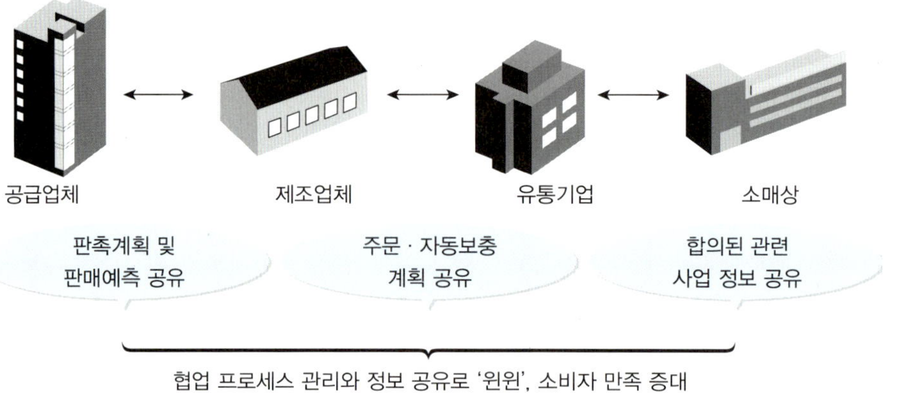

별, 판매예측 이상치 해결, 주문예측 수립, 주문예측 이상치 식별, 주문예측 이상치 해결, 확정주문 생성 순이다.

프로세스 혁신 - 상호공급계획예측프로그램(CJ제일제당)

CJ제일제당은 2010년 4월부터 최근까지 7개월에 걸쳐 계열사인 CJ프레시웨이와 함께 상호공급계획예측프로그램(CPFR, Collaborative Planning, Forecasting and Replenishment)을 구축했다. CPFR을 제대로 활용하면 제조업체는 합리적인 생산계획을 수립할 수 있어 재고를 줄일 수 있고, 유통업체는 매장결품을 줄이고 각종 프로모션을 진행할 때 원활하게 제품을 조달받을 수 있기 때문이다.

CJ제일제당과 CJ프레시웨이는 우선 각 사의 역할과 책임(R&R) 및 이슈에 대한 협의 프로세스를 설계, 매주 각 사의 영업과 판매, 생산 담당자들이 모여 향후 4주차 판매 및 생산계획을 함께 수립했다. 양사 CPFR의 기본적인 프로세스는 CJ프레시웨이의 판매계획을 기반으로 구매계획, 공급계획, 단가, 신상품/단종상품, 판촉계획 등을 주 단위로 협의하는 형태로, 수요계획의 정확도를 높이고 결품 및 재고일수를 줄이는 데 초점을 맞췄다.

재고의 경우 체류 재고 발생을 방지하는 한편 재고 처리에 중점을 두고 운영하며, 마케팅 영역에서는 출시 일정과 물량 점검 및 단종에 대한 의사결정 시 적극적으로 활용하도록 했다. CPFR 프로세스가 제 기능을 하면서 CJ제일제당은 생산일정을 미리 조율해 납품에 대한 신뢰를 높이고, CJ프레시웨이는 결품과 재고를 동시에 줄일 수 있게 됐다.

CJ제일제당은 CPFR 프로세스를 CJ프레시웨이 외에 다른 B2B 거래선으로 확대하는 한편 B2B CPFR 성공 경험과 롯데마트와의 저온제품 벤더중심재고관리(VMI, Vendor Managed Inventory) 경험을 살려 할인점 등과 같은 B2C 거래선과도 협업할 수 있도록 할 계획이다.

출처: etnews, 2010. 10. 15.

3) 지연차별화전략(delayed differentiation, postponement strategy)

지연차별화는 회사에서 생산되는 특정 상품에 대한 사양(specification) 결정이 가능한 늦게 이루어지도록 제품 및 구매 프로세스를 설계하는 전략을 의미한다. 특정 제품에 대한 수요는 불확실성이 높기 때문에 가급적 일반적인 제품의 생산에서 시작하도록 하고 특정 제품에 대한 고객 요구사항이 확정된 이후에 특정 상품이 진행되도록 한다.

그림 12-7 에서 직렬 프로세스를 보면 보드를 비롯한 프린터 핵심부품은 유럽에서 디자인되고 조립된 이후 아시아로 배송된다. 그리고 아시아에서 다른 부품을 모아 프린터 본체를 최종적으로 조립한 후 완제품은 다시 유럽의 고객으로 배송되는 프로세스이다. 이러한 순차적 직렬 프로세스는 리드타임이 길고 이로 인해 안전재고를 보유해야 하는 문제를 가지고 있다. 그림 12-7 의 병렬 프로세스는 유럽의 보드와 아시아의 본체가 마지막 유럽지역에서 통합 조립되도록 생산공정과 제품 디자인을 변경함으로써 리드타임을 줄여 안전재고를 줄일 뿐만 아니라 고객 대응성을 높이는 사례를 보여주고 있다.

그림 12-7 지연차별화전략의 사례

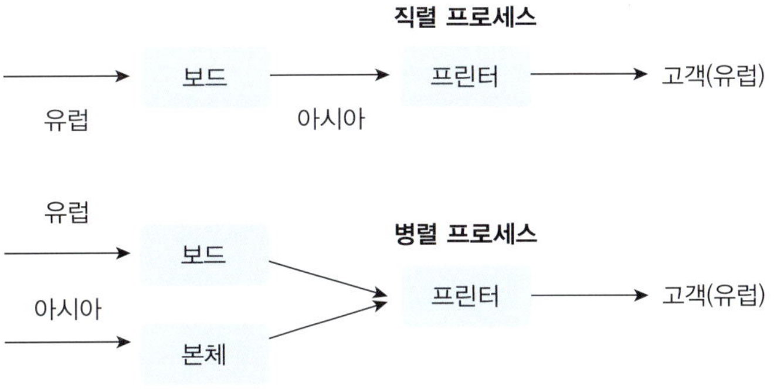

출처: 김태현 · 문성암, 물류 및 공급체인관리, 교보문고, 2001.

4) 공급사슬 혁신의 조건

사업 계획	단일 계획을 신중하게 수립하고 실천하도록 노력한다
수요 예측	수요예측은 필수이고 수요예측에 기반하여 업무를 진행한다
업무 규칙	규칙(Rule)에 기반하여 업무를 수행한다(예, ATP) 부서 간에 규칙을 정하고 준수하도록 한다(예, KPI 충돌)
BM의 이해	비즈니스 모델을 이해해야 한다
프로세스 설계	IT 시스템 구축 시 담당자와 업무를 상세히 설계한다
조직 구성	공급망 관리를 위한 혁신 조직이 필요하다

출처: 설창민, 당신의 SCM이 실패한 이유, CLO, 2020.

3 | 물류관리

1) 물류관리의 의미

물류(logistics)는 부품 또는 제품의 흐름을 종합적으로 관리하는 것으로, 그 대상으로는 하역, 포장, 보관, 운송, 유통가공, 정보 등이 있다. 한편, 물류는 조달물류, 기업 내 물류, 판매 물류, 그리고 반품 및 회수 물류로 구분할 수 있다. 조달물류(Inbound logistics)는 생산에 필요한 원자재를 구입하여 자사 창고 또는 공장에 도착할 때까지의 물류를 의미하고 기업 내 물류는 자사 창고의 입하/입고 이후 보관 그리고 출고/출하까지의 물류를 의미한다. 판매물류(Outbound logistics)는 수송 · 배송 과정을 거쳐 고객에게 전달하는 과정의 물류를 의미하며, 반품 및 회수 물류는 불량 또는 폐기 등의 이유로 고객으로부터 반대방향으로 진행되는 물류를 의미한다.

그림 12-8 물류관리의 범위

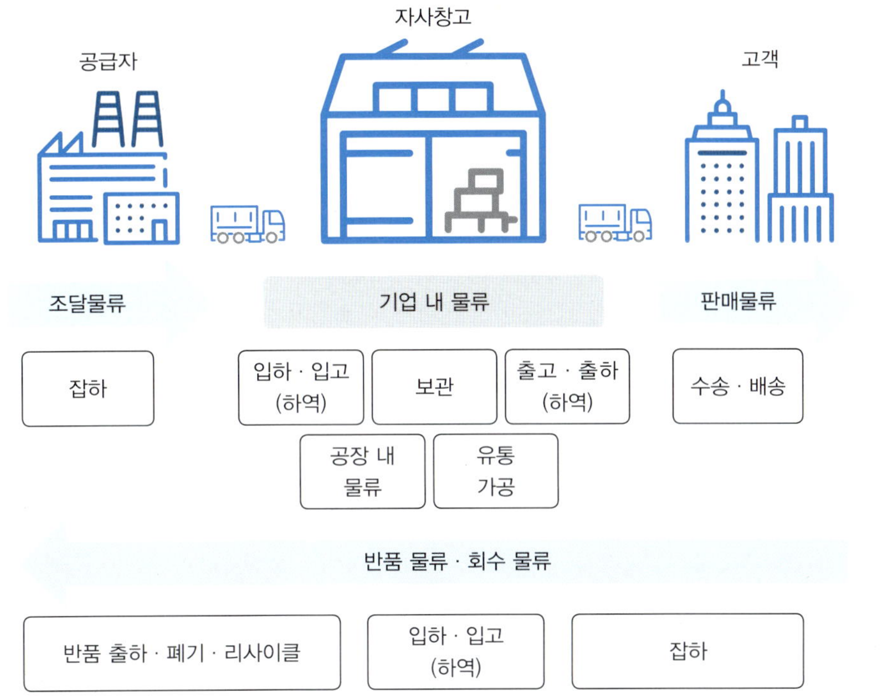

출처: 이시카와 카즈유키, 엔지니어가 알아야 할 물류시스템의 '지식'과 '기술', 성안당, 2020.

2) 조달 물류

원자재 공급자는 원자재 가격에 물류비용을 합하여 납품가격을 정하는 것이 일반적이다. 기업의 구매 담당자는 협상뿐만 아니라 다양한 검토를 통하여 조달물류 비용을 절감할 수 있는 방법에 대하여 고민할 필요가 있다. 예를 들어 가구업체는 업무용 책상의 가격에 배송거리와 제품 크기와 무게에 따른 물류비용을 합하여 납품가격을 제시한다. 업무용 책상을 구입하는 기업은 제품가격과 물류비용을 분리하여 견적을 받은 후 물류비용을 절감할 수 있는 방안을 검토할 필요가 있다. 예를 들어 직접 책상을 운반하는 것이 가능하거나 비용을 절감할 수 있는지 검토하여 판단할 필요가 있다.

3) 기업 내 물류

기업 내 물류는 입고/입하 관리, 보관 관리, 출고/출하 관리로 나누어 볼 수 있다.

① 입고/입하 관리

입하(入荷)는 주문한 원자재가 회사 내에 도착하는 것을 의미하고 입고(入庫)는 회사 내 물류창고에 집어넣는 과정을 의미하는데 입하된 원자재가 100%로 입고되는 것이 아니다. 그림 12-9 의 입고 프로세스를 보듯이 다양한 이유에 의하여 입하된 원자재의 입고 절차가 거부될 수 있다. 예를 들어 예정되지 않은 원자재가 도착되었거나, 외관 검사를 통과하지 못한 경우, 계획된 수량과 일치하지 않는 경우 등 입고 과정에 다양한 경우가 발생할 수 있으므로 이에 대한 입고 프로세스를 사전에 설정할 필요가 있다.

그림 12-9 입고 프로세스

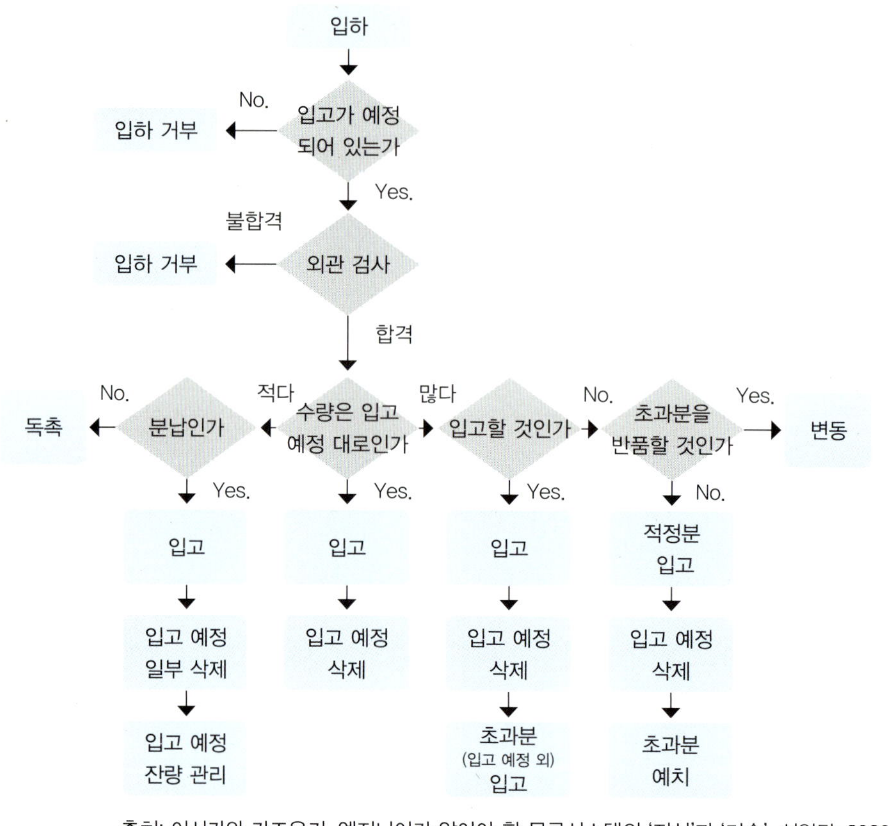

출처: 이시카와 카즈유키, 엔지니어가 알아야 할 물류시스템의 '지식'과 '기술', 성안당, 2020.

그림 12-10 로케이션 관리

② 보관 관리

보관 관리 업무는 대표적으로 로케이션 관리를 들 수 있다. 선반 하나하나에 번지를 매겨서 입고일, 로트 번호, 유효기간, 수량 등을 체계적으로 파악하고 관리한다.

③ 출고/출하 관리

출고/출하 관리는 입하/입고 관리의 반대 프로세스로 볼 수 있다. 출고(出庫)는 창고

그림 12-11 출고/출하 관리

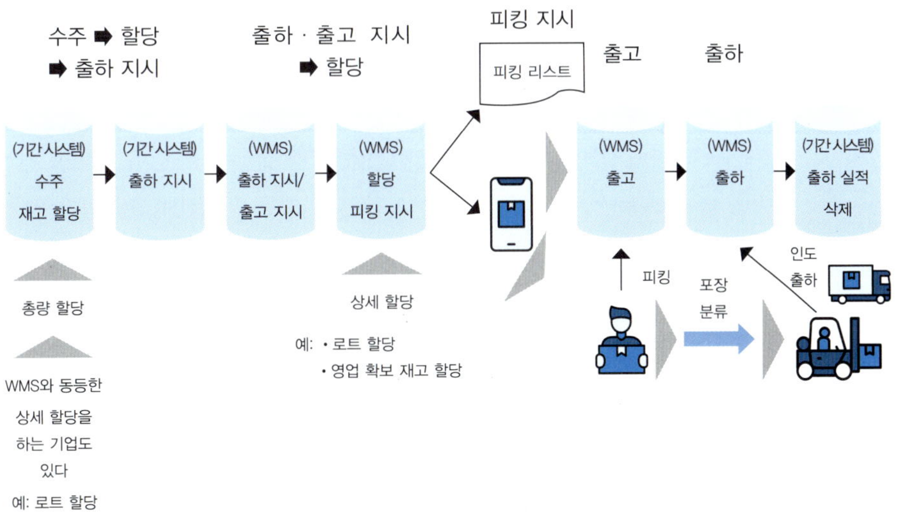

출처: 이시카와 카즈유키, 엔지니어가 알아야 할 물류시스템의 '지식'과 '기술', 성안당, 2020.

에서 원자재를 꺼내는 과정이고 출하(出荷)은 출고된 원자재가 회사 밖으로 이동하는 과정을 의미한다.

4) 판매 물류

제품의 판매가 확정된 이후 출고되어 고객에게 인도될 때까지의 물류 활동을 의미한다. 판매물류는 최종고객과 직접적인 상호작용이 발생하는 활동이므로 고객 서비스 측면의 중요성이 높다. 출고된 제품은 고객에게 배송되기 위해 여러 중간단계의 물류센터를 거치게 된다. 물류센터는 규모와 기능에 따라 DC(distribution center), TC(transfer center), Depot 등으로 표현되기도 한다. DC는 재고를 보관하는 센터로 가장 흔하게 볼 수 있는 유형이며 TC는 크로스도킹(cross docking)을 처리하기 위한 물류센터로 입하된 물품이 센터에 머무르지 않고 설비도 매우 단순하다. Depot는 특정 고객을 위해 고객 가까이 위치한 배송 거점을 의미한다. 한편, 판매물류 비용을 절감하기 위해서는 차량의 수 배송 경로 최적화 및 물품 적재 효율화에도 관심을 가져야 한다.

5) 물류관리 성과지표

물류관리의 성과지표(KPI)는 물류비용과 물류서비스 측면으로 구분할 수 있다. 물류비용의 대표적 성과지표는 매출액 대비 물류비용이며 이는 매출액 대비 인바운드 비용, 매출액 대비 창고비용, 매출액 대비 아웃바운드 비용으로 세분화하여 측정할 수 있다. 또한 총물류비용뿐만 아니라 단위 면적당 물류비용을 측정하여 관리할 수 있다. 한편, 물류서비스의 대표적 성과지표는 납기 준수율, 배송 지연율, 오출하율 등을 들 수 있다. 차량 운행의 효율성을 평가하기 위해 적재효율과 운행효율을 측정할 수 있다. 적재효율은 차량의 최대 적재 무게 대비 실제 적재한 화물 무게의 비율로 측정할 수 있다. 예를 들어 최대 적재 가능 무게가 5톤인 트럭에 1톤의 화물을 적재한다면 적재효율은 1/5 = 20%가 된다. 운행효율은 가동률 × 실차율 × 적재효율의 곱으로 측정할 수 있다. 가동률은 특정 기간 차량이 운행한 비율을 의미하고 실차율은 실제로 짐을 싣고 이동한 비율을 의미한다. 예를 들어 30일 동안 차량이 운행한 날이 15일이었다면 가동률은 50%가 되고 400km 운행 중 100km는 화물을 싣지 않은 채 빈 차로 운행하였다면 실차율은 75%가 된다.

그림 12-12 물류관리 성과지표

매출액 대비 판매 물류비용		
수입에 관한 매출액 대비 수송비 (인바운드 수송량)	매출액 대비 창고비 재고 월수	각국 수송과 각국 내 수배송에 관한 매출액 대비 국내 수배송비 (아웃바운드 수배송비)

$1m^2$당 인바운드 수송비	$1m^2$당 보관료	$1m^2$당 아웃바운드 수배송비
운행효율 적재효율	$1m^2$당 보관료	
• 창고 운영비 • 창고 인건비 • 창고 보험료 • 수도광열비 등	• 창고 가동률 • 납기 준수율 • 오출하율 • 오손율 • 파손율 등	• 납기 준수율 • 배송 지연율 • 연비 • 사고 · 위반 건수 등

컨테이너당 계약 단가	수배송 운임 계약 단가

출처: 이시카와 카즈유키, 엔지니어가 알아야 할 물류시스템의 '지식'과 '기술', 성안당, 2020.

4 | 공급사슬관리의 미래

1) 공급사슬의 확장

월마트는 공급사슬의 글로벌화를 통하여 비싼 보험료, 높은 운송비용, 재고부족과 배송지연 등과 같은 문제를 효과적으로 대응하고 있다. 공급사슬의 확장은 공급사슬의 범위와 깊이에서 발생하고 있다. 첫째, 공급사슬의 범위를 해외 공급업체, 고객, 유통채널로 확장하는 것이다. 둘째, 공급사슬의 깊이를 2차 · 3차 공급업체뿐만 아니라 고객까지 확장하는 것이다.

2) 공급사슬의 대응성 증가

기업은 고객에 대한 대응성을 높여서 최종 고객의 니즈와 시장의 흐름을 파악하고 시장에서 경쟁력을 가지는 제품과 서비스를 제공해야 한다. 이를 위해 공급사슬에 참여하는 기업의 기술과 서비스가 전체 공급사슬에 어떠한 영향을 미치는지 고려해야 한다. 이를 통하여 효과적이고 신속하게 경쟁력 있는 제품과 설비의 설계가 가능하고 고객 대응성이 높아질 수 있다. 이를 위해서 공급사슬의 주기적 재평가, 비즈니스 프로세스 리엔지니어링, 신제품과 서비스 설계, 제품설계주기의 단축, 공정과 제품의 표준화, 종업원의 다기능화 교육, 정보시스템의 구축이 이루어져야 한다.

3) 공급사슬의 친환경화

환경에 대한 인식이 높아지고 친환경적 제품에 대한 소비자의 관심이 커짐에 따라 친환경적 공급사슬관리에 대한 이슈가 등장하고 있다. 제품의 생산뿐만 아니라 최종 고객에게까지 배송하는 과정에서 발생하는 폐포장재, 이산화탄소, 소음공해 등 다양한 산업공해와 교통정체 등의 환경문제를 최소화하도록 제품의 재료, 배송, 저장, 포

그린 SCM이 지속가능한 기업의 경쟁력

올해 초, 스포츠 의류회사 Puma는 환경손익계산서(Environmental Profit & Loss Statement)를 발표했다. 기업으로서는 세계 최초로 환경비용을 화폐가치로 환산한 것이다. Puma의 환경손익계산서에 따르면 2010년 한 해 동안 기업활동으로 발생한 환경비용은 총 9,440만 유로이다. 특히 목화, 고무 등 원재료 생산 단계의 환경비용이 높게 나타나고 있다. 기업의 탄소 배출량을 공개하는 CDP(Carbon Disclosure Project)에서 발표한 2011년 자료에 따르면, 평균적으로 기업활동에서 발생하는 온실가스 중 절반 이상이 공급망에서 발생하고 있다. 글로벌 유통업체인 Wal-Mart의 경우, 기업활동에서 발생하는 온실가스 중 공급망이 차지하는 비중이 전체의 90%에 이른다. 때문에 지속가능한 성장을 추구하는 기업들은 개별 기업의 제품, 서비스, 생산공정을 넘어 전체 시스템 관점에서 기업활동이 환경에 미치는 영향력을 고민하기 시작했다. 특히, 공급망이 환경에 미치는 부정적인 영향력을 최소화하려는 그린 SCM에 주목하고 있다.

출처: 홍일선, LG경제연구원, weekly 포커스, 2011. 8. 16.

장, 회수 과정의 효과적인 관리가 필요하다. 친환경적 공급사슬관리를 통하여 친환경 기업 이미지 구축, 조직 전체의 비용 절감, 중복활동 방지, 낭비 감소, 그리고 궁극적인 고객만족 제고를 이룩할 수 있다.

4) 공급사슬의 비용절감

비용절감은 공급사슬관리의 중요한 목표 중의 하나이다. 공급사슬의 경쟁력을 유지하기 위해서는 고객의 요구사항을 충족시키면서도 동시에 지속적인 비용절감이 수행되어야 한다. 기업은 정보공유, 재고감소, 구매비용절감 및 비생산적 활동 감축을 통하여 비용절감을 달성할 수 있다. 지속적으로 공급사슬에 대한 분석, 정보흐름과 의사소통 개선, 성공사례 벤치마킹 등을 통하여 공급사슬비용을 줄이기 위해 노력해야 한다.

휴맥스는 SCM의 영역을 계획과 구매, 생산 · 판매, 물류로 구분하고 개선 작업에 나섰다. 계획에서는 위클리 프로세스를 수립하고 마감 시간의 개념을 정립함으로써 계획 수립 과정에서의 혼선을 방지했다. 구매영역에서는 생산계획이 자주 변경되면서 자재 가용 여부의 잦은 점검 과정을 없애기 위해 납기예정일을 관리할 수 있는 시스템을 구축했다. 또한 그동안 판매계획을 생산계획을 보고 준비하는 관행을 판매목표와 실행계획 간 개념을 구분해서 실제 시장 수요를 절충하는 행위를 방지했다. 물류영역에서는 생산계획에 대한 확신이 없어 재고를 과다하게 확보하는 문제가 발생하거나 구매를 적절하게 해놨으나 생산지별 분배 시 과잉, 부족 문제가 발생해 결국 불용으로 연결됐었다. 이에 대해서는 수량과 시간에 영향을 미침을 지속적으로 교육하고, 위클리 사이클을 도입해 각 부문 간 동기화를 시켰다.

휴맥스는 KPI(Key Performance Index : 핵심성과지표) 관리와 SCM의 개선회의를 통해 지속적인 SCM 모니터링, 부문별 가시성(visibility) 확보, 지속적인 혁신 문화의 정착에 나섰다. 실행계획과 경영목표를 분리함으로써 운영과 실행계획은 실행이 가능한 수량만을 계획으로 잡도록 교육했다. 이러한 내부 혁신을 통해 판매실적은 물론 계획과는 다른 제품이 밀려서 생산되는 애로사항도 개선했다. 재고비용도 크게 낮췄다(2008년 대비 2011년 약 80% 절감). 지난 해 물류비용도 2009년 대비 약 20% 절감시켰으며, 지난해 매출도 2008년 대비 약 3천억 원이 증가하는 효과를 거뒀다.

휴맥스는 "2008년 처음 혁신을 시작했는데 그 전까진 SCM에 대한 인식이 부족했으며 중요하게 생각하지 못했다. 그러나 혁신활동이 진행되면서 현재는 입고되는 원자재를 해당 주에 바로 사용할 수 있는 수준으로 시스템을 안정시켰으며, 생산 · 물류 · CS계획의 동기화가 가능하다"며 "개선 과정에서 지속적인 대화와 자발적으로 참여하는 문화를 구축하는 것은 물론 발생하는 이슈들을 찾아내서 지속적으로 해결하도록 하고, 결과에 대해 의견을 나누는 회의 체계가 내재화됐다"라고 설명했다.

LG전자는 발표 자료에서 제품에 RFID를 부착함으로써 실시간 가시성 체계의 시스템 구축을 통해 SCM 경쟁력을 강화할 수 있었다는 점을 강조했다.

그는 "물류 · 유통과 연계한 개별 제품의 위치와 수량 정보를 확보하고 매장에서의 시스템을 활용한 고객 대응으로 판매 활성화에 기여할 수 있다"고 설명했다.

RFID를 도입한 일동제약은 자료를 통해 RFID 포털시스템을 구축함으로써 자재 · 생산 · 창고 · 사용자 · 재고 등을 관리하는 것은 물론 소비자에게 관련 정보를 제공하는 방식으로 응용 범위를 넓히고 있음을 보여줬다. 이 회사는 RFID 도입을 위한 TFT 조직 구성은 필수이며, 유관 부서별로 인원이 참여함으로써 기존시스템 분석과 영향 분석은 물론 설비 도입과정과 프로세스 개선, 포장재 변경 등에 대한 종합적인 검토를 통해 자신들에게 맞는 최상의 설비를 적용했다고 설명했다.

출처: 물류신문, 2012. 5. 3.

5) 제조기술의 변화대응

최근 3D 프린팅 기술의 등장으로 인해 제조기술의 변화가 시작하고 있다. 3D 프린팅은 소재를 층층이 쌓는 적층방식을 통하여 3차원 제품의 생산이 가능하다. 3D 프린팅의 장점은 대량생산 체제를 벗어나 보청기, 치아, 의족 등 개인별 맞춤형 제조가 가능하다는 점과 기존의 절삭가공(물건을 깎아 가공하는)과 조립용접 공정을 거치지 않고도 복잡한 모형의 일체형 제작이 가능하다는 점이다. 또한 소비자가 3D 설계도만 있으면 제조업체에 의뢰하지 않고 직접 생산이 가능하므로 과거의 보관 및 유통 단계를 생략할 수 있다. 향후에는 인공혈관이나 인공신장과 같은 인체조직을 제조하는 바이오프린팅(bioprinting)의 시대가 가능할 것으로 전망되고 있다. 따라서 과거의 대량생산체제 또는 대량 맞춤형 생산체제와는 다른 공급사슬관리 이슈가 등장할 것이고 이에 대한 대응노력이 필요할 것이다.

쉬어가기

해외에서 가장 먼저 스마트 물류 구축에 손을 댄 기업은 아마존이다. 아마존은 2012년 무인자동화 로봇 생산업체인 키바 시스템을 인수하며 로봇을 물류에 활용하기 시작해 현업에 빠르게 적용해가고 있다. 아마존은 현재 인공지능과 로봇 기술 등을 적용한 최고 수준의 물류 시스템을 확보하고 물류 프로세스를 대폭 단축하는 데도 성과를 내고 있다. 오프라인시장에서 오랜 기간 강자로 군림해온 월마트도 온라인시장을 확대하면서 자율이송로봇을 통해 스마트 물류 프로세스 구축에 나서고 있다. 재고 관리를 위한 로봇을 미 전역 50여 개 월마트 거점에 도입해 재고 품절 상품을 실시간으로 확인하고 매장 직원이 이에 대응할 수 있도록 했으며 자동 컨베이어 벨트를 통해 제품 분류 및 물품 출하 작업에 필요한 인력을 대폭 줄이는 데 성공했다. 글로벌 의류 브랜드인 갭도 다수의 물류센터에 자동 저장 및 검색 시스템을 도입하고 49만 건 이상의 상품 보관, 정확하고 빠른 상품이동을 통해 주문처리 수행의 효율성과 정확성을 높이는 데 성공했으며 보관 공간의 효용도와 에너지 효율도 높인 것으로 알려져 있다. 영국의 식료품 유통기업인 오카도도 적극적이다. AI, 빅데이터 등 첨단기술을 물류센터와 배송에 접목시킨 '오카도 스마트 플랫폼 솔루션'을 구축하고 머신러닝 기술을 통해 물류서비스를 실시간으로 최적화하고 있는 것. 실시간 재고 모니터링은 물론 창고 내 재고 판매를 예측하는 실시간 재고보충시스템도 운영하고 있다. 또한 1,000여 대에 이르는 물류로봇을 활용해 피킹 작업을 진행하고 있다. 중국도 스마트 물류에 있어서는 발 빠르게 움직이고 있다. 알리바바는 2013년 물류네트워크인 차이냐오 네트워크를 설립하고 이를 기반으로 중국 전 지역 알리바바 물류센터에 스마트 물류 시스템을 도입하고 있으며 현재, 난징, 항저우, 광동성 등에 스마트 물류단지를 운영하고 있다. 징동닷컴은 아시아 기업 최초로 완전 무인 스마트 물류센터를 최초로 공개했다. 이 물류센터는 상품의 입고, 적재, 분류, 포장, 출고까지 물류의 전 과정을 스마트 물류시스템이 관리하고 사람의 관여 없이 100% 로봇이 처리하는 물류센터이다. 그 외 쑤닝 물류도 스마트 물류 연구소를 설립, 물류센터의 자동화 기술, 스마트 배송로봇, 스마트 소팅 로봇 등 다양한 기술을 개발하고 있는 것으로 알려졌다.

출처: 물류신문, 2020. 10. 7.

쉬어가기

왜 물류는 스마트 해야 할까?

스마트 물류가 주목받고 있는 것은 그동안 물류산업이 발전해온 상황과는 약간 다른 형태를 보이고 있다. 그동안 WMS, TMS 등을 도입하는 정보화와 자동화 설비를 도입하는 자동화 단계를 거쳐 왔고 물류기업들은 주어진 환경이나 물류 시스템에 따라 적용 여부를 선택할 수 있었다. 하지만 현재의 스마트 물류체계 구축에 대한 요구는 급변하는 시장상황에서 살아남기 위한 중요한 요인으로 자리 잡고 있다. 그동안 국내 물류기업들에게는 굳이 정보화와 자동화를 하지 않더라도 운영에 있어 어려움은 있지만 기업의 생존에 위협이 되지는 않았다. 사실 이러한 부분은 인력에 의존해 어느 정도 해소가 가능하고 완전한 대체는 아니지만 많은 비용을 들이지 않고 대체가 가능한 부분이 있었기 때문이다. 한 물류기업의 관계자는 "격변하는 화주, 소비자의 수요에 따라 물류 공급망도 지속적 변화를 거스를 수 없는 환경에서 제조, 물류, 유통의 경계는 이미 무너졌고, 전자상거래(온라인) 특화 물류 서비스 요구는 더욱 증가하고 있으며, 고객 접점에서의 배송 신속성 등 다양한 물류적 니즈를 충족시키기 위해 스마트 물류로의 전환은 필수적"이라고 전했다. 이미 물류의 주체는 제조, 유통, 물류 기업이 아닌 소비자로 옮겨간 상황이다. 모든 생산, 유통, 물류 활동들이 소비자의 주문으로부터 시작되고 있으며 고객은 원하는 배송장소와 원하는 배송시간에 따라 서비스를 선택할 수 있는 시대가 되었고 이제 소비자는 더 이상 가격비교가 아닌 배송 품질을 비교해 제품을 선택하고 판매자를 선택하고 있기 때문이다. 제조, 유통기업들이 물류를 핵심 경쟁력이라고 판단하는 이유이기도 하다. 소비자들의 체감할 수 있는 구매 경험 중 물류기업이 직접적으로 제공할 수 있는 것은 배송에 대한 경험이다. 배송의 긍정적인 경험을 소비자들에게 선물하기 위해서는 기존의 물류시스템으로는 한계가 있다. 물론 다양한 기업의 물동량을 처리하는 물류기업 입장에서는 다양한 배송 서비스를 만들고 그에 따른 인프라를 구축하는 것에 부담을 느낄 수밖에 없다. 하지만 스마트 기술을 통해 이는 어느 정도 해소가 가능하다. 다양한 기술을 통해 물류운영에 시간과 공간의 제약을 해소할 수 있고 효율적인 운영에 좀 더 구체적으로 접근할 수 있기 때문이다. 그러나, 스마트 물류 체계를 구축하는 것은 간단하지 않다. 기본적으로 투자를 동반하기 때문이다. 또 단순히 많은 재원을 투입한다고 해서 만들어지는 것도 아니다. 다양한 기술에 대한 투자는 물론 각 물류의 특성에 따라 적절하게 적용하는 것이 필요하다. 때문에 국내 물류기업들은 투자재원 확보, 물류운영 역량, 기술력과 비즈니스 모델이 필요하다고 설명하고 있다. 다시 말해 현재 활용할 수 있는 기술을 적절하게 적용하고 이를 통해 비용을 줄이고 새로운 수익을 창출할 수 있는 모델 개발이 필요하다는 설명이다. 이를 위해서는 데이터가 중요한 포인트가 될 것으로 보인다. 앞선 정의에서도 이야기했듯이 스마트 물류를 위해서는 자동화와 지능화가 필요한데 지능화에서 주목해야 할 부분이 데이터이기 때문이다. 업계 관계자는 "스마트 물류는 H/W 측면의 로봇, 자동화 설비 등을 포함하여 AI, IoT 등 ICT(정보통신기술) 기술을 활용한 무인화, 자동화, 효율화가 핵심"이라며 "스마트 물류는 물류 현장에서 작업자가 관리하는 모든 사물, 정보가 데이터화되어 모니터링 하는 것에서 시작된다"고 설명했다. 이어 그는 "단순한 상품 위치 정보가 아니라 물류 현장에서 발생하는 모든 데이터 정보가 실시간 수집 · 관리되고, 분석되는 데이터 구축이 필요하다"며 "대용량 데이터의 처리가 가능한 정보 시스템이 뒷받침되어야 한다"고 강조했다.

출처: 물류신문, 2020. 10. 7.

12장

연습문제

1 채찍효과의 원인과 해결방안은 무엇인가?

2 기업 간 협력 프로세스가 이루어지기 위한 전제조건은 무엇인가?

3 단일공급자와 복수공급자 운영의 장 · 단점을 설명하시오.

4 삼성과 애플사의 스마트폰 공급사슬을 조사하여 비교하시오.

5 공급사슬관리가 국내 제조업체의 경쟁력 강화에 기여한 부분은 무엇인가?

6 3D 프린터의 등장이 물류 및 공급사슬관리에 미치는 영향을 설명하시오.

7 코로나19 팬데믹이 물류 및 공급사슬관리에 미치는 영향을 설명하시오.

8 AI, 자율주행차량, 블록체인기술 등의 미래기술이 향후 물류 및 공급사슬관리에 미치는 영향을 설명하시오.

9 아마존(Amazon)의 혁신적 성장에 기여한 물류 기술을 나열해 보시오.

10 스마트 물류의 정의와 미래 전망에 대하여 기술하시오.

계수 규준형 1회 샘플링 검사표

좌측n 우측c (α ≒ 0.05, β ≒ 0.10)(KS A 3102)

P_0(%)	P_1(%)																
	0.71 ~0.91	0.91 ~1.12	1.13 ~1.40	1.41 ~1.80	1.81 ~2.24	2.25 ~2.80	2.81 ~3.55	3.56 ~4.50	4.51 ~5.60	5.61 ~7.10	7.11 ~9.00	9.01 ~11.2	11.3 ~14.0	14.1 ~18.0	18.1 ~22.4	22.5 ~28.0	28.1 ~35.5
0.090~0.312	*	400 1	↓	←	↓	→	60 0	50 0	←	↓	↓	←	↓	↓	↓	↓	↓
0.113~0.140	*	↓	300 1	↓	←	↓	→	↑	40 0	←	↓	↓	←	↓	↓	↓	↓
0.141~0.180	*	500 2	↓	250 1	↓	←	↓	→	↑	30 0	←	↓	↓	←	↓	↓	↓
0.181~0.224	*	*	400 2	↓	200 1	↓	←	↓	→	↑	25 0	←	↓	↓	←	↓	↓
0.225~0.280	*	*	500 3	300 2	↓	150 1	↓	←	↓	→	↑	20 0	←	↓	↓	←	↓
0.281~0.355	*	*	*	400 3	250 2	↓	120 1	↓	←	↓	→	↑	15 0	←	↓	↓	←
0.356~0.450	*	*	*	500 4	300 3	200 2	↓	100 1	↓	←	↓	→	↑	15 0	←	↓	↓
0.451~0.560	*	*	*	*	400 4	250 3	150 2	↓	80 1	↓	←	↓	→	↑	10 0	←	↓
0.561~0.710	*	*	*	*	500 6	300 4	200 3	120 2	↓	60 1	↓	←	↓	→	↑	7 0	←
0.711~0.900	*	*	*	*	*	400 6	250 4	150 3	100 2	↓	50 1	↓	←	↓	→	↑	5 0
0.901~1.12		*	*	*	*	*	300 6	200 4	120 3	80 2	↓	40 1	↓	←	↓	↑	↑
1.13~1.40			*	*	*	*	500 10	250 6	150 4	100 3	60 2	↓	30 1	↓	←	↓	↑
1.41~1.80				*	*	*	*	400 10	200 6	120 4	80 3	50 2	↓	25 1	↓	←	↓
1.81~2.24					*	*	*	*	300 10	150 6	100 4	60 3	40 2	↓	20 1	↓	←
2.25~2.80						*	*	*	*	250 10	120 6	70 4	50 3	30 2	↓	15 1	↓
2.81~3.55							*	*	*	*	200 10	100 6	60 4	40 3	25 2	↓	10 1

표준정규분포표

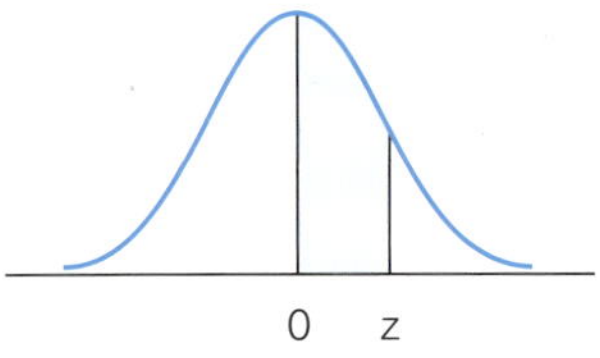

z	.00	.01	.02	.03	.04	.05	.06	.07	.08	.09
0.0	.0000	.0040	.0080	.0120	.0160	.0199	.0239	.0279	.0319	.0359
0.1	.0398	.0438	.0478	.0517	.0557	.0596	.0636	.0675	.0714	.0753
0.2	.0793	.0832	.0871	.0910	.0948	.0987	.1026	.1064	.1103	.1141
0.3	.1179	.1217	.1255	.1293	.1331	.1368	.1406	.1443	.1480	.1517
0.4	.1554	.1591	.1628	.1664	.1700	.1736	.1772	.1808	.1844	.1879
0.5	.1915	.1950	.1985	.2019	.2054	.2088	.2123	.2157	.2190	.2224
0.6	.2257	.2291	.2324	.2357	.2389	.2422	.2454	.2486	.2518	.2549
0.7	.2580	.2612	.2642	.2673	.2704	.2734	.2764	.2794	.2823	.2852
0.8	.2881	.2910	.2939	.2967	.2995	.3023	.3051	.3078	.3106	.3133
0.9	.3159	.3186	.3212	.3238	.3264	.3289	.3315	.3340	.3365	.3389
1.0	.3413	.3438	.3461	.3485	.3508	.3531	.3554	.3577	.3599	.3621
1.1	.3643	.3665	.3686	.3708	.3729	.3749	.3770	.3790	.3810	.3830
1.2	.3849	.3869	.3888	.3907	.3925	.3944	.3962	.3980	.3997	.4015
1.3	.4032	.4049	.4066	.4082	.4099	.4115	.4131	.4147	.4162	.4177
1.4	.4192	.4207	.4222	.4236	.4251	.4265	.4279	.4292	.4306	.4319
1.5	.4332	.4345	.4357	.4370	.4382	.4394	.4406	.4418	.4429	.4441
1.6	.4452	.4463	.4474	.4484	.4495	.4505	.4515	.4525	.4535	.4545
1.7	.4554	.4564	.4573	.4582	.4591	.4599	.4608	.4616	.4625	.4633
1.8	.4641	.4649	.4656	.4664	.4671	.4678	.4686	.4693	.4699	.4706
1.9	.4713	.4719	.4726	.4732	.4738	.4744	.4750	.4756	.4761	.4767
2.0	.4772	.4778	.4783	.4788	.4793	.4798	.4803	.4808	.4812	.4817
2.1	.4821	.4826	.4830	.4834	.4838	.4842	.4846	.4850	.4854	.4857
2.2	.4861	.4864	.4868	.4871	.4875	.4878	.4881	.4884	.4887	.4890
2.3	.4893	.4896	.4898	.4901	.4904	.4906	.4909	.4911	.4913	.4916
2.4	.4918	.4920	.4922	.4925	.4927	.4929	.4931	.4932	.4934	.4936
2.5	.4938	.4940	.4941	.4943	.4945	.4946	.4948	.4949	.4951	.4952
2.6	.4953	.4955	.4956	.4957	.4959	.4960	.4961	.4962	.4963	.4964
2.7	.4965	.4966	.4967	.4968	.4969	.4970	.4971	.4972	.4973	.4974
2.8	.4974	.4975	.4976	.4977	.4977	.4978	.4979	.4979	.4980	.4981
2.9	.4981	.4982	.4982	.4983	.4984	.4984	.4985	.4985	.4986	.4986
3.0	.4987	.4987	.4987	.4988	.4988	.4989	.4989	.4989	.4990	.4990
4.0	.4999685									

(예 : z=1.96일 때 색깔부분의 확률은 0.4750임)

t-분포표

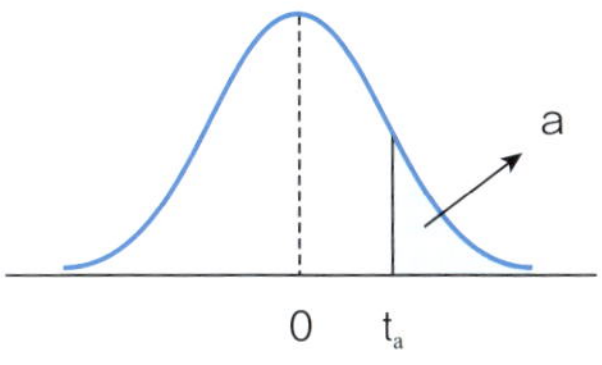

자유도	a=0.4	0.25	0.1	0.05	0.025	0.01	0.005
1	0.325	1.0000	3.078	6.314	12.706	31.821	63.657
2	.289	.816	1.886	2.920	4.303	6.965	9.925
3	.277	.765	1.638	2.353	3.182	4.541	5.841
4	.271	.741	1.533	2.132	2.776	3.747	4.604
5	0.267	0.0727	1.476	2.015	2.571	3.365	4.032
6	.265	.718	1.440	1.943	2.447	3.143	3.707
7	.263	.711	1.415	1.895	2.365	2.998	3.499
8	.262	.706	1.397	1.860	2.306	2.896	3.355
9	.261	.703	1.383	1.833	2.262	2.821	3.250
10	0.026	0.700	1.372	1.812	2.228	2.764	3.169
11	.260	.697	1.363	1.796	2.201	2.718	3.106
12	.259	.695	1.356	1.782	2.179	2.681	3.055
13	.259	.694	1.350	1.771	2.160	2.650	3.012
14	.258	.692	1.345	1.761	2.145	2.624	2.977
15	0.258	0.691	1.341	1.753	2.131	2.602	2.947
16	.258	.690	1.337	1.746	2.120	2.583	2.921
17	.257	.689	1.333	1.740	2.110	2.567	2.898
18	.257	.688	1.330	1.734	2.101	2.552	2.878
19	.257	.688	1.328	1.729	2.093	2.539	2.861
20	0.257	0.687	1.325	1.725	2.086	2.528	2.845
21	.257	.686	1.323	1.721	2.080	2.518	2.831
22	.256	.686	1.321	1.717	2.074	2.508	2.819
23	.256	.685	1.319	1.714	2.069	2.500	2.807
24	.256	.685	1.318	1.711	2.064	2.492	2.797
25	0.256	0.684	1.316	1.708	2.060	2.485	2.787
26	.256	.684	1.315	1.706	2.056	2.479	2.779
27	.256	.684	1.314	1.703	2.052	2.473	2.771
28	.256	.683	1.313	1.701	2.048	2.467	2.763
29	.256	.683	1.311	1.699	2.045	2.462	2.756
30	0.256	0.683	1.310	1.697	2.042	2.457	2.750
40	.255	.681	1.303	1.684	2.021	2.423	2.704
60	.254	.679	1.296	1.671	2.000	2.390	2.660
120	.254	.677	1.286	1.658	1.980	2.358	2.617
∞	.253	.674	1.282	1.645	1.960	2.326	2.576

(예 : 자유도가 15일 때 t값이 2.131이면 오른쪽 끝의 색깔부분의 면적은 0.025임)

국문색인

저자소개

정지복

학력 및 경력

서울대학교 산업공학 학사, 석사, 박사
IBM 비즈니스 컨설팅 서비스 컨설턴트
한국전자통신연구원 선임연구원
아리조나주립대학교(ASU) 방문교수
현재 국립공주대학교 산업유통학과 교수

학회 활동

한국경영과학회 종신회원
한국경영교육학회 부회장
한국SCM학회 이사
한국창의력학회 이사

저서

경영학원론(학현사)
생산관리(학현사)

생산관리(제2판)

정지복

1판 1쇄 발행 2014년 9월 1일
1판 4쇄 발행 2021년 2월 20일
2판 1쇄 발행 2021년 9월 1일

발행인 회장 박 철 용
대표 박 세 원

발행처 **학 현 사**
우. 10881 경기도 파주시 직지길 522 파주출판도시
전 화 031) 955-8700(대표)
팩 스 031) 955-8705
메 일 hhspub@chol.com
hhspub@daum.net
http://www.hakhyunsa.com

출판등록 1992년 6월 20일
등록번호 제 406-2004-000033호
ISBN 978-89-5853-565-2
정가 26,000원